国籍法違憲判決と日本の司法

秋 葉 丈 志

国籍法違憲判決と日本の司法

学術選書
167
法社会学

信 山 社

はしがき

　本書は，法が社会の中にあって生き，法と社会のあり方に相互作用のあることに目を向ける法社会学的な視点を生かし，国籍法違憲判決（またそれに至る国籍確認訴訟）に多面的な光を当てようとするものである。

　2008年の国籍法違憲判決は，それまで日本国籍の取得資格を認められていなかった多くのJFC（日本人父とフィリピン人母の間に生まれたジャパニーズ・フィリピーノ・チルドレン）の日本国籍取得につながった，画期的な違憲判決である。

　国際的潮流をも視野に入れ，「社会の変化」に即した柔軟な憲法解釈を行ったうえで，国籍法の規定を違憲とし，日本国憲法14条の「法の下の平等」規定を，初めて「マイノリティ」の権利の擁護に用いた。この条文本来の価値を生かし，政治的社会的に力を持ち得なかった子どもたちの権利に目を向けたもので，憲法学にとっても，日本社会にとっても，重要な意義を持つ。

　この判決を契機として，長らく争われてきた非嫡出子（婚外子）相続分差別規定の合憲性についても違憲判決が下された。さらに，女性の再婚禁止期間や夫婦同姓の制度について「平等」の観点から吟味する判決も続いており，権利擁護に消極的とされてきた日本の司法（特に最高裁判所）の変化を感じさせる。

　それとともに，本判決には個別意見も多く付され，裁判官の間でも，当該規定の合理性，さらには司法の役割や救済のあり方について，活発な議論が展開された。それゆえこの判決は，国籍法の規定の違憲性の問題を超えて，広く憲法訴訟のあり方についても考察を促すものとなっている。

　このように，憲法学，そしてこの国の政治や社会にとっても重要な判決であるが，それがどのようにもたらされたのかについては，なお十分に研究されているとは言えない。

はしがき

　本書は，この歴史的な訴訟は誰がどのようにして提起するに至ったのか，また下級審や最高裁の裁判官がどのようなプロセスを経てこの違憲判決を下すことになったのか，詳細に検討する。また，JFCとはどういう子どもたちなのか，判決を受けて行われた法改正はJFCや日本社会にどのような影響を及ぼすのかについても目を向ける。これらは，この判決の意義や有効性の検討のために有益であると思う。

　憲法訴訟や法社会学の研究者のみならず，教養として憲法や法学を学ぶ者，弁護士や裁判官になろうと思う者，またJFCや国籍・アイデンティティといった，国際化時代の人と国家のあり方に関心のある者などの研究や実務，学習に少しでも資することができれば幸いである。

＊　　＊　　＊

　なお，本書全体を読んでいただけた場合は，より多角的にこの判決について考察できるが，関心・用途に応じて一章単位でも，十分に活用できる書き方となっている。以下，参考までに各章の概要を簡潔に記す。

　序章は，国籍法違憲判決が日本の法や社会に持つ意義を簡潔にまとめたもので，本書各章で詳細に論じるところを紹介するものである。教養として，この判決についての理解を得たい者に最適である。

　第1章は，国籍法違憲判決に至る国籍確認訴訟を，司法を通じた政策形成を促す「政策形成型訴訟」と捉え，その意義や課題を分析するものである。原告や弁護士，支援団体の取り組みに焦点を当て，訴訟が遂行される過程，また判決後の法改正やその実施過程までを検討し，訴訟の効果を考察したところに意義がある。

　第2章は，裁判官の「個性」に焦点を当て，国籍確認訴訟で表出した，裁判官のアプローチの違いを分析するものである。特に，その後最高裁判事に出世することになる菅野博之判事にこの時点で特別な存在感を見出し，菅野判事が東京地裁判事として国籍確認訴訟の一審で違憲判決を出したことに留らず，様々な事案で「積極的な司法」を体現するような判決を下してきたことを発見した。裁判所や裁判官というアクターとそこに作用する力学に焦点

を当てたのがこの章の意義である。

第3章は，国籍法違憲判決が初めて日本国憲法14条の「法の下の平等」を「マイノリティ」の権利擁護のために用いたことに意義を見出し，「法の下の平等」をめぐる最高裁の姿勢の変化を論じる。非嫡出子（婚外子）差別をめぐる訴訟や在外邦人選挙権制限違憲訴訟など，国籍確認訴訟は，「平等」をめぐる重要な訴訟が展開する中で行われた。こうした訴訟にどのように臨むかは，司法と政治の役割分担に深く関わるものであり，その観点で司法のあり方や違憲審査基準について論じている。

第4章は，憲法論を離れて，国籍確認訴訟で争われた実質的な問題である「日本国籍の取得資格」について考察するものである。判決とこれを受けた法改正は，日本人父の認知をもって子どもに日本国籍の取得資格を付与するものとなったが，「日本国籍は誰に与えられるべきか」について十分な議論がなされたとは言えない。そこで本章ではあらためて「血統主義」の歴史的意義について考察し，諸外国における近年の変化も踏まえて，日本国籍の取得資格について国民的議論を深めていくべきことを指摘する。

第5章は，以上の考察を踏まえ，司法が政治や社会にインパクトを与える積極的な役割を果たしつつある中で，今後の司法のあり方について論じる。特に，最高裁判事の選任過程や従来の消極的な司法審査の一因とされてきた内閣法制局との関係，また，マイノリティと憲法についての社会的認識を醸成することの重要性を指摘する。そのうえで，今後研究すべき課題をいくつか具体的に挙げる。

＊　　　＊　　　＊

最後に，国籍確認訴訟の主役は，本来，原告のようなJFC（ジャパニーズ・フィリピーノ・チルドレン），あるいはJFCに寄り添ってきた人たちである。しかし，判決が注目を浴び，今後もずっと憲法の教科書に残ると思われる中で，この主役たちのことはあまり知られず，忘れられがちである。

そこで巻末に資料編を付し，この訴訟の原告を支援してきた「JFCネットワーク」の概要や取り組みがわかる年表，また，同ネットワークが主催し

はしがき

た「JFC エッセイコンテスト」の入選作を関係者の了解を得て掲載し，JFC
とはどのような人たちで，どういう経験をし，何を思ってきたのか，その一
端を記録として残すこととした。

　本書が憲法史に残る国籍法違憲判決についてのさらなる理解と議論に貢献
できるのなら，著者としてこの上ない幸せである。

　2017 年 11 月

秋 葉 丈 志

〈目　次〉

はしがき (v)

◆ 序　章　国籍法違憲判決の意義 ——————————— 3

◆ I　はじめに ……………………………………………… 3

◆ II　本判決の背景：ジャパニーズ・フィリピーノ・チルドレン （JFC）とは ……………………………………………… 3
  1　二つの事件と本書の関心 ……… (3)
  2　国籍法 3 条 1 項と JFC ……… (5)

◆ III　判決は何を問うたか ………………………………… 7
  1　司法審査と裁判官の役割 ……… (7)
  2　日本国籍と文化的アイデンティティ ……… (8)
  3　家族のあり方と非嫡出子（婚外子）……… (11)

◆ IV　「問い」への二つのアプローチ：対照的な判決 ……… 12
  1　東京高裁判決：伝統的な司法消極主義 ……… (13)
  2　最高裁判決・東京地裁判決：社会の変化に対応した司法積極主義 ……… (14)
  3　最高裁判決の反対意見 ……… (15)

◆ V　最高裁判決のインパクト ……………………………… 16
  1　国籍法の改正 ……… (16)
  2　司法の役割強化と憲法的価値の体現 ……… (17)
  3　国籍と家族を巡る法・文化的規範への影響 ……… (20)

◆ VI　まとめ ………………………………………………… 23

◆ 第 1 章　国籍法違憲判決と政策形成型訴訟 ——————— 27

◆ I　国籍法違憲判決とその法的・社会的意義 ……………… 27

ix

1　訴訟の経緯 ········ (27)

　　2　判決の意義 ········ (28)

◆　Ⅱ　政策形成型（現代型）訴訟と cause lawyering について ···· 31

　　1　政策形成型（現代型）訴訟の特徴 ········ (31)

　　2　これまでの問題提起 ········ (32)

◆　Ⅲ　国籍確認訴訟における弁護士・支援団体の役割 ··············· 38

　　1　原告と JFC ネットワークについて ········ (38)

　　2　JFC ネットワークの日頃の活動 ········ (39)

　　3　JFC ネットワークと国籍訴訟 ········ (42)

◆　Ⅳ　判決内容の「実施」（implementation）過程と弁護士・

　　　　支援団体の役割 ··· 45

　　1　メディア・世論の反応 ········ (45)

　　2　法案策定過程 ········ (46)

　　3　法案審議過程（国会）········ (51)

　　4　法律施行段階 ········ (54)

◆　Ⅴ　政策形成型訴訟を巡る議論と本件訴訟について ··············· 57

　　1　法の執行過程への法曹の関与（実効性の確保）········ (57)

　　2　裁判所の判断能力 ········ (59)

　　3　司法過程と政治過程（民主政との関連）········ (62)

　　4　弁護士と原告の関係 ········ (66)

◆　Ⅵ　結　　論 ··· 70

◆　第2章　国籍確認訴訟を巡る裁判官の「個性」と裁判所の

　　　　　　力学 ─────────────────── 73

◆　Ⅰ　はじめに：憲法解釈と司法の役割 ·························· 73

　　1　本章の目的 ········ (73)

　　2　消極的解釈と積極的解釈 ········ (75)

　　3　解釈手法と司法積極主義の関係 ········ (76)

4　リサーチ・メソッド ……… (78)

◆　Ⅱ　地裁判決と高裁判決の対照的アプローチ ……………………… 79

　　　1　高裁判決の伝統的アプローチ ……… (80)

　　　2　地裁判決の積極的アプローチ ……… (83)

◆　Ⅲ　地裁・高裁判決と裁判官の「個性」…………………………… 85

　　　1　裁判官の個性 ……… (85)

　　　2　出入国管理（退去強制処分）に関する訴訟 ……… (87)

　　　3　ハンセン病訴訟 ……… (89)

　　　4　保育園入園拒否訴訟 ……… (91)

　　　5　ま と め ……… (92)

◆　Ⅳ　裁判官の組織内関係からの分析 ……………………………… 94

　　　1　地裁・高裁の傾向 ……… (96)

　　　2　合議体の力学 ……… (101)

　　　3　裁判官人事からの考察 ……… (103)

　　　4　最高裁の動き ……… (106)

　　　5　ま と め ……… (108)

◆　Ⅴ　結　論 …………………………………………………………… 109

◆　第3章　「法の下の平等」と最高裁 ———————————— 115

◆　Ⅰ　大法廷判決と最高裁内の意見対立 …………………………… 115

　　　1　「法の下の平等」と違憲審査 ……… (115)

　　　2　多数意見：救済優位の姿勢 ……… (117)

　　　3　反対意見：「国家主権」の優位 ……… (118)

　　　4　違憲判決の源流 ……… (119)

◆　Ⅱ　非嫡出子差別訴訟と国籍確認訴訟 …………………………… 120

　　　1　非嫡出子差別と平成7年大法廷決定 ……… (120)

　　　2　平成7年大法廷決定以来の裁判所内の分裂と国籍確認訴訟

　　　　……… (122)

3 司法審査の限界論への働きかけ ……… (124)

4 裁判官の動態:小法廷から大法廷へ ……… (127)

◆ Ⅲ 選挙と「法の下の平等」を巡る訴訟との関連 ……………… 129

1 政治過程の「歪み」と違憲審査 ……… (129)

2 在外邦人選挙権訴訟と裁判官の志向 ……… (131)

3 一票の格差訴訟 ……… (135)

4 小 括 ……… (138)

◆ Ⅳ 憲法訴訟と最高裁 ………………………………………… 139

1 審査基準の重要性 ……… (139)

2 国籍法違憲判決と審査基準 ──「厳格な審査」の分かれ目を巡って ……… (140)

3 最高裁と違憲審査の進め方 ……… (144)

4 国籍法違憲判決以降の展開:婚外子・女性への差別を巡って ……… (146)

5 小 括 ……… (153)

◆ Ⅴ 結 論 …………………………………………………… 155

◆ 第4章 国籍法違憲判決と血統主義 ──────────── 157

◆ Ⅰ は じ め に ……………………………………………… 157

1 国籍法違憲判決とは ………………………………………… 158

2 国籍法違憲判決と国籍法改正 ……………………………… 159

◆ Ⅱ 国籍法改正と JFC …………………………………… 161

1 JFC による国籍の取得 ……… (161)

2 JFC とアイデンティティ ……… (162)

◆ Ⅲ 血統主義の混迷 ……………………………………… 165

1 明治国籍法と血統主義 ……… (165)

2 血統主義の展開:植民地政策と日本人の「血」……… (167)

3 国際結婚と血統主義 ……… (168)

◆ **Ⅳ　血統主義の今後** ……………………………………………………… 171

　　1　意図の再確認と精緻化 ………(171)

　　2　出生地主義の検討 ………(173)

　　3　諸外国の動向：double jus soli を中心に ………(174)

◆ **Ⅴ　結びに：国籍法違憲判決と法，社会** ……………………… 177

◆ **第5章　国籍法違憲判決と今後の司法のあり方** ───── 181

◆ **Ⅰ　国籍法違憲判決と法改正過程** ……………………………… 181

　　1　積極的な司法審査と政策形成型訴訟 ………(181)

　　2　省略された「対話」………(182)

◆ **Ⅱ　国籍法違憲判決と今後の司法** ……………………………… 184

　　1　司法行動の「政治性」………(184)

　　2　裁判官の選任 ………(185)

　　3　内閣法制局の役割 ………(189)

　　4　憲法とマイノリティについての認識 ………(192)

◆ **Ⅲ　今後の研究課題** ………………………………………………… 194

　　1　政策形成型訴訟 ………(194)

　　2　裁判官や調査官の思考・判断過程 ………(194)

　　3　JFC と日本国籍のその後 ………(196)

◆ **Ⅳ　結びに** ……………………………………………………………… 197

〈資　料〉

〈資料1〉特定非営利法人・JFC ネットワーク〔概要及び活動年表〕…… 199

〈資料2〉JFC エッセイコンテスト（JFC ネットワーク主催）入賞作品

　　…………………………………………………………………………… 201

あとがき（223）

　　判例索引（巻末）／事項・人名索引（巻末）／初出一覧（巻末）

xiii

国籍法違憲判決と日本の司法

◆ 序　章
国籍法違憲判決の意義

　I　はじめに

　II　本判決の背景：ジャパニーズ・フィリピーノ・チルドレン（JFC）
　　　とは

　III　判決は何を問うたか

　IV　「問い」への二つのアプローチ：対照的な判決

　V　最高裁判決のインパクト

　VI　まとめ

◆I◆　は じ め に

　2008年の国籍法違憲判決で，最高裁は，婚姻関係にない日本人父とフィリピン人母から生まれた子ども（婚外子）に出生による日本国籍を認めない国籍法の規定が，日本国憲法14条の求める「法の下の平等」に違反すると判断した。この判決は，憲法のあり方と三権（特に司法）の役割の観点からも，日本国籍という概念の裏にある文化的な規範（家族のあり方や「日本人」であることの意味）という観点からも，日本の憲法史に一線を画す，意義深い判決である。

◆II◆　本判決の背景：ジャパニーズ・フィリピーノ・チルドレン（JFC）とは

1　二つの事件と本書の関心

　国籍法違憲判決に至る国籍確認訴訟は，婚姻関係にないフィリピン人母と

◆序　章　国籍法違憲判決の意義

日本人父を持ち，出生後に日本人の父親から認知された子どもたちを原告とする。こうした子どもたちが，国籍法3条1項の適用を受けられず，届出による国籍の取得を認められないことについて，不合理な差別であり憲法14条1項の定める「法の下の平等」に違反すると主張し，日本国籍を有することの確認を裁判所に求めたものである。

　国籍法違憲判決は，同じ日に2つの事件について，ほぼ同一内容の最高裁判決が下されたものである。いずれも国籍法3条1項の合憲性を問うものであったが，事実関係や下級審段階の判決内容には違いがある。

　一つ目の事件[1]は，原告1名について，日本人の父親が子どもの認知をしたものの，これが出生後であったために国籍法3条1項による国籍の取得が認められなかったものである。なお，訴訟のきっかけは，子どもが両親ともども退去強制処分に直面したことにある。

　二つ目の事件[2]は，原告9名について，同様の理由により国籍の取得が認められなかったものである。こちらの事件は，JFCネットワークという，ジャパニーズ・フィリピーノ・チルドレンを支援してきたNPOが組織的にバックアップして提起されたものである。

　下級審段階では，一審の東京地裁判決はいずれの訴訟でも原告の請求を認容したが，理由付けは異なった。一つ目の事件の一審判決[3]は，国籍法3条1項の婚姻要件を前提とした上で，父母が内縁関係にある場合も「婚姻」に含めるべきと解釈したうえで，原告に国籍の取得を認めるべきであるとした。これに対し二つ目の事件の一審判決[4]では，同じ条項が父母の婚姻を要件としている部分自体を違憲無効としたうえで，日本人父の認知があれば，届出による国籍の取得を認めるべきとしたものである。

　両事件ともに控訴審の東京高裁は一審判決を覆し，当該条項は準正子に関する規定で，これを違憲無効としたとしても婚外子の国籍取得につながるも

---

(1)　最大判平成20・6・4民集第62巻6号1367頁，平成18(行ツ)135
(2)　最大判平成20・6・4集民第228号101頁，平成19(行ツ)164
(3)　東京地判平成17・4・13判例時報1890号27頁，平成15(行ウ)110
(4)　東京地判平成18・3・29判例時報1932号51頁，平成17(行ウ)157

のではないなどとして，請求を棄却した[5]。

2008 年の最高裁大法廷判決は，この両事件について控訴審の判決を覆し，あらためて国籍法3条1項を違憲としたうえで，原告が国籍を有することを確認した。二つの事件に対する最高裁判決は事実関係を説明する部分こそ両事件に合わせて異なるが，国籍法3条1項の憲法適合性に関する判断の部分はほぼ同じ内容である。

その中でも，同条項の婚姻要件自体が不合理であるとして，この部分を違憲無効としたうえで，日本人父の認知のみによる国籍の取得を認めた点は，二つ目の事件の地裁判決の理由付けに近い[6]。また，支援団体の長年に渡る取り組みの一環として提起され，これが裁判所を動かすに至った点で，二つ目の事件は「政策形成型訴訟」として分析する余地も大きい[7]。このため，本書では二つ目の事件を中心に，その訴訟過程ならびに意義を詳細に分析する。

2 国籍法3条1項とJFC

国籍確認訴訟の原告は，婚姻関係にない日本人父とフィリピン人母から生まれた子どもたちである。フィリピン人母の多くは，当初日本の入国管理法における「エンターテイナー（興行）」ビザにより入国した女性たちである。このビザは，音楽家やダンサーなど，日本で芸術的な興行に携わる外国人の入国・滞在のために設けられたものである。しかし，興行ビザにより入国したフィリピン人女性の「エンターテイナー」は，実際にはナイトクラブなど夜の街で働くことになることが多く，こうした場で日本人男性と出会うこととなった。その関係が親密となり女性が妊娠ないし出産をするに至って，日

---

(5) 東京高判平成18・2・28，平成17(行コ)134。並びに東京高判平成19・2・27，平成18(行コ)124。本書第2章は，東京地裁と東京高裁の間で二つの事件の行き来があり，両者の判断が繰り返し対立していた点を分析する。

(6) 但し，地裁判決が立法目的の合理性をも否定するのに対して，最高裁判決は立法目的を是認した上でその達成手段を不合理とする。

(7) 詳細は本書第1章参照。

◆序　章　国籍法違憲判決の意義

本人男性が当該女性との結婚や子どもの認知を拒んだ場合に，今回のような国籍の問題を生じることとなる。

　日本の国籍法は，原則として，婚姻関係にある父母から生まれ，そのいずれかが日本国籍を有する場合に，子どもに出生による日本国籍の取得を認めている。しかし，婚姻関係にない父母から生まれた場合，訴訟当時の国籍法の規定では，子どもの出生の前に日本人の父親が認知（胎児認知）をしなければ，日本国籍は得られなかった。

　さらに，国籍法3条1項により，出生当時両親が婚姻関係にない場合でも，その後両親が結婚をすれば届出により子どもが国籍を取得できた（準正による国籍取得）。しかし，この訴訟の原告となった子どもたちは，婚姻関係にない父母から生まれ，その後も両親は結婚に至っておらず，日本人父による胎児認知も行われていない。それゆえに国籍を取得できない状況だったのである。

　認知が遅れる理由は様々であるが，父親が母子との関係を否定して拒む場合もあれば，両親が日本の国籍法の規定や戸籍に関する届出などに精通せず，認知のタイミングによってこうした結果が生じることを知らなかった場合もある。また，認知訴訟などを経てようやく父親による認知に至るも，その頃には既に子どもは生まれていて，規定上国籍の取得が認められない子どもも多かった。

　訴訟の過程では，法務省はこれらの理由で日本国籍を取得できなかった子どもは4－5万人に上るとの試算を示したという（山口・宮地 2011：179）。また，この訴訟の原告はフィリピン人の母を持つが，母の国籍に関わらず，同じ問題は起こりうる。従って，この訴訟は，同様の立場にある，もしくはなり得る多くの人の国籍や法的地位に関わるものであった。

◆Ⅲ◆　判決は何を問うたか

1　司法審査と裁判官の役割

　国籍法違憲判決には，裁判所の役割あるいは裁判官の職責に関して，従来の日本の考え方に一石を投じる意義が見出される。日本国憲法 87 条のもとで，最高裁および下級審は違憲立法審査権を有し，立法府あるいは行政府の行為が憲法に違反すると判断した場合にはその行為を無効にすることができる。しかし現実には，最高裁がこの権限を本来の意味で用いることは少なかった。すなわち，違憲立法審査の存在が，政府の権力の抑制に資するべきものであるところ，最高裁はこの権限をそのような形で行使することを控えてきたのである。そして，この権限を行使した場合にも，政府の行為を慎重に審査することよりも，むしろ政府の判断を是認し後押しする判断をする傾向が見受けられた（樋口ほか 2011：6）。

　日本の司法の消極的傾向の理由について，研究者は，日本の統治エリート層が裁判官を中心とした法解釈（judge-centered law）よりも官僚主義的な馴れ合い（bureaucratic informalism）による法の運用を好んできたこと（Upham 1987：17）や，政権が長い間一つの党（自由民主党）に支配されてきたこと（Marshall 2007：138）を挙げてきた。

　本判決の時点で，日本国憲法制定以来 60 年近く経過しているにも関わらず，最高裁が法令違憲判決を下した例は 7 件を数えるのみであった。そのうち 2 件は，「一票の格差」を巡り，国政選挙の区割りを違憲としつつ，事情判決により選挙自体は有効としたものである。また，「法の下の平等」条項を，立法府の多数派から政治的マイノリティを守る，という意味で用いた判決も存在しなかった。民主的な政治過程から排除されたマイノリティを守る場面でこそこの条項の存在意義があり，また，司法過程に独自の役割，すなわち違憲立法審査権を行使する根拠があるはずである（Ely 1980：73-104）が，最高裁はそのような思考・行動を採ってこなかったのである。

7

◆序　章　国籍法違憲判決の意義

　日本の政治・社会において，最高裁はこのような消極的な存在であるゆえに，その判事の選任に関しても，公の関心事となることは稀である。一時の例外として，1960年代に，下級審で，政治的に影響の大きい判決が下される例がいくつか現れた。たとえば，自衛隊を憲法9条違反とした長沼判決（札幌地裁）や，在日米軍基地を同じく9条違反とした砂川判決（東京地裁）である。しかし，最高裁はこのような，内閣が眉をひそめるような判決は覆すのが常であった。さらに，判事の任用を政治問題あるいは公的な議論の対象とすることを嫌い，裁判所内部の昇任や再任用の手続きで選別を図ってきた（宮澤 1994:192-219）。その過程で，最高裁の意に反するような積極的な判決を下した下級審の裁判官は冷遇されたのである。

　この点で，2008年の国籍法違憲判決は，政治的にも重要な問題，すなわち日本国籍の取得資格について，政府の方針を覆すものであり，従来の裁判所の姿勢に比べて際立っている。また，同様の立場にある数万人の子どもたちに影響しうる事案でもあり，社会的な影響も些少ではない。それゆえに，司法の役割や裁判官の職責を問い直すものであった。

2　日本国籍と文化的アイデンティティ

　次いで本判決の意義は，その扱ったテーマ自体に見出される。それは，生来の権利として日本国籍を取得する資格を誰が有するべきか，という問いである。第2次世界大戦後の日本において，国籍は「日本人であること」の文化的側面と不可分なものとされてきた。すなわち，法的地位としての日本国籍と，人種や民族，言語や文化が一体的に把握される状況である（佐々木 2006:38-52）。そこでは，ある人が「日本人」であるためには，これらすべての側面において「日本人」であることが求められた。従って，「日本語を話さない日本人」や「人種や民族の異なる日本人」，「日本人らしく振舞わない日本人」は逸脱した存在とされる。こうした考え方は国籍の付与資格にも反映されてきた。

　世界の国々は，出生による国籍の取得資格について，生地主義（jus soli），

8

◆Ⅲ◆ 判決は何を問うたか

すなわちその国の領土及び管轄下[8]に生まれることを原則とする場合と，血統主義（jus sanguinis），すなわちその国の国籍を有する親から生まれることを原則とする場合のいずれかの原則を採用してきた。日本は後者を採用し，日本国籍を持つ親から生まれた子に日本国籍を付与することを原則としてきた。なお，日本国籍の取得資格は憲法には直接定められておらず，憲法10条によって国会が法により定めるものとされている[9]。このように法により国籍の取得資格を定める形式は，旧憲法下の明治国籍法（1899年制定）で採用され，現行憲法下の国籍法（1950年制定）に継承されている。

日本では，この血統主義の原則そして，当事者自身の「帰化」という概念への抵抗感[10]もあって，移民の3世や4世に至っても日本国籍を持たない者（主に朝鮮半島由来の移民の子孫）が存在する。その一方で，日本国籍を持つ親から生まれた子どもは，どこで生まれたとしても，生まれ持って日本国籍を取得できる[11]。このように，日本国籍は何よりも「血」を重視して付与されてきたということができる。

但し，「日本人」は「血」だけでは定義し切れないことが，近年社会的にも認識されつつある。すなわち，1990年ごろより，「日系人」（日本人を祖先に持つ者）として入国を認められた「日系ブラジル人」の日本社会への不適応が社会問題化した。日本政府は，1990年の入管法（出入国管理及び難民認定法）改正によって，日系3世（祖父あるいは祖母が日本国籍を有していた者）に定住資格を与えた。それは，日系人であれば日本への文化的な適応がより

----

(8) アメリカの場合，領土内で生まれても，たとえば外交官の子どもには出生によるアメリカ国籍を付与していない。その意味で領土と管轄が区別される。

(9) これに対して，たとえばアメリカ合衆国憲法修正14条は，アメリカ国内で生まれた者にアメリカ合衆国市民としての地位（連邦市民権＝アメリカ国籍）を付与することを定めている。これは特に奴隷制廃止後の黒人の地位を確定する上で重要であった。

(10) 日本による朝鮮半島の植民地支配という歴史的な経緯から，日本への文化的な同化を強く求める「帰化」による国籍取得への抵抗感が，特に朝鮮半島由来の移民1・2世に多く見られ，3世以降にも一部その考えが残っている。

(11) 但し，国外で生まれた場合には一定期間内に現地の領事館等を通じて日本国籍を留保する届出をすることが必要であり，これを怠ったために日本国籍を喪失した子どもたちによる訴訟も近年提起されている（平成27年，最高裁で敗訴）。

9

◆序　章　国籍法違憲判決の意義

しやすいという見込みに基づいていた。そしてこの資格によって多くの日系ブラジル人が来日し，東海地方の自動車工場などで働く工場労働者となった。しかし，一見日本人の要素を持ち合わせながら文化的には日本人らしくない，むしろブラジル人である彼らの振る舞いが，職場や地域で摩擦を生んだのである（梶田・丹野・樋口 2005，Linger 2001）。また，子どもが親に連れられて来日し，日本語も話せないまま日本の公立学校に通学することになり，学業不振や文化的不適応で不登校となる「未就学児童」問題も顕在化した。日本人の血，すなわち文化的にも日本人，という前提が外れた形である。

　こうした近年の動きの中にあって，国籍法違憲訴訟は日本国籍と文化的アイデンティティの関係に関する議論に新たな一石を投じることとなった。この訴訟の原告は日本人の父親とフィリピン人の母親から生まれたのであるが，両親は婚姻関係になく，父親による子どもの認知も出生後であった。こうしたジャパニーズ・フィリピーノ・チルドレンの多くは，日本人父との接触をほとんど持つことがないまま，シングルマザーであるフィリピン人母の下で生活をしている。政府もまた，こうした生活実態が推定されることを前提に[12]，婚姻関係にない両親から生まれた場合，たとえ親の一方が日本人であったとしても，子どもの日本との「結び付き」が十分といえるかどうか定かでないとして，生まれ持っての国籍の取得を否定してきたのである。この訴訟はこうした日本との「結び付き」を日本国籍の前提とすることができるのか，またそうだとしてもこれを父母の婚姻の事実をもって断定できるのかを問うこととなった。

　日本国籍と日本との結び付きに関連して付言すれば，現行憲法制定以降で生まれ持っての日本国籍の取得資格について大きな変更があった点として性別による区別がある。日本国憲法は法の下の平等を保障する規定（14条），

---

(12)　ここにいう生活実態は多くの場合はそうであろうという，経験則に基づく推定であって，実際どのくらいの割合でこの記述が該当するかという統計が存在するわけではない。JFC の実際の生活状況や親との関わり合い，アイデンティティについては，日比両国の研究者によるケーススタディ・実地調査が少しずつ積み重ねられている状況である。この点については第4章で詳細に論じる。

◆Ⅲ◆　判決は何を問うたか

また特に家族間関係における男女の平等に関する規定（24条）を設けているが，国籍法に定められた国籍の取得資格に関してこうした憲法規範の適用はなかなか進まなかった。すなわち，国籍法は当初，日本人の父から生まれた子どもにのみ国籍を付与していたのである[13]。

　もし日本人女性が外国人の男性と結婚をしたならば，その子どもは，母親が日本人であるにも関わらず，国籍を取得できなかった。他方で日本人男性が外国人女性と結婚した場合には，子どもは国籍を取得した。子どもの帰属は男性の帰属に従うものであったのである。それは，外国人男性と結婚する日本人女性とその子には不利に作用することもあった。こうしたカップルの子どもが日本で生活をしていく場合，子どもは法的には外国人であり，それによって様々な権利も制約されたのである。

　国籍の取得資格における親の性別による区別は，日本の女子差別撤廃条約への署名・批准やアメラジアン問題（沖縄を中心に，主に米国人軍属と日本人女性の間に生まれた子どもの国籍や法的地位，諸権利に関する問題）をきっかけに，1984年の国籍法改正によって撤廃された。これにより，日本人と外国人の「血」を合わせ持つより多くの子どもたちが日本国籍を取得することとなった。

3　家族のあり方と非嫡出子（婚外子）

　本訴訟が持つ第三の意義は，非嫡出子（婚外子）と憲法14条の求める「法の下の平等」について問うたことである。非嫡出子は日本で長きに渡って差別に直面してきた。たとえば，非嫡出子はかつて戸籍や住民票にも嫡出子とは異なる記載方法により記録され，これが社会的差別の温床にもなって

---

(13)　但しこれは一面では両親の双方から国籍を継承して二重国籍となるような「国籍の衝突」を防ぐ意味合いもあったことを付記したい。1984年の国籍法改正では，原則として二重国籍を認めない立場を取っており，二重国籍の者は成人の日より2年以内に国籍を選択することを求められている。ジャパニーズ・フィリピーノ・チルドレンに関しても，日本国籍の取得により二重国籍となるため，その選択をどうするか，あるいは選択を強いること自体の妥当性が今後の問題として浮上している。

11

◆序　章　国籍法違憲判決の意義

きた[14]。

　法的な差別のうちでも最も論争を呼んできたのは相続における差別である。すなわち民法 900 条 4 号但し書では，非嫡出子の相続分は，嫡出子の半分とされてきた。この差別は，「法律婚」すなわち法的に結婚している夫婦とその子どもからなる伝統的な家族のあり方を尊重するためという理由で正当化されてきた。婚姻関係にない男女が子どもを持つことを抑制し，子どもを産むのであれば結婚することを奨励するものだったのである。しかし，20 世紀末には多くの国で，子どもの権利の観点からこの考え方の見直しが進んでいた[15]。そして結婚をしないという親の選択をもって子どもを罰するのは非合理であるという考え方が打ち出されるようになったのである。

　最高裁は非嫡出子への相続分差別について，1995 年に大法廷で合憲判断を下したものの，5 名の裁判官が反対意見を付し，その後も小法廷で意見が二分されてきた。国籍法違憲判決が下された 2008 年の時点では，この非嫡出子差別を巡る論争の行方も注目されていた。外国人を母に持つ子どもの国籍という事案の特殊性もあるが，子どもの権利の観点から平等な扱いを求める論理は同じであった。結婚を重視する伝統的な家族観や，それに基づく嫡出子と非嫡出子の間の法的区別について，裁判所はどのような姿勢を示すかが問われたのである。

◆Ⅳ◆ 「問い」への二つのアプローチ：対照的な判決

　国籍確認訴訟が提起するこうした重要な「問い」に対して裁判所はどう答

---

(14)　住民票の記載については平成 7 年 3 月 1 日から住民基本台帳事務処理要領の改正により改められ，戸籍の記載については戸籍法改正により，平成 16 年 11 月 1 日から嫡出子と同様の形で記載されることとなった。

(15)　1990 年には子どもの権利条約が発効し，1998 年 6 月にはこの条約に基づく日本政府の報告の審査を行った国連子どもの権利委員会が，「嫡出でない子の相続権が嫡出子の相続権の半分となることを規定している民法第 900 条第 4 項のように，差別を明示的に許容している法律条項，及び，公的文書における嫡出でない出生の記載について特に懸念する」との見解を示している。

12

えたのだろうか。国籍確認訴訟は，2つの事件で一審の東京地裁判決がそれぞれ違憲判断を下し，これらを二審の東京高裁判決が覆して合憲とし，さらにそれを最高裁が覆して違憲判断を下す経過を辿った。

国籍法3条1項の規定を違憲とした最高裁判決・地裁判決と，合憲とした高裁判決は，違憲立法審査権の行使の仕方について，対照的なアプローチを採った。それぞれの特色を概観する。

1　東京高裁判決：伝統的な司法消極主義

東京高裁判決は，日本の司法の典型的なアプローチと言える。それは，立法府への謙譲，行政府への謙譲，司法を通じた権利保障への消極性に特徴付けられる。判決は大きく2つの結論からなる。一つは，国籍法の当該規定は合理的であるとの判断，いま一つは，当該規定を違憲としたところで原告の救済はできないという見方である。

高裁判決はまず，子どもが婚外子であるかどうかによって国籍の取得資格を区別することについて，政府の説明は合理的であるとした。すなわち，婚姻関係にある夫婦の子どもに国籍を付与しているのは，日本人である父親との「生活の一体性」を通じて「日本の国との強い結び付き」が得られる一方，原告のような場合にはそれが自明視できない，従って一律に国籍を付与するべきでない，と言う説明である。また，偽装認知による不正な国籍取得を防ぐことができることや，簡易帰化（国籍法8条）による国籍取得の道がある，といった点でも政府の立場を支持した。

高裁判決はまた，国籍法の当該規定を違憲としたところで原告の救済にはつながらないという立場を採った。すなわち，国籍法は出生時に父か母が日本人であった子どもに国籍を付与することを原則とし（2条），例外として3条で，父母が子どもの出生後に結婚し，かつ父親が子どもを認知した場合に準正による国籍取得を認めていた。高裁判決の立場では，この<u>3条を違憲・無効とした場合，準正による国籍取得ができなくなるのであって，父親の認知のみで国籍を取得できるということにはならない</u>。つまり原告の国籍

◆序　章　国籍法違憲判決の意義

取得にはつながらないという解釈である。原告の求めるように3条のうち婚姻要件を外し，父親の認知だけで国籍を取得できるようにすることは，裁判所が国会の意図していなかった者に国籍を付与することになり，こうした「国会の本来的な機能である立法作用を行うことは憲法81条の違憲立法審査権の限界を逸脱するものであって許されない」としたのである。

2　最高裁判決・東京地裁判決:社会の変化に対応した司法積極主義

　これに対して，最高裁判決は高裁判決を覆し，国籍法3条1項の規定を違憲とした。裁判官12人が違憲判断を行い，このうち9人が多数意見を構成した（違憲としたうちの一人は理由が異なり，二人は違憲判断をしつつも原告の請求は棄却する反対意見であった）。多数意見は，規定の合理性に関しても，これを違憲とした場合の効果についても，高裁判決と対極的な判断を示した。
　まず，規定の合理性について，近年の社会的変化に照らし，恣意的な区別であり不合理であるとした。今日，家族のあり方が多様化している中で，子どもの日本との結びつきは，特に片方の親だけが日本人の場合，親が法的に結婚しているかどうかだけでは判断できないということである。判決は具体的に論じているわけではないが，例を挙げれば，たとえ両親が結婚をしていなくとも，共に日本にいて，かつ揃って子どもと同居している場合もあろう。何らかの理由で父母のどちらかが以前の結婚を解消できない場合などにこうしたことが起こりうる。他方，法的には結婚していても，父母が別居していて，子どもが母子家庭に育つこともありうる。その中でも，母子がフィリピンにいることもあれば，日本にいることもある。このように，父母が婚姻関係にある場合でもない場合でも，その子の住まう場所や日本人父との接触の度合いは様々で，一概に日本との結びつきを断定できないということが言える。
　最高裁判決は，「わが国との密接な結び付きを有する者に限り日本国籍を付与する」という立法目的自体については否定しなかったが，親の婚姻関係の有無だけで区別をすることは，今日ではこの目的達成の手段として合理性

◆Ⅳ◆ 「問い」への二つのアプローチ：対照的な判決

に欠けるとしたのである。

なお，同じく国籍法の規定を違憲とした一審の東京地裁判決は，この立法目的自体にも疑問を投げかけていた。親が法的に婚姻関係にあっても別居をしている場合や，国外で結婚してそのまま国外で暮らし続けている場合など，「日本との結び付き」について断定できない事例に言及したうえで，「国籍法の解釈上，このような我が国との強い結び付きないし帰属関係や，日本人の親との家族関係ないし生活の一体化等を，父母両系血統主義と並び立つような重要な理念と位置付けることは相当でないというべきである」としている。このように，当該規定の立法目的やその達成手段を精査[16]しているのが，最高裁あるいは地裁の違憲判決の特色である。

さらに，規定を違憲とした場合の効果について，最高裁判決の多数意見は，「憲法14条1項に基づく平等取扱いの要請と国籍法の採用した基本的な原則である父母両系血統主義を踏まえれば」，父母が婚姻関係になく父親の認知が出生後であった原告にも国籍の取得を認めるのが，規定の趣旨や目的に沿った合理的な解釈であるとした。

こうした解釈の結果，最高裁判決は原告に日本国籍の取得資格を認め，国会もこれを受けて国籍法3条1項の規定の改正を迫られることとなったのである。

3　最高裁判決の反対意見

最高裁判決には2つの反対意見が付されている。一つは横尾・津野・古田判事によるもので，国籍を「基本的な主権作用の一つ」としてその権利性を否定するとともに，問題となっている国籍法の規定には合理性があるとして合憲とした。また，多数意見が展開する「社会の変化」を否定し，比較対象とされている西欧諸国と日本とでは事情が異なり，家族観には大きな変化が認められないとした。

---

(16)　ここでは「精査」としたが，最高裁の採った違憲審査基準については本書第3章で詳しく論じる。

◆序　章　国籍法違憲判決の意義

　もう一つの反対意見は甲斐中・堀籠判事によるもので，国籍法3条1項の規定が憲法14条1項に違反するとした点については多数意見に同調したが，その結果として直ちに原告に国籍を認めることについては反対し，請求を棄却すべきとした。両判事によれば，違憲判決にどう対応するかについては「立法上の合理的な選択肢」が複数存在する可能性があり，この場合にどのように違憲状態を解消するかは「国会にゆだねるべき」ことである。従って原告が国籍を有することを認めた多数意見の法解釈は「実質的に司法による立法に等しい」と批判した。

　このような反対意見と対比すると，国籍法の規定の違憲性を認めたうえで，原告が国籍を有することも認めた多数意見は，憲法解釈の手法，また司法による救済のあり方の2つの点で，司法の積極的な役割を強調するものであったことがわかる。

◆Ⅴ◆　最高裁判決のインパクト

1　国籍法の改正

　判決を受けて，国籍法を所管する法務省は国籍法の改正案を国会に提出した。衆参両院の審議は速やかに進み，改正案は原案通り成立した。但し，出生後も成人するまでの期間に日本人の父親の認知があれば日本国籍が取得できるようになることで，偽装認知への懸念が出され，両院の附帯決議ではDNA などの科学的手法の利用を検討することなど，偽装防止の対策を求めている（秋山 2009: 3-4）。

　判決の翌 2009 年 1 月に改正法が施行され，原告と同様の立場にあるジャパニーズ・フィリピーノ・チルドレンも，法務局あるいは海外の大使館・領事館で届出を行うことにより，国籍を取得できるようになった。2013 年 6 月 30 日現在で法務省が公表したデータでは，2280 人の「父母が婚姻していない子」が，改正後の国籍法第3条の規定に基づき，日本人の親が生後認知したことにより日本国籍を取得している（法務省「改正国籍法に伴う国籍取得

届の状況」)。10 人の原告が起こした裁判であるが，それがきっかけとなって
多くの子どもの国籍取得につながったことがわかる。

2　司法の役割強化と憲法的価値の体現

（1）違憲立法審査のあり方

　この判決は，違憲立法審査権を積極的に行使し，重要な憲法問題について
政府の立法政策を精査する点で，従来の最高裁の姿勢と一線を画するもので
あった。

　先述したように，東京高裁判決が伝統的なアプローチを採って合憲判断を
下し，最高裁でも，判事の間で顕著な意見の相違があったことから，違憲判
決は自明のものではなかった。反対意見が国籍法3条1項の区別は「立法政
策の選択の範囲内」としたうえで，多数意見の解釈を「実質的には立法措
置」であり「司法権の限界との関係で問題がある」と批判し（横尾・津野・
古田判事の反対意見），あるいは違憲であっても対応のあり方には複数の選択
肢が考えられ「そのどれを選択するかは，国会の権限と責任において決めら
れるべき」（甲斐中・堀籠判事の反対意見）とする中で，多数意見は子どもの
権利を中心に据えて，婚外子に国籍の取得を認めない3条1項の区別を違憲
とし，かつその結果として原告にも国籍の取得が認められるべきと断じたの
である。

　裁判所による違憲立法審査権のより積極的な行使の理由はなんであろうか。
背景として指摘しておきたいのは，1999 年に司法制度改革審議会が設置さ
れて以降の，一連の司法改革である。刑事手続においては 2004 年に裁判員
制度を導入する法律が制定され，2009 年から一般市民が刑事裁判に参加す
ることとなった。これに前後して 2008 年から 2010 年にかけては，1990 年
に発生した足利事件を巡り，証拠の DNA の再鑑定・再審開始決定・再審を
経て，無期懲役に服していた被告に無罪判決が言い渡され，刑事捜査や裁判
のあり方が問われた。行政手続においては，2004 年に行政事件訴訟法が改
正され，行政訴訟の門戸が拡大された。これにより，行政による権利侵害に

◆序　章　国籍法違憲判決の意義

対する司法を通じた救済が強化されることとなった。

　違憲立法審査権の行使に関しても，2005年に在外邦人選挙権訴訟で違憲判決が下されたところであった。在外邦人の国政選挙での投票権が制限され，選挙区選挙での投票ができないのは憲法15条などに違反するとしたのである。これも国政選挙の投票権という重要な政治課題について，違憲判断を示し，国会の立法不作為について賠償請求を認める積極的な判決であった。

　国籍法違憲判決の検討に当たっては，このような司法の役割を強化し，市民の権利保障を強化する流れが時代背景としてあることを念頭に，裁判所や裁判官の役割についても考察が必要となろう。

（2）憲法解釈のあり方

　国籍法違憲判決はまた，憲法解釈のあり方としても一石を投じるものであった。文面から読み取れる文意あるいは制定時の意図に焦点を当てる解釈手法と異なり，最高裁が採用したのはアメリカで「生ける憲法（living Constitution）」とも呼ばれるアプローチであった。これは，憲法の解釈がその時代の政治的社会的背景によって異なり得ることを前提に，新たな社会情勢を反映した憲法解釈を行うものである。たとえば，人種平等を巡る価値観の変化を理由に，それまでは合憲とされていた人種分離が違憲性を帯びるに至った，という事例がこれに該当する。近年までどこの州でも禁じられていた同性結婚が，2015年に合衆国憲法上の権利として認められるに至った事例も記憶に新しい。

　最高裁判決は，そもそもの立法目的に疑問を投げかけた東京地裁の違憲判決とは異なり，「我が国との結び付き」を考慮に入れての国籍法3条の規定について，立法目的を肯定し，かつ法の制定時にはこの立法目的と準正を国籍取得の要件とする規定の間に合理的関連性があったとの立場に立った。ところが，「我が国の内外における社会的環境の変化等によって」，今日においてはこの規定が「合理性を欠いた過剰な要件を課するものとなっている」としたのである。さらに，判決理由の説明においては「夫婦共同生活の在り方を含む家族生活や親子関係に関する意識も一様ではなくなってきており，今

18

日では，出生数に占める非嫡出子の割合が増加するなど，家族生活や親子関係の実態も変化し多様化してきている」と述べている。また「諸外国においては，非嫡出子に対する法的な差別的取扱いを解消する方向にあること」にも言及し，このような国内外の社会情勢の変化を理由に，憲法判断を変えたのである。

　違憲判断に反対した最高裁の反対意見（横尾，津野，古田）も，結論こそ異なるが，この憲法解釈のアプローチを必ずしも否定しなかった。すなわち，法の制定当初規定が合理的（合憲）であった以上その判断は変わり得ない，と論じるのではなく，日本人の家族観は今日もそう大きく変わっておらず，社会の変化によって規定が合理性を失ったという議論は説得力がないという言い方をしたのである。特に非嫡出子の出生数・割合について，国籍法制定の翌年の昭和60年において14168人（1.0%），平成15年において21634人（1.9%）という統計に基づいて「（増加の）程度はわずかである」とし，「子を含む場合の家族関係の在り方については，国民一般の意識に大きな変化がないことの証左と見ることも十分可能」とした。さらに，国際結婚や非嫡出子の割合が高い西欧諸国と日本では「様々な面で社会の状況に大きな違いがある」として，こうした国の動きを「憲法適合性の判断の考慮事情とすることは相当でない」とした。

　このように，結論は異なるものの，社会情勢やその変化の有無を一応検討している点で，反対意見も，情勢の変化によっては憲法解釈が変わりうる余地を認めていると言える。

（3）裁判官任命のあり方

　こうした解釈手法は，日本国憲法の条文それ自体の改正が極めて困難である中で，その解釈や運用を変えることを通じて，実態として憲法の変化を認めることにつながる。従来，内閣法制局が特に憲法9条の運用に関してこのような解釈の変更を行ってきたが，国籍法違憲判決に見られるように，近年は裁判所もこうした「変更」に積極的になってきているように思われる。

　積極的な司法審査権の行使，またこれに資する柔軟な憲法解釈は，市民に

◆序　章　国籍法違憲判決の意義

とっては，憲法を根拠に立法政策の是非を問う道を開くことにつながる。と
同時に，司法の性質や，国民主権との関連における裁判官の立ち位置につい
て新たな議論を生じうる。このことに関連して，裁判官の選任についても議
論の余地が出てくる。従来，最高裁を含め，その裁判官が誰であるのかは，
日本でほとんど問題にならなかった。裁判所が概ね政治部門に重要な政策に
関する判断を委ね，裁判所による憲法解釈が政治的多数派の意向と抵触する
ことが少なかったため，裁判官が注目を浴びることも少なかったのである。
しかし，裁判官が斬新な憲法解釈を行うことに躊躇せず，重要な憲法論争に
ついて積極的な判決を下すことになれば，主権者である国民もまた，裁判官
やその選任手法に関心を持つかもしれない。

　このように，国籍法違憲判決は広く司法の役割について問いかけるものと
なっている。

3　国籍と家族を巡る法・文化的規範への影響

（1）国籍のあり方

　国籍法違憲判決は，日本における国籍あるいは家族に対する考え方にも一
石を投じるものである。この判決には，多くの日本人が直感的に誰を「日本
人」と感じるかということと異なる結果を生じる側面もある。

　今回の訴訟で原告として前面に出た JFC は，日本で生まれ育ち，日本語
を話し，日本に住み続けるつもりの子どもたちであり，法的にも日本人にな
る（日本国籍を取得する）ことを希望していた。

　しかし，最高裁判決とその後の法改正は，国籍の付与について，こうした
文化的な帰属による区別を行っていない。判決は日本人の父親の認知をもっ
て，原告の日本国籍を認めたし，その後の法改正でも同様に，父母が婚姻関
係にない場合も日本人の父親の認知により，他の条件を課すことなく，子ど
もに日本国籍の取得を認めるものとなった。

　従ってこの判決と法改正によって日本国籍の取得資格を得る JFC の中に
は，フィリピンで生まれ育ち，日本語は話さずタガログ語など現地の言葉で

20

◆V◆　最高裁判決のインパクト

暮らしている者も含まれる。マニラにある日本大使館はこうした子どもたちからの国籍取得の届出を受け付けているし，国籍取得の手続を支援するために子どもたちやその母親を支援する支援団体もある。こうした子どもたちの中には，自分が日本国籍を取得できることを知るにいたって初めて日本に興味や関心を示したり，就労先として日本行きを考えたりする人もいるだろう。文化的な帰属が日本とは言えず，従来の感覚では日本で「外国人」扱いされることはあっても「日本人」として受け入れてもらうことは厳しい場合もあろう。

　この点について，地裁判決は，日本の国籍法は従来「我が国との強い結び付きないし帰属関係」を重要な考慮要素としてこなかったことを指摘する。親のいずれかが日本人で，両親が婚姻関係にあれば，国外で生まれ育ち，日本への帰属の度合いが低かったとしても，日本国籍の取得資格に疑問が生じることはなかった。非嫡出子の場合にだけ殊更こうした帰属の証明を求めることに地裁判決は懐疑的であった。

　最高裁判決は国籍に「我が国との結び付き」を求める立法目的自体は是認したが，その手段として親の婚姻関係の有無で区別することを不合理であるとした。従来の規定は親が婚姻関係にある場合は類型的に，その子どもに日本との結び付きがあるとみなしたのである。そして同様に，非嫡出子の場合は類型的に，日本との結び付きが疑わしいとみなしたのである。判決はこの「類型的にみなす」ことを，それが特に権利剥奪の文脈で行われる場合には慎重であらねばならないと戒めたものである。そして，国籍という重要な法的地位に関わることについて，親の婚姻関係の有無だけで決することを不合理と断じた。

　ただ，最高裁判決が「我が国との結び付き」を立法目的として是認している以上，非嫡出子による国籍の取得に際して，この点を吟味する立法のあり方を検討する余地はあったと指摘する意見もある。多数意見を構成した判事の中にも，憲法の枠内で追加的な要件を設ける余地を示唆する意見[17]もあったし，先述したように，違憲であってもそのことへの対応の仕方には複数の選択肢があり，原告に直ちに国籍の取得資格を認めるべきでないとした

21

◆ 序　章　国籍法違憲判決の意義

反対意見もあった。嫡出子か非嫡出子かだけで区別をするのは違憲であるが，国外で生まれた者については日本国内への一定期間の居住要件を課すことなどは，現実的であるかどうかは別としても，検討することはできたのではないかと指摘される[18]。

　最高裁判決を受けた法改正は，結果として，日本人の父親の認知のみで子どもが日本国籍を取得できるものとなった。果たして，国籍法本来の趣旨はこのように単なる「血」だけで日本国籍を付与するものであったのか，それとも「血」といっても，単に生物学的な「血」ではなく，文化的なつながりなどより深い意味があったのかも問われなければならない。

　このように，国籍法違憲判決とこれを受けた法改正は，国籍法の「血統主義」の本質とは何かを問い直すものでもある[19]。

（2）家族のあり方

　なお，最高裁が国籍法3条で父母が婚姻していないことのみをもってその子どもを不利に扱うことを不合理ゆえに違憲と断じたことは，非嫡出子への差別を巡る長年の論争，特に相続差別を巡って分断されてきた司法の今後の姿勢に影響を与えるものと考えられた。実際，婚外子への相続差別についても2010年（但し最高裁で和解），2011年と相次いで大阪高裁が違憲判断を下し，ついに2013年最高裁大法廷が，従来の判断を覆して違憲とするに至った[20]。

　婚外子差別全般に対する最高裁の姿勢変化の一環として国籍法違憲判決を

---

(17)　たとえば今井判事の補足意見は「国会がその裁量権を行使して，日本国民を父とする生後認知子の国籍取得につき，準正要件に代えて，憲法に適合する要件を定める新たな立法をすること」は何ら妨げられないとしたほか，近藤判事の補足意見も同様のことを述べたうえで「例えば，日本国民である父が出生後に認知したことに加えて，出生地が本邦内であること，あるいは本邦内において一定期間居住していることを国籍取得の要件とすることは，諸外国の立法例にも見られるところであり，政策上の当否の点は別として，将来に向けての選択肢にはなり得るところであろう」と詳述している。

(18)　判決を受けた法改正の内容とその経緯（立法過程）について，本書第1章参照。

(19)　本書第4章はこの点について考察する。

(20)　最大決平成25・9・4民集第67巻6号1320頁，平成24(ク)984。相続差別規定を巡る判決の流れについては本書第3章で論じる。

22

位置づける判事の証言もある。国籍法違憲判決で多数意見に加わった泉徳治判事は，退官後の回想録で，この判決が相続分差別を違憲と判断する「露払いの役割を果たし（た）」と述べている。同判事は，同じ婚外子差別でも国籍法の規定は「影響する範囲が限定的」ゆえに「最高裁も違憲判決を出しやすかった」が，この判決を出したことで今度は「影響する範囲が広く，意見が鋭く対立する」相続差別についても「違憲判決を出しやすい雰囲気ができた」と分析している（泉 2017：167-168）。

　2008 年の国籍法違憲判決以降，日本では「法の下の平等」と家族のあり方を問う最高裁判決が相次いでいる。2013 年には非嫡出子相続分規定に対する違憲判決が下ったほか，2015 年には女性の再婚禁止期間（民法 733 条）について，「婚姻の自由」と「両性の本質的平等」の観点から，100 日超の部分について「合理性を欠いた過剰な制約」であるとして一部違憲とする判決が下った。また同日には，婚姻の際に夫婦同姓を義務付ける規定（民法750 条）が事実上は女性に圧倒的な不利益を科すものであるとする訴えについても，大法廷が判決を下している。多数意見は合憲としたものの，3 名の女性判事全員を含む 5 名の裁判官が違憲とする反対意見を付している。非嫡出子相続分規定や国籍法の規定についても，長年の裁判で徐々に反対意見が現れ，力を増していった流れを見ると，この問題でも今後さらに平等を求める声が高まると思われる。

◆Ⅵ◆　ま　と　め

　国籍の取得資格や国籍取得の効果については長年，個人の権利に国家の主権が優越し，司法審査が回避されてきた領域である（萩野 1982：399-413）。国籍は個人にとってはあらゆる権利の土台であり極めて重要な法的地位であるとともに，国家にとっても国民の定義に関わり国の「形」を規定する重要事項である。

　このようにどちら側から見てもその「存在」に関わるものである中，子どもの権利を中心に据え，その観点から国家の設けた区別が合理的であるか否

◆ 序　章　国籍法違憲判決の意義

かを審査し，違憲判断に至り，かつ子どもの国籍取得を認めるまでに至った国籍法違憲判決は，画期的なものである。

　かつて，国籍法の規定を巡っては，男女の区別が問題となったことがあった。国籍が日本人の父親からのみ承継されるものとされ，日本人の母親と外国人の父親が婚姻した場合には，その子どもに国籍が承継されなかったのである。1984 年，国連の男女差別撤廃条約批准に合わせてこの規定は改正され，父母両系血統主義，すなわち日本人の父親からでも母親からでも子どもに国籍が承継されることになったのである。しかし，このときに今回の訴訟で問題となった 3 条 1 項の「準正による国籍の取得」が新設され，結果として親が婚姻関係にある場合とそうでない場合で，差異が生じることとなったのである。

　国籍法違憲判決が特筆すべきなのは，1984 年の父母両系血統主義の採用の場合と異なり，差別が指摘されている事項について，憲法 14 条 1 項の「法の下の平等」を根拠に，司法が違憲判断を下して法改正を導いたことである。またその際に国内外の「社会的環境等の変化」を根拠に法が今日では合理性を失い，違憲性を帯びるに至った，というアプローチを採った。

　1947 年に日本国憲法が発効して以来，憲法 14 条 1 項の「法の下の平等」がマイノリティへの差別の抑止という観点で裁判所（少なくとも最高裁）に用いられることは乏しかった。そして国籍法違憲判決は，最高裁がマイノリティの権利の観点からこの「法の下の平等」を根拠に違憲判断を下した初の事例であった[21]。

　さらにその後の展開から，この判決が 5 年後の非嫡出子相続分規定違憲判決，7 年後の再婚禁止規定部分違憲判決など，「平等」の観点から法を精査する最高裁判決の流れを加速させる分水嶺だったことが明らかとなった。

　日本国憲法や現行法に影響を残す明治期の国籍法や民法が制定された当初，20 世紀末になって，日本人男性とフィリピン人女性の間に数万人単位で婚外子が生まれ，その国籍が問題となり，多くの母子が苦しむことになるとは，

---

(21)　マイノリティの定義，並びにマイノリティの権利の観点から「法の下の平等」
　　と違憲立法審査が特に重要であることについて，本書第 3 章参照。

24

◆VI◆　まとめ

予期できなかっただろう。こうした中にあって裁判所は，これ以上の権利侵害を放置することを拒み，社会の変化に即応して，国境を越える家族，特に子どもたちの権利に目を向ける憲法解釈を打ち出したのである。

　日本の法と社会のあり方を考察するのにこれほど格好の素材はないのではないだろうか。

〔文　献〕

Ackerman, Bruce（2007）"The Living Constitution", *Harvard Law Review*, Vol. 120, No. 7（May, 2007）, 1737-1812.

American Bar Association（2005）"Selecting Supreme Court Justices: A Dialogue", *Focus on Law Studies: Teaching About Law in the Liberal Arts*, Vol. XX, No. 2（Spring, 2005）.

Ely, John Hart（1980）*Democracy and Distrust: A Theory of Judicial Review.* Cambridge, Massachusetts: Harvard University Press.

Linger, Daniel Touro（2001）*No One Home: Brazilian Selves Remade in Japan.* Stanford, California: Stanford University Press.

Marshall, Jonathan（2007）"Who Decides the Role of Courts —— State or Society?" in Harry N. Scheiber and Laurent Mayali, ed., *Emerging Concepts of Rights in Japanese Law.* Berkeley, California: Robbins Collection Publications, School of Law, University of California at Berkeley.

Upham, Frank K.（1987）*Law and Social Change in Postwar Japan.* Cambridge, Massachusetts: Harvard University Press.

秋山実（2009）「国籍法の一部を改正する法律の概要」ジュリスト 1374 号，2-9 頁

萩野芳夫（1982）『国籍・出入国と憲法』勁草書房

樋口陽一・山内敏弘・辻村みよ子・蟻川恒正（2011）『憲法判例を読みなおす —— 下級審判決からのアプローチ』日本評論社

梶田孝道・丹野清人・樋口直人（2005）『顔の見えない定住化 —— 日系ブラジル人と国家・市場・移民ネットワーク』名古屋大学出版会

宮澤節生（1994）『法過程のリアリティ』信山社

佐々木てる（2006）『日本の国籍制度とコリア系日本人』明石書店

佐竹眞明・メアリー=アンジェリン=ダアノイ（2006）『フィリピン—日本国際結婚 —— 移住と多文化共生』めこん

滝井繁男（2009）『最高裁判所は変わったか —— 一裁判官の自己検証』岩波書店

山口進・宮地ゆう（2011）『最高裁の暗闘 —— 少数意見が時代を切り開く』朝日新聞出版

◆ 第1章
国籍法違憲判決と政策形成型訴訟

I 国籍法違憲判決とその法的・社会的意義
II 政策形成型（現代型）訴訟と cause lawyering について
III 国籍確認訴訟における弁護士・支援団体の役割
IV 判決内容の「実施」（implementation）過程と弁護士・支援団体の役割
V 政策形成型訴訟を巡る議論と本件訴訟について
VI 結 論

　この章では 2008 年の国籍法違憲最高裁判決について，その訴訟過程及び判決内容の実施過程を，特に弁護士・支援団体が果たした役割に焦点を当てて考察する。そして本判決を政策形成型訴訟あるいは cause lawyering の一例として，民主主義における司法の役割，法曹のあり方について検討したい。

◆ I ◆ 国籍法違憲判決とその法的・社会的意義

　この判決の内容と意義については序章で述べたが，政策形成型訴訟という観点から以下のように整理できる。

1 訴訟の経緯

　この訴訟の原告は，婚姻関係にない日本人父とフィリピン人母の間に生まれた子どもたちである。当時の国籍法（1984 年の国籍法改正以降の規定，以下「旧国籍法」）では，血統主義に基づき，子どもの出生時点で父親もしくは母親が日本国籍を有していれば，子どもは出生と同時に日本国籍を取得できた。但し，これは両親の婚姻を前提としている。出生時点で両親が婚姻関係にな

◆第1章　国籍法違憲判決と政策形成型訴訟

い場合，両親がその後に結婚すれば子どもは届出により日本国籍を取得でき
たほか（「準正」），子どもの出生前に父親が認知すれば（「胎児認知」）子ども
は日本国籍を取得できた。

　原告はこのいずれの規定からも漏れてしまった子どもたち，すなわち，両
親が婚姻関係になく，父の認知が出生後であった者である。こうした事態は，
日本人男性がフィリピン人女性と関係を持ち，女性が子どもを妊娠するに
至って，男性が結婚も認知も拒んだ場合に生じる。認知訴訟等を通じて父が
認知をするに至っても，それが出生後である場合，子どもは日本国籍を取得
できない規定だった。

　裁判を通じて原告は，国籍は基本的人権の保障に関わり，子どもたちの人
生を左右する重大なものであること，それを子どもには何ら責任のない，親
の結婚の有無を理由として否定するのは，不合理な差別であり，憲法14条
1項に定める「法の下の平等」に違反するという主張を展開した。

　最高裁大法廷判決（最大判平20・6・4）は，原告の国籍取得を阻む旧国
籍法の規定について，家族観や社会の変化に伴い，今日もはやその合理性が
失われているとして，法の下の平等に違反し違憲であると結論付けた。その
うえで，判決をもって，原告に日本国籍の取得資格があると断じた。

2　判決の意義

（1）事案の性質と規模

　本判決は，事案の性質，規模，司法の役割，司法救済のあり方から，それ
ぞれに重要な意義を有する。まず事案の性質として，日本国籍の取得資格，
すなわち国民の定義という，国家の重要問題について，裁判所が積極的判断
を下したことは画期的である。従来，日本の裁判所は，こうした重要問題に
ついては，「政治問題」として，司法による介入を避ける傾向が指摘されて
きた。しかし，本判決は子どもの国籍取得を巡って国家統治の都合（政府の
裁量）を優先するのではなく，子どもの権利に着眼する視点を採用した。

　また，対象者の規模も大きい。原告は同日に判決の下された2件の訴訟の

◆ I ◆　国籍法違憲判決とその法的・社会的意義

10 人であるが，訴訟の過程で，法務省は原告と同様の状況にあると思われる子どもの数を 4 - 5 万人と推計したという（山口・宮地 2011：179）。ただ，判決の対象には日本人男性が海外で関係を持った女性との間に生まれ，日本側に記録の残っていない子どもや，日本国内で生まれた後に届出がなされずに外国へ帰国した子どもも入る。また，今後も同様の子どもが生まれてくることも考えられる。そうすると，対象者の数はさらに膨らむ可能性が高い。このように，多くの子どもたちの権利の救済につながるのが本判決であった。

（2）司法の役割

本判決は，政治と司法の役割分担についても示唆に富むものである。なぜならば，本判決は最高裁が司法審査を用いて「マイノリティ」の権利を擁護した初の事例とも言えるからである。

アメリカでは，20 世紀後半以降，裁判所が自覚的にこの役割を果たし，黒人や女性，性的マイノリティの権利の擁護を，主にアメリカ合衆国憲法修正 14 条の「法の下の平等」に立脚して行ってきた。これを正当化する理論の先駆けとして有名なのが，*U.S. v. Carolene Products* 判決[1]で Stone 判事が付した脚注である。この判決で連邦最高裁は，連邦政府の経済社会政策について裁判所は基本的に政治部門の判断に委ねるとの緩やかな姿勢を示した。そこで付された但し書きが有名な「脚注 4」であった。Stone 判事はこの脚注で，裁判所の積極的な介入が正当化される場面に言及し，例として，宗教・出自・人種などによるマイノリティを狙い撃ちにした立法や，偏見の存在により政治プロセスにはマイノリティの擁護が期待できない場合を挙げた。

国籍法違憲判決は，「婚姻関係にない日本人男性と外国人女性の子どもたち」という政治的社会的立場の弱いマイノリティグループの権利を，裁判所が擁護したものである。しかも，一旦は政治過程で退けられた結論（1984 年国籍法改正時に，既に問題が提起されていたにも関わらず，こうした子どもたちへの国籍の付与は見送られていた）を裁判所が採用し，政治部門に変更を迫っ

---

(1)　*United States v. Carolene Products Co.*, 304 U.S. 144 (1938).

◆ 第1章　国籍法違憲判決と政策形成型訴訟

たのである。

　このように，本判決は司法の積極介入が求められる場面について，方向性を示唆するものである。

（3）直接的救済

　最後に本判決は，司法救済のあり方にも重要な特徴がある。即ち，違憲判断を受けて複数考えられる対応のうち，原告にとって最も直接的で有利な救済策，即ち，原告らが日本国籍を取得する資格のあることを判決により宣言することを選んだのである。

　これは，自明の結論ではなかった。親が婚姻関係にない場合に限って，子どもに国籍を認めないこと（親の婚姻の有無を理由とした区別）に合理的な理由がないから違憲，というのが違憲判断の内容であった。それへの対応として，国籍のあり方，意義，取得資格について国会に議論を委ねた上で，親の婚姻以外に，居住地や言語・文化面での適応性を基準に国籍を付与する，という立法を行うことも考えられた。この場合，結婚している日本人の親から海外で生まれた子どもたち（これまで国籍の取得資格のあった子どもたち）にも今後はそうした要件を満たすことを求めるのか，という問題は起きただろう。また，どういう基準が合理的か，争われることにもなっただろう。しかし，政府・国会でそれについて議論をする余地はあったし，国籍という国にとっての重要問題であれば，一層熟議が必要とも考えられた。

　こうした中，最高裁判決（多数意見）は，判決により原告の子どもたちに国籍を取得する資格があることを宣言した[2]。そのことによって，政府・国会の対応は，少なくとも原告に関しては「いかにして付与するか」の手続的検討に絞られた。このように，本判決は，憲法判断から救済策まで，子どもたちの権利を第一に据える姿勢を示したのである。

---

(2)　この点につき，最高裁判決で近藤崇晴裁判官は，「立法政策上の判断によって準正要件に代わる他の要件を付加することは，それが憲法に適合している限り許される」との補足意見を述べている。

◆Ⅱ◆ 政策形成型（現代型）訴訟と cause lawyering について

　以上のような画期的な判決ではあるが，そのプロセスについて，十分な研究がなされているとは言えない。そこでこの章では，原告団，特に原告代理人の弁護士と原告らを支援してきた団体である「JFC ネットワーク」に焦点を当て，その役割を論じる。

　政策形成型訴訟と cause lawyering は，ともに訴訟という手段を通じてある政策目標の実現を目指す活動を意味する。但し違いをあえて指摘するならば，政策形成型訴訟が「政策を形成するために訴訟を用いること」に着目し，特に司法と政治の関係・あり方の議論へ展開しやすいものである一方，cause lawyering は lawyering，すなわち弁護活動に着目し，弁護士の役割や法曹倫理，職業観を巡る議論へ発展しやすいものであるということが言える。国籍法訴訟では，訴訟目的（裁判を通じて国に国籍の取得資格の変更を求める＝政策形成）及び弁護士の役割（長年原告の権利擁護に関わる中での訴訟＝cause lawyering）が等しく意義を有することから両要素に着目して論じる。

1　政策形成型（現代型）訴訟の特徴

　日本の法社会学研究において，政策形成型訴訟（現代型訴訟とも呼ばれる）には一定の蓄積がある。たとえば六本佳平は現代型訴訟について「社会システムの構造的な要素の変更という一般的な意義を持った課題が，裁判に課せられる」と特徴づけ，その類型として人間関係訴訟（隣人，教師と学生，医師と患者など「社会関係の在り方」に関わるもの），大規模被害訴訟（公害訴訟など企業活動に起因する「構造的被害」を問うもの），公共政策訴訟（公共政策の是非を問うもの）を挙げている（六本 1991）。

　また和田仁孝も，現代型訴訟について，政策形成型訴訟とも呼ばれることを指摘したうえで，「将来を志向した一定の効果や政策形成のインパクトをも視野に入れつつ提起されることが多い」とし，それがしばしば「紛争の解

◆ 第1章　国籍法違憲判決と政策形成型訴訟

決それ自体を求めてと言うより，交渉の場の獲得ないし充実を求めて提起される」（フォーラム・セッティング機能）ことを述べている（和田 1994）。

　裁判所や訴訟が政策形成の道具として積極活用されるというと，人種差別や妊娠中絶の権利，同性婚など社会を二分する問題がしばしば裁判所の取り上げるところとなるアメリカが浮かぶが，実は日本でも頻繁に行われ，一定の効果を上げてきている。こうした訴訟の例を一部記しただけでも，一連の公害訴訟，空港や道路を巡る訴訟（建設差し止め，騒音補償等），薬害訴訟（薬害エイズ，C型肝炎等），原爆症の認定やハンセン病政策といった国の厚生政策に関する訴訟など，枚挙にいとまがない。

　にもかかわらず，司法の役割についてさほどの社会的論議が起きていない理由として，こうした訴訟がある程度進展すると，国が裁判所の和解勧告に応じる，控訴せずに判決を受け入れる，あるいは政策の方向性を「自ら」変え，訴訟の目的としていたところを先取りするといった形で，表面上政治と司法の間に対立がないかのように，協調的な解決が図られることが多いことが考えられる。

　しかし，対立が顕在化した場合も，顕在化する前に対応が図られた場合も，訴訟という手段を通じて司法が政策形成に影響を与えているという点は変わりがない。そこで，以下，政策形成型訴訟について，これまでの問題提起を整理したうえで，本件訴訟について詳しく分析をしていきたい。

2　これまでの問題提起

（1）裁判を通じた政策形成の実効性

　一つ目の問題は，政策形成型訴訟がどの程度政治的社会的議論のある問題への対応として有効であるかである。先述の和田(1994)は「紛争の一部のみを一面的に反映した『判決』と他の諸要素の間の関係づけを欠いたまま，なまの社会的力関係に規定されつつ，その処理が行われている」との懐疑的な見方を提示している。

　この問題は，アメリカで長年論じられてきた。特によく知られている研究

32

◆II◆　政策形成型（現代型）訴訟と cause lawyering について

として，Gerald Rosenberg のものがあり，同氏は，人種差別や女性の権利
（特に中絶の権利）を巡る代表的判決とその後の経緯を分析し，裁判所は判決
内容を履行する能力が欠けているゆえに，政治部門の支持なくしては判決は
無力であり，裁判所が社会的変化（social change）をもたらすことはできな
いと論じた（Rosenberg 1991）。

　たとえば人種差別について検討するとき，1954 年のブラウン対教育委員
会判決[3]は，学校における人種分離を違憲と断じ，その後各地の裁判所が
学校に対し積極的な人種融合策の実施を求めたが，それに反対する地域社会
との間に激しい対立を生じた。判決から 60 年を経た現在でも，アメリカの
都市・学校における人種分離は歴然としていて，低所得かつマイノリティが
集中する学校と，高所得かつ白人・アジア系の一部の子どもたちが集中する
学校が存在し，教育環境の優劣の差も著しい。その現場に接すれば 1954 年
の判決などなかったかのようであると評されてもいる（Kozol 2005）。

　司法の積極介入に関わらず，学校における人種分離がなくならないのは，
それが様々な政治的・社会的制度・慣行に起因するからである。裁判所は，
法により白人と黒人の子どもの学校を分離していた場合を違憲とした。しか
し，法が人種分離を強制しなくとも，経済的要因などから生じる人種ごとの
集住地域の存在は変わらない。集住地域を撤廃して強制的に人々を移動させ
るのであればともかく，個人の権利を尊重するアメリカではそこまではでき
ない。教育格差を改善するための富裕層（白人中心）の集住地域から貧困層
（黒人中心）の集住地域への所得移転（再配分政策）も，住民自治と自治体課
税権への民主的制約というアメリカの地方自治の伝統から困難である。ここ
に，司法の限界があるのである（秋葉 2012b）。それは和田が指摘する，「他
の諸要素の間の関係づけを欠いたまま，なまの社会的力関係に規定されつつ，
その処理が行われている」紛争処理の一例と言えよう。

　但し，政策形成型訴訟の効果について，判決による直接的救済（たとえば
人種分離の撤廃）の有無に限定せず，より広く捉えることも大事である。ま

---

(3)　*Brown v. Board of Education of Topeka*, 347 U.S. 483 (1954).

◆第 1 章　国籍法違憲判決と政策形成型訴訟

ず，訴訟を提起し遂行していくことは，それまで隠されていた社会問題を明
らかにする効果を持つことがある。たとえば，喫煙習慣による健康被害につ
いて国やたばこ会社の責任を問う「たばこ病訴訟」は，喫煙者の受けた損害
の回復よりも，意図的に被害を作り出してきたシステムの存在を可視化する
ことに意義があったとされる（佐藤 2003:93-96）。また，これに先立つ一連
の嫌煙権訴訟は，そうした権利をいずれの裁判所も認めなかったにも関わら
ず，公共の場における禁煙や分煙という考え方が広く社会に広がるきっかけ
になった（佐藤 2003:91-92）。

　さらに，正義を問い，権利を主張する行動に出ることによって，原告がス
ティグマ（社会的劣等感）を抱えた弱者から，不正の告発者へと立場を変え
ることもある（大塚 2005，佐藤 2003:99-101）。この場合，訴訟の効果は，そ
もそも問題が問題であるという権利意識を原告に持たせることにあると言え
る。この意識が備わることで，法的行動のみならず政治的行動へとつながる
こともあるだろう。

　宮澤節生は「政策志向的現代型訴訟」の効果について，判決を通じて原告
の求める権利を実現する「直接効果」と，社会問題の開示や世論への働きか
けを通じて政策の修正を導いていく「間接効果」に整理している。そして，
これまでの訴訟で前者については判決により権利が実現することは少ないも
のの，和解という形で成果の得られる場合が多く見られることを指摘し，ま
た「かなりの事例で間接効果を生みだしてきたと評価しうる」としている。
同氏はまた，後述するように，政策形成・立法過程へのアクセス不足を補う
手段としてこの種の訴訟の有用性を主張している（宮澤 2005）。

　日本の政策形成型訴訟としては，国や企業に対して公害被害の責任を問い，
将来に渡る公害発生の防止を求める公害訴訟がよく知られているが，その経
験からも裁判は一つの出発点に過ぎないことがわかる。裁判所が企業の責任
を認めたとしても，被害者の救済や将来に渡る具体的な公害対策は，その後
の政治交渉に委ねられることが多い。たとえば尼崎道路公害訴訟では，高裁
での和解に基づく道路交通対策がなかなか進展せず，原告側はあらためて公
害等調整委員会にあっせんの申し立てを行い，その成立後も道路管理者と原

34

◆Ⅱ◆　政策形成型（現代型）訴訟と cause lawyering について

告側との連絡会における交渉が続いてきたという（淡路 2012:29-31）。

　このように，政策形成型訴訟の実効性について吟味するときには，判決が原告の訴えを認めたか否かという点のみならず，政治的・社会的な交渉の一環として訴訟を把握する必要がある。この把握の仕方では，たとえ原告の訴えが認められても，終局的に救済が得られない場合もあれば，訴えが認められなくても，訴訟がきっかけとなって，問題が可視化され，実質的な解決へとつながる場合もあるのである。

（2）裁判所の判断能力

　政策形成型訴訟では「法適用作業が将来の予測をも含んだ立法作業に類するものに変質してくる」と指摘されている（新堂 1983）。そのような作業で，裁判所に適切な判断ができるのか，という問題がある。

　立法過程では，政党・政治家や利害関係団体の様々な要求，省庁等の行政当局の経験の蓄積，審議会等を通じた専門的な吟味や利害調整，法制局等による法的検討，それにマスコミ・世論を通じて，多くの関係者の意向が政策形成に影響を与えることになる。

　そして，「利害関係人の要求の適切な反映，その政策の定立・実施に必要な情報の収集」が政策形成過程に求められるのは，それが司法による場合であっても同じではないか，との問題意識が出てくる（田中 1979）。

　アメリカでは，主だった憲法訴訟となると，利害関係団体や大学教授のグループが積極的に amicus brief（意見書）を裁判所へ提出し，それらが実際に判決で引用されることも多い。たとえば，アメリカ社会を二分するアファーマティブアクションを巡る 2003 年の連邦最高裁判決[4]は，主に 2 つの理由から多様性確保を目的としたアファーマティブアクションの合憲性を認めた（但し手段によっては違憲）。それは，国際的な経済競争に勝ち残るためにも，また国際安全保障のうえでも，ビジネスや軍の指導者が多様な文化に対応できることが重要であり，そのためには高等教育の場で多様な人材を

---

(4)　*Gratz v. Bollinger*, 539 U.S. 244 (2003); *Grutter v. Bollinger*, 539 U.S. 306 (2003).

◆第1章　国籍法違憲判決と政策形成型訴訟

確保することが求められるという理由である。この主張の根拠となったのが，多国籍企業の連合が提出した amicus brief，そして退役軍人らが提出した amicus brief であった。

　このように，アメリカの裁判所では，憲法訴訟が裁判所の判断できる法技術的な問題ではなく，広範な政策的影響を持ちうることを前提にして，広く各界の知見を募り，判断の参考にする姿勢を示している。人種分離を違憲とした1954年のブラウン判決も，その根拠は「人種分離がマイノリティの子どもに生涯修復し得ない精神的影響を与える」という精神医学の観点からの当時の研究成果であった（その分析が科学的に妥当であるかはその後も議論され続けている）。

　本稿の取り上げる国籍法の規定を巡る訴訟も，「生まれながらの日本国籍の取得資格をどういう条件で付与すべきか」という政策判断的な要素を持つだけに，裁判所の判断の根拠，また判断能力についての検証が必要である。

（3）民主政との関連（司法介入の正統性）

　次に，そもそも政策的な要素を含む問題について，司法が積極介入することが民主政との観点で妥当と言えるのか，問題となる。

　立法府と異なり，裁判所は極めて間接的にしか主権者である国民の統制を受けない。裁判官は選挙に服することはないし，最高裁判所裁判官の国民審査も形骸化が指摘されて久しい。また，日本の場合，裁判官の選任過程で民主的な統制が働くこともほとんどない。この点，アメリカでは，裁判官の人事は政治の最大の関心事の一つである。連邦裁判所の裁判官は大統領が指名・任命することになっているが，連邦議会上院の同意を前提とする。上院はこの権限を駆使して，任命に同意する手続を遅らせて大統領に圧力をかけたり，公聴会で候補者の憲法観やこれまでの判決について厳しく問いただすことがある。また，メディアも候補者の生い立ちやこれまでの判例を取り上げ，世論を巻き込んだ論争が行われる。

　無論，アメリカのように裁判官の任命が政治・世論に左右されることが必ずしもいいとも言えない。「司法の独立」「良心に従った裁判」は裁判官が政

36

◆Ⅱ◆　政策形成型（現代型）訴訟と cause lawyering について

治家や世論に気兼ねしているようでは実現できない。しかし，民主主義である以上，主要な政策の方向性の決定は原則として有権者の洗礼を受けた，国民代表としての国会議員によって行われるべきである。司法が政策形成機能を果たすときには，いかなる理由と線引きによってその機能が立法府ではなく司法に与えられるのか，説明できなければならないだろう。

（4）弁護士と原告の関係（法曹倫理）

　最後に，弁護士に焦点を当てた cause lawyering の視点で言えば，原告に，訴訟の経緯やコンテキスト，影響についてどの程度までの認識があるか，訴訟以外の手段を含む選択肢とその長短は提示されているか，原告と弁護団の利害関係は一致しているか，といった問題がある。

　アメリカで有名な事案では憲法判例の代表格である，女性の妊娠中絶権を認めた *Roe v. Wade* 判決[5]が挙げられる。この事件では，まずこうした訴訟を裁判所に提起したいという法律家の側の動きがあった。「テスト・ケース」と呼ばれ，ある論点を裁判所に問うために，弁護士主導で訴訟を積極的に作りだす手法である。弁護団の側から，原告として適任の人物探しが行われ，Roe が選ばれた（Prager 2013）。しかし最高裁に至るまで内容も手続も弁護団を中心に進められ，弁護団と Roe のコミュニケーションが乏しかったばかりか，Roe は判決を待たずして子どもを生むに至った（訴訟はその後，集団訴訟として継続された）。しかも，中絶権を認める歴史的判決の原告でありながら，Roe 自身は，その後中絶反対の立場に転じている[6]。

　このように，弁護団の目的や利益と，原告の意向あるいは実益との間で，かい離が生じてくることもある。この場合，法曹倫理としては，後者を優先すべきということになろう。しかし，政策形成型訴訟は，目標は一定の政策形成であって，たまたま原告として名前を連ねた人の裏に，多数の同様の立場にある者の存在がある。訴訟が個人の利益の実現ではなく，社会的政策実

---

(5)　*Roe v. Wade*, 410 U.S. 113 (1973).

(6)　"New Twist for a Landmark Case: Roe v. Wade Becomes Roe v. Roe," *The New York Times*, August 12, 1995.

37

◆第1章　国籍法違憲判決と政策形成型訴訟

現の場になっているのである。このため，原告の具体的権利の侵害に対する救済を求める裁判の形式と，政策形成という社会的・集団的利害に関わる訴訟の実態に矛盾が生じることがある。

　以上のような問題意識を踏まえ，以下，国籍確認訴訟の原告の訴訟活動について，検討していく。

◆Ⅲ◆　国籍確認訴訟における弁護士・支援団体の役割[7]

1　原告とJFCネットワークについて

　2008年6月4日の国籍法違憲最高裁判決は，同時に2つの訴訟について出されている。先行訴訟の原告は1名で，山口元一弁護士が弁護団代表を務めている。後続訴訟の原告は9名で，本稿で取り上げるJFCネットワークという支援団体によって組織化された。この訴訟の弁護団代表はJFCネットワークの理事の一人である近藤博徳弁護士が務めている。

　JFCネットワークは，日本人父とフィリピン人母の間に生まれた子どもたちの支援，権利擁護を目的として1994年に設立された団体である。初代理事長は「女性国際戦犯法廷」などの活動で知られた松井やより氏で，当初は東京・千代田区の弁護士事務所の一角に事務スペースを構えていた。現在は新宿区に独立した事務所を持っているほか，フィリピン・マニラ郊外のケソン市に現地事務所（Maligaya House＝マリガヤ・ハウス）を持ち，日比両国でこうした母子の支援に当たっている。なお同団体は2006年に東京都の認証法人格を取得している。

　同団体は教会との縁も多い。初代理事長亡き後の理事長には新宿百人町教

---

(7)　本節は，記載した資料のほか，両訴訟の弁護人への対面インタビューに基づいている。後続訴訟の近藤博徳弁護士には2011年9月4日，先行訴訟のの山口元一弁護士には2012年4月5日に面会してインタビューを行った。また筆者は，最高裁判決以降，JFCネットワークの様々な活動に参加している（翻訳ボランティア，イベントやスタディーツアー，判決報告会等への参加）ことを付記しておきたい。

会の牧師である阿蘇敏文氏が就き，現在も教会やミッションスクールからの寄付が収入の一環となっている。但し，年間予算はそれほど多くなく，800万円程度である。会費と寄付，翻訳業務などに伴う雑収入が収入源であり，事務所家賃や人件費，通信費が支出の大半を占める。

スタッフは，東京事務所が事務局長の伊藤里枝子氏を中心に，数名の非常勤スタッフとインターンやボランティアの小所帯で運営されている。フィリピン・ケソンの事務所は，一人の日本人スタッフを中心に，フィリピン人のソーシャルウォーカー，日本から受け入れている学生インターン（アイセック等の派遣）が現地母子の対応に当たっている。また，JFC ネットワークの活動に協力する弁護士が日本国内に約100名いて，各地で発生するケースに対応している。

JFC ネットワークの活動規模は，人員や予算では，アメリカで組織的に訴訟を展開している人権擁護団体に比べればはるかに小規模のものである[8]。しかし，後述するように，その活動は実に多面的で，JFC 母子の日常の生活相談から法的権利の擁護，さらに法改正過程や現場での法の運用などにも発言し，規模の割には大きな影響力を持ってきたと言える。

2　JFC ネットワークの日頃の活動

（1）認知・養育費関係の支援

JFC ネットワークの活動で大きな比重を占めるのが「父親探し」である。JFC 母子の多くは日本人の父に養育責任を放棄され，連絡を取れないでいる場合が多い。「父親探し」は東京あるいはフィリピン事務所で母子からの相談を受け付けるところから始まる。他の団体あるいは日本大使館から紹介されて相談に訪れる母子もいる。

---

(8)　たとえば，全米有色人種協会の法務部門(NAACP Legal Defense and Education Fund)の 2009-10 年度活動報告によれば，同団体のスタッフはニューヨーク本部付の弁護士(staff attorney)15 名を含む 65 名，同年度の収入は約 1035 万ドル（約 10 億円）である。

◆第1章 国籍法違憲判決と政策形成型訴訟

典型的なケースでは，同ネットワークが母親から得た父親の所在に関する情報をもとに，まずは手紙または電話で，父親への要求の内容を伝える。通常それは，父親として子どもを認知することと，毎月養育費を送金することである。フィリピン在住の母子の場合，日本円でたとえ毎月5千円の送金でも生活は助かるものであるが，額の多少に関わらず，父親が好意的に応じることは少ない。

手紙の場合，3度送っても父親から何も応答がなければ，依頼者の意思を確認したうえで，父親の住所地の弁護士に依頼をして調停を申し立てる。この際，メーリングリストを通じて協力してくれる弁護士を求めたり，父の住所地の確認のために現地を訪ねるボランティアを募ったりする。また，母子の多くは困窮しているため，訴訟費用等を負担する余力はない。そのため，日弁連の委託援助を活用しているほか，一部の事案についてはJFCネットワークがファンドレイジング（寄付金集め）を行って費用を捻出している。

2016年度末までに同ネットワークの仲介で認知が得られた子どもは295人，養育費の支払いを受けることになった子どもは156人に上る（2016年度だけでは，認知が27人，養育費支払いが7人。）但し，解決に至った件数は全体から見ると少数で，2016年度までに同ネットワークが受け付けた相談件数1500件のうち840件（56%）は，父親の所在が把握できなかったり，父親に支払能力がないなどの理由で，打ち切りとなっている[9]。

（2）国籍・在留資格関係の支援

認知や養育費の支払いと合わせて，活動の核となっているのが，国籍や在留資格に関わる法的支援である。国籍法違憲判決に至る訴訟も，JFCネットワークの長年に渡るJFCの国籍問題への取り組みの中から出てきたものである。

JFCの母子は，日本人父に放棄され，連絡を絶たれた例が多い。また，母親に，認知のタイミングによる法的な扱いの差などの知識がない場合が多

---

(9) JFCネットワーク2016年度活動報告書。以下，JFCネットワークの扱った事件の種類や結果に関する統計はこの報告書に基づく。

い。こうした中，日本人の父から出生前に任意で認知を得ることは困難であるし，ようやく認知を得られても，子どもの出生後になる場合が多い。このような弱い立場にあって，JFC は法的に日本国籍の取得資格を否定されてしまう状況にあった。

　この「生後認知」の国籍問題の他に，国籍関連のケースは多い。日本の国籍法では父母が結婚していてそのいずれかが日本国籍であれば，子どもは出生により日本国籍を取得する。しかし，国外で出生した子どもは，出生後3ヶ月以内に親が「国籍留保」の届出をしなければ，日本国籍を喪失する。JFC ネットワークは，この留保の手続をしなかったために，日本国籍を喪失した JFC の国籍問題にも取り組んできた。親が3ヶ月以内に届出をしなかったことのみを理由に子どもが一生の不利益を被るのは不合理であるとして，この問題についても訴訟を提起したのである（但し，この訴訟は2015年3月10日に最高裁が上告を棄却し，原告敗訴となった）。

　JFC ネットワークの支援により，2016年度末までに252人の JFC が日本国籍を取得するに至った。このうち151人が違憲判決の結果認められるようになった生後認知によるものである。次に多いのが国籍留保をしなかったために国籍を喪失した子どもが，一定期間日本国内に居住することにより「国籍の再取得」をできる規定に基づく42人である。この場合，母子が来日し，子どもが日本国籍再取得の要件を満たすための滞在支援を JFC ネットワークが行っている。

　国籍と密接な関わりがあるのが在留資格の問題である。国籍がない場合には外国人という扱いになるので，出入国管理法に基づく在留資格を得ていなければ不法滞在になる。JFC ネットワークは，滞在資格を欠く子どもについて，在留特別許可を求めたり，退去強制手続に直面した場合の法的支援なども行ってきた。

（3）イベント・交流・スタディーツアー

　JFC ネットワークの活動の特徴は，権利擁護・法的支援を活動の核に据えながらも，JFC の生活支援，JFC コミュニティとの密な関わりを重視し

◆第1章　国籍法違憲判決と政策形成型訴訟

ている点である。友人や家族の一員であるかのように，JFC の母子が事務
局スタッフと連絡を取り，時には事務所を訪れ，また各種のイベントを通じ
て交わっている。

　JFC ネットワークの東京事務所では「いちご狩り」や「クリスマス・
パーティ」など季節のイベントを企画し，首都圏を中心に多くの参加者が集
まる。クリスマス・パーティは大きな会場を借りて，JFC の母親たちが持
ち寄った料理をテーブルに並べ，100 人規模の集まりになる。そこへ JFC
ネットワークのスタッフや理事，弁護士，また研究者なども加わり，親睦と
情報交換の場になっている。フィリピンのマリガヤハウスでも，同様にクリ
スマスパーティなどを開催している。

　また，旅行会社と連携して，例年フィリピンへのスタディーツアーを企画
している。現地事務所を訪ね，活動について聞くほか，JFC 母子との交流
会，JFC 家庭へのホームステイを体験する。特にホームステイは，母子の
家庭に直に入り，母親や子どもが日本や父についてどう思っているかなど，
詳しく聞くもので，参加者への啓蒙的な意義が深い。

　このように，小規模の団体でありながら，JFC コミュニティと深く関わ
り，その横の関係を構築し，また，コミュニティの外へも積極的に情報発信
し，支援者のネットワークを作るなど，人的・社会的な資源があるのがこの
団体の特徴である。

3　JFC ネットワークと国籍訴訟

　以上のように，日頃から JFC 母子に関わる支援活動を広範に，継続的に
行ってきた JFC ネットワークであるが，国籍法違憲判決に至る訴訟ではど
のような役割を果たしたのか，明らかにしたい。

（1）原告団の編成
　JFC ネットワークが国籍法違憲訴訟で果たした役割の最大のものは，原
告団を編成し，それを組織的に支援したことであろう。この訴訟では，JFC

42

◆Ⅲ◆　国籍確認訴訟における弁護士・支援団体の役割

ネットワークが編成した原告団の構成に，判断を有利に傾かせる効果があったのではないかと思われる。法的事実関係では「父親が日本人で，母親が外国人，両親は婚姻関係になく，父親の認知が出生後であった子ども」の日本国籍取得資格が問題である。しかし，この法的事実に合致する子どもの中には，日本で生まれ育ち，日本語を話し，「日本人と変わらない」子もいれば，フィリピンで生まれ育ち，日本語を話せず，日本では「外国人」扱いをされるであろう子もいる。どちらもこの訴訟の原告にはなり得た。

　しかし，実際に原告となったのは，いずれも前者の「日本人と変わらない」子どもたちである。判決の核心が，親の婚姻の有無だけで日本とのつながりを断じることは合理的ではなくなったという判断にあるだけに，訴訟の原告にどの程度日本とのつながりが見られるかは，結論を左右し得たのではないか。また仮に裁判官が影響を受けず，原告の「日本人らしさ」に関わらず同じ結論を下したとしても，そのメディア報道や法改正過程における議論に，違いが生じた可能性もある。

　今回のような子どもたちについて，政治・世論に判断を委ねたならどうだったか，との問いに，後続訴訟の近藤弁護士は「原告になった子どもたちのようなケースを典型的なものとして挙げるなら，同情というかシンパシーは得られると思う」としている。また，先行訴訟の山口弁護士によれば，同氏は後続訴訟について「海外の原告は置かない方がいい」と要請したという。日本社会との結び付きを考えた場合に，海外の原告の方に「判断を引っ張られる」ことを避けたかったためとのことである。

　JFC 以外に目を向けると，海外で長く過ごした帰国子女も，日本への適応の有無，「日本人らしさ」を問わず，日本国籍を認められている。JFC に限って，日本への文化的適応や「日本人らしさ」により国籍への権利を判断するのは不当とも言える。しかし現実には，原告が「日本人と変わらない」ように思われるかどうかが，裁判官，少なくとも世論の支持を得るうえでは重要だったのではないか。そして，そのような原告団を JFC ネットワークの組織力で編成できたことが有利な法的判断に貢献したと考えられるのではないか。

43

◆ 第1章　国籍法違憲判決と政策形成型訴訟

（2）原告団の意識醸成と訴訟参加

　JFC ネットワークは，原告の意識を高め，訴訟へ積極参加させるうえで，大きな役割を果たしている。訴訟を提起して以来，地裁・高裁・最高裁判決に至るまで，スタッフ・弁護士と原告を交えた定期的なワークショップを開催し，互いに「仲良くなった」という。裁判の原告は，その後も JFC ネットワークのイベントなどへの参加率が高いと言う。また，訴訟遂行の費用を集めるために，原告の子どもたちが，教会で自分たちの経験をもとにした寸劇を上演したほか，JFC ネットワークの会報やブログで，訴訟の進行の様子を詳細に報告，内外で意識・情報の共有を図ってきた。

　JFC ネットワーク・同弁護団と JFC の密な関係は，法廷でも活かされることになった。東京地裁では，原告の要望が認められ，子どもたちが陳述をする機会を与えられた。陳述へ向けて JFC ネットワークのスタッフとともに皆で集まり，陳述内容を練り，何度も練習したという。

　子どもたちが語った状況は，法的判断にとっても大事なポイントであった。というのも，憲法判断の枠組みが「原告にとって重要な権利を剥奪するだけの強い合理性があるかどうか」であったからである。これはアメリカの憲法判例で編み出されてきた「厳格審査基準」（strict scrutiny）の考え方に近い。権利の性質や重要性に応じて，それを制限する立法が満たさなければいけない目的・手段の合理性の度合いが異なるのである。国籍の有無が原告にとってそれほど重要な話でなければ，裁判所があえて国会の立法に対し強い姿勢で臨むこともないだろう。民主政の下で通常は立法府の判断が尊重されるべきだからである。子どもたちが，日本国籍の重要性を語り得たことは，裁判所が憲法判断の基準を引き上げる上で重要なプロセスだったと言える。

　以上のように，本件訴訟に，JFC ネットワークは大きな役割を果たしたと言える。法的支援やそれを越えた日常の交流の積み重ねによる JFC 母子との関係構築，訴訟経験の蓄積をもとに，裁判所・世論の支持を得やすい原告団を編成し，原告の意識を高めることにより訴訟への積極参加を促し，法廷の場で子どもたちに陳述させた。「日本人と変わらない」子どもたちが不

合理な法により重大な不利益を被っている，との構図を構成する上で，この組織的な取り組みが功を奏したと言えよう。

◆Ⅳ◆ 判決内容の「実施」(implementation)過程と弁護士・支援団体の役割

　国籍法違憲判決は，原告全面勝訴の内容であったが，その後の法改正の内容によっては，原告と同様の立場にある他のJFCにも日本国籍が認められることになるか，不確定の部分があった。そこで，判決を受けて大事になるのが実際にどのような形で国籍法が改正されるかであった。

1　メディア・世論の反応

　本判決を受けての国籍法の改正過程でまず重要だった点が，「目立った反対がなかった」ことである。それに一役買ったのは，マスメディアの好意的な報道姿勢である。JFCネットワークは日頃から主要な訴訟についてプレスリリース（記者発表）をしているほか，判決後には司法記者クラブで同ネットワークと連携する弁護士が原告と並んで会見に応じている。

　本判決の翌日（2008年6月5日），国内主要新聞は一面・社会面で事件を大きく取り上げた。判決後，裁判所の前で飛び上がって喜ぶJFCの母たちや記者会見で涙を流すJFCの写真が掲載され，大見出しで「違憲」「これで私も日本人」といった文字が躍る。そして原告のうちでも「将来は（国籍要件のある）警察官になりたい」というマサミ・タピルさんの話や，国籍のことでいじめにあってきたジェイサさんの話が取り上げられた。JFCネットワークのコメントを掲載した新聞もある[10]。報道は判決そして原告に同情的で，問題点を指摘したり，これを批判するようなものはほとんど見受けられなかった。

---

(10)　朝日新聞，2008年6月5日。

◆第1章　国籍法違憲判決と政策形成型訴訟

インターネット上のブログなどでは批判的な意見も出て，国会議員の事務所へ法改正に反対する FAX を送りつけるなどの運動もあったという。改正法を審議した衆議院法務委員会でも，法案に反対するファクスが「数百枚」届いていて，これまで「こういう陳情の仕方というのは余りなかった」として，その背景や「こういった形でのネット上での反対活動」への対応を問う委員もいた（衆議院法務委員会，2008 年 11 月 18 日）。こうした意見は偽装認知の防止を強調する国会での議論そして附帯決議につながったものの，国籍取得要件を改める法改正の根幹には影響を与えなかった。

2　法案策定過程

判決を受けた国の法改正の経緯を辿ると，法案の立案，国会への上程から国会審議，両院での可決に至るまで，通常の立法手続やそれに伴う議論を省略した形で行われたことが分かる。

（1）原告側弁護士の動き

原告代理人の弁護士は，判決後，必ずしも法改正の方向性について楽観はしていなかったという。

> 「補足意見で，両親の結婚を条件とするのは条件としてきつすぎると。だけどもうちょっと緩やかな，平等原則に反しない程度で，別の条件を付け加えるかどうかってことは国会の立法裁量の範囲であると。」（近藤弁護士）

最高裁判決は，父母の婚姻や父の認知のタイミングだけで子の国籍を否定するのは不合理としたが，これに対応する法改正にはいくつかの可能性があった。先述したように，本訴訟の原告は日本で育ち「日本人らしい」子どもたちであったが，同様に日本人父とフィリピン人母の間に生まれた婚外子には，国外に住み，日本に来たことがなく日本語を話せない子どもたちも多

46

◆Ⅳ◆　判決内容の「実施」(implementation) 過程と弁護士・支援団体の役割

くいる。そして，当・不当は別として，こうした場合に一律に日本国籍を認めることに疑問を呈し，居住地などに関する要件を加えようという議論はあり得た。

　判決が大きく報じられた当日（6月5日）の朝から開かれた参議院法務委員会では，急遽この判決を取り上げて政府の姿勢を問う委員が相次いだ。判決を受けての政府の対応について，鳩山邦夫法務大臣は「ありとあらゆる意味で衝撃的」としたうえで，「基本的には国籍法第三条は改正する方向で検討，対処していかなければならない」とした。しかしこれに続いて次のように述べている：

　　「我が国との密接な結び付きの指標となるべき他の要件を設けることは，それが立法目的との間に合理的関連性を有するものであれば許されるとされる補足意見が付けられておりまして，その要件の例として，日本国民である父が出生後に認知したことに加えて，出生地が本邦内であることや，本邦内において一定期間居住していることなどが挙げられているわけでございます。」

　こうした中で，後続訴訟の近藤弁護士は，主要政党の議員や，法務省の担当者と面会し，働きかけを行っている。近藤弁護士によれば，この過程で，法務省は婚姻関係にない日本人父・外国人母の子どもの国籍について，新たな条件は付けずに国籍を付与する方向であること，国会にもそれと異なる動きがないことがわかったと述べている。同氏によれば，国会議員は「判決で判断した範囲内で立法する」，それを越えて議論を始めれば「国会議員の中で議論百出してまとまらない」という姿勢だったという。父の認知があれば届出による国籍の取得を一律に認めるとしてしまった方が簡単で，何らかの要件を付そうという話をしだすと，様々な意見が出てくる。それを避ける形で法改正が進んだのである。

　この法改正の方向性は，後述するように，法務省の内部検討の段階で決まっている。近藤弁護士も，自身の働きかけについて「事前に方針がわかっ

◆ 第 1 章　国籍法違憲判決と政策形成型訴訟

た意味合いはある」が「特にやらなくてもああいう結果になったんだと思う」と述べている。

　なお，先行訴訟の山口元一弁護士は，法改正について自ら働きかけは行っていないものの，東京地裁の違憲判決のあと，各党（民主党，公明党，社民党）に呼ばれ，判決の説明をしたということである。

（2）法務省の動き

　法務省内での検討・立案については，当時同省民事局民事一課長であった秋山実が，『ジュリスト』誌論文で明らかにしている。それによれば，部内では違憲判決を受けていくつかの改正パターンを検討したが，条件を付けず一律に認知による国籍を認めるのが最適と判断したということである（秋山2009:2-9）。

　認知による国籍取得について出生地や居住地といった要件を付加することについては，これまでそういう要件がなく国籍を取得できた準正子（父母が後に結婚することによる国籍取得）にも影響が及び，相当でないと判断したという。また，認知をした父が真に父であるか判定するためのDNA鑑定の実施（国会の附帯決議もその活用の検討を要請している）について，「自然的（生物学的）血縁関係にのみ立脚しているものではない民法の親子法体系に影響を及ぼす可能性がある」ほか，こうした鑑定を母が外国人である場合にのみ義務付けることは相当でないと判断したという。

　このように，他の法体系への影響等が考えられる中で，単純に認知による国籍取得を認めるのが最も簡単と考えられ，結果的には最も幅広く国籍の取得を認めることになる改正案が法務省内でまとめられ，立法手続に乗せられる。以下が改正前後の国籍法3条の規定である（下線が変更部分）。

改正前3条1項

　父母の婚姻及びその認知により嫡出子たる身分を取得した子で二十歳未満のもの（日本国民であつた者を除く。）は…法務大臣に届け出ることによつて，日本の国籍を取得することができる。

◆Ⅳ◆　判決内容の「実施」(implementation) 過程と弁護士・支援団体の役割

改正後 3 条 1 項

　父又は母が認知した子で二十歳未満のもの（日本国民であつた者を除く。）
は…法務大臣に届け出ることによつて，日本の国籍を取得することができ
る。

　これを見ると，それほどの重要な変更が加えられているようには見えない。
「日本人の父または母が認知した子は日本国籍を取得する」と簡単に説明も
できる。それだけでは議論の余地に気付きにくいが，「外国で生まれ日本に
来たことがなく，日本語も話せない子どもも含むべきか」と問うたならどう
だろうか。改正案で何かしらの要件が示されていたならば，それをきっかけ
に，国籍の意味や「日本人」の条件を巡る議論に発展した可能性がある（こ
れらの点については第 4 章で詳しく検討する）。しかし，そうした要件が改正案
の中にないために，多くの人がこの論点に気付かないまま，広範に国籍取得
を認める改正が通ってしまった面がある。

（3）法制審議会の手続省略

　一度ふたを開ければ「議論百出」するであろうから，なるべく議論を起こ
さないうちに法案を通してしまった方がよい，との姿勢は今回の法改正手続
に一貫している。法務省では，今回の改正について，国会の冒頭で提案し，
スピード可決するという段取りができ上がっていた。

　2008 年 9 月 3 日の法制審議会総会で，国籍法改正は審議事項ではなく，
報告・了承事項として簡単に触れられている。法務省民事局長の倉吉敬同審
議会幹事が報告の冒頭で発言し，国籍法は重要な基本法ではあるが，最高裁
判決で違憲とされた条文を改正するものなので審議を省略したい旨を述べて
いる。これについて若干の質疑があったが，従来の国籍法改正の際に見られ
た詳細な議論はなく，あっさりと改正案が了承される形となった。以下その
部分の議事録の抜粋である[11]。

◆第 1 章　国籍法違憲判決と政策形成型訴訟

「国籍法は，言うまでもなく国家の構成員としての資格を規定する重要
な基本法でありますので，その改正をするに当たっては，本来であれば，
法制審議会で十分に御審議いただき，その御意見を賜るべきところであ
りますが，今回の改正は，最高裁判所判決で違憲とされた条文を改正す
るというものですので，法制審議会での御議論を賜ることなく改正法案
を国会に提出させていただきたく，この場をお借りいたしまして，改正
法案の概要について，御報告させていただきたいと存じます。」（倉吉幹
事）

「ヨーロッパでは結婚しないで子供を産むということがもう割と普通に
行われていますけれども，日本の場合は，今そういうことではないです
よね。そうなった場合に，ここは本当に差がないというのか…父親が日
本人で，母親が外国人の場合，認知するしないで，結婚するしないで対
応に差はないのでしょうか。」（佐藤委員）

「今，おっしゃられたことは，とことん突き詰めていくと，この最高裁
判決の判断が本当にこれで日本の社会風土に合っているのかという議論
にもなってしまうのかなと思われます。
（中略）
最高裁判決は，遅くとも本件の原告が届出をした当時においては，国籍
法第 3 条の規定は，憲法違反になっていたと。（中略）最高裁判所でそ
ういう御判断が出た以上はそれに応じて法律の改正をすべきことになり
ますが，社会学的には非常に面白い問題だろうとは思います。」（倉吉幹
事，下線は筆者）

　このように，国籍法が「重要な基本法であること」また，判決そして改正
案の内容について「日本の社会風土に合っているのかという議論」があり得

---

(11)　法務省「法制審議会第 157 回会議（平成 20 年 9 月 3 日）議事録」http://www.
moj.go.jp/content/000005028.pdf（2013/8/29 アクセス）。

50

ることは，法制審議会での限られたやり取りの中でも表れている。しかし
「最高裁判所でそういう御判断が出た以上はそれに応じて法律の改正をすべ
き」という一点で，この改正案は国会へ上程されることになった。最高裁判
所の判断に従うためにはいくつかの方法があり得ることはその際には言及さ
れず，審議会の委員も議論できないままであった。

3　法案審議過程（国会）

　判決の直後から国会でもこの判決を急遽取り上げ政府の対応を問う議員も
いた。判決翌日の6月5日の参議院法務委員会では3名の委員が相次いで判
決の意義を指摘し，政府の積極的な対応を求めた。たとえば公明党の委員は，
この日，党として法務大臣に面会し，法改正を速やかに行うことと，法改正
までの間も（予想される国籍取得の申し出に対して）判決の趣旨を踏まえた対
応をすることを求めたと述べている。

　この時点で，国会では判決や法改正について目立った異論は出ていなかっ
た。ただ，この日の大臣の答弁は，改正の必要性を認めつつ，「提案が議員
立法であるか政府提案があるか」，また日本との結び付きの指標となる何ら
かの要件を加えるかについて含みを残していた。その後，国会での議論は深
化せず，追加的な要件を加えることなく国籍の取得を認める法改正が政府主
導で進められる流れとなったのである。

　こうして第170回（臨時）国会に上程された改正案は，極めて早い速度で
審議が進行し，提出から一月経たずして衆参両院を通過し，公布に至る。そ
の経過を一覧にすると以下の通りである。

2008年

　11月13日　衆議院　法務委員会に付託

　11月14日　　　　　趣旨説明

　11月18日　　　　　政府質疑

　　　　　　　　　　同日，委員会が全会一致で可決

◆ 第 1 章　国籍法違憲判決と政策形成型訴訟

同日，本会議が全会一致で可決

11 月 19 日　参議院　法務委員会に付託
11 月 20 日　　　　　趣旨説明
11 月 25 日　　　　　政府質疑
11 月 27 日　　　　　参考人質疑・政府質疑
12 月 4 日　　　　　委員会が全会一致で可決
12 月 5 日　　　　　本会議が賛成多数で可決
12 月 9 日　閣議決定
12 月 12 日　公布(12)

（1）衆議院での審議・可決

　衆議院では法案の審議はほとんど行われずに可決された。11 月 18 日に，政府質疑が行われ，一部委員が慎重意見を述べ，拙速な審議に疑問を呈したものの，同日午前中に委員会で可決，午後には本会議も全会一致で可決している。

　衆議院法務委員会の審議では，自民党の委員が冒頭で「最高裁が言ったからといってそれをそのまま立法府がやるというのは，立法府に身を置く者として矜持が足りないんじゃないか」「国籍法三条を読みかえて国籍を付与された。これは，まさに司法権による立法府に対する介入とまで言ったら言い過ぎかもしれませんが…」と指摘した（稲田委員）．また民主党の委員からは，「国籍の定め方」として生地主義，血統主義に言及したうえで，国際化が進む中で「純粋な血統主義だけで本当にいいのかどうかということも，これもまた議論していかなければならない」と問題提起があった．さらに社民党の委員からも「本来なら，この最高裁判決が出た後，法務委員会で，政府が立法するのか議員が立法するのかまだわからない段階でも議論すべきだった」と悔いる声も出た（保坂委員）．このように，委員会では，司法と立法

――――――――――

(12)　「国籍法の一部を改正する法律」（平成 20 年法律第 88 号）。

52

◆Ⅳ◆　判決内容の「実施」(implementation) 過程と弁護士・支援団体の役割

府の関係，国籍取得要件（血統主義と生地主義）など，この判決を巡る重要
な論点が指摘されるに至った．しかし，この時点で政府の方針は既に定まり，
「議論にならないうちに法改正を通す」流れができていた．そして法務委員
会でも 3 時間のうちに一通りの質疑を終えた後，直ちに採決が行われ，全会
一致（「起立総員」）で改正法を可決している．法案は午後の本会議に上程さ
れて，委員会が全会一致で可決すべきとしたことが報告されると直ちに採決
が行われ，可決された．こうして，衆議院では法務委員会への付託から本会
議での可決までわずか 5 日間で審議を終えている。

（2）参議院での審議・可決

　参議院では若干様相が異なった。法務委員会でも一度の政府質疑で終わら
ずに，日をあらためて参考人質疑と再度の政府質疑が実施された。委員会へ
の付託から本会議での可決までに 3 週間近くを要し，本会議での反対票も 9
票出ている。

　参議院法務委員会では，まず 11 月 25 日に国籍法の改正が議論されている。
民主党や共産党，社民党の委員がそれぞれ，判決を評価し，その論理が嫡出
子への相続差別の是正を求めるものでもあると強調したのに対して，自民党
の委員が虚偽の認知による不正な国籍の取得の恐れを指摘し，DNA 鑑定の
実施について政府に質した。政府側は森英介・法務大臣と倉吉敬・法務省民
事局長が主として答弁に立ち，非嫡出子への相続差別については「我が国の
家族の在り方」に関わるとして国民の議論を待つとしたうえで，世論調査で
は現状維持の意見の方が多いと述べ，慎重な姿勢を示した。DNA 鑑定につ
いては，「父子関係への科学的な証明だけで親子関係を決める」ことを望ま
しくないとしたうえで，鑑定の正否自体，法務省の窓口では判断できないと
した。判決を拡張的に捉えようとする立場，慎重に捉えようとする立場，そ
れぞれからの問題提起に深入りしたくないという基本姿勢が滲む。

　11 月 27 日の委員会審議では，前半では参考人として中央大学教授の奥田
安弘氏と弁護士の遠山信一郎氏が呼ばれている。この中で委員が，国籍法違
憲判決の射程に関して，訴訟の原告同様に「日本国内において出生し生活し

53

◆第1章　国籍法違憲判決と政策形成型訴訟

ているという子が前提ということになるのか」問うている（木庭委員）。これに対して奥田氏は，「我が国の国籍法は血統主義でありまして，そういうことからいきますと，日本で生まれて日本で育って日本語しか話せないということは全く本来関係のない話」と述べ，「親が両方とも外国人」の場合はいずれにしても日本国籍を取れないことを例に挙げて，「日本で生まれて日本で育ったということは（国籍の取得資格に）余り関係ないだろう」と応じている。また，そもそも第一次訴訟の原告は退去強制命令を受けていて，法的には日本に住所がない中で今回の判決に至っていることからも，判決は「法律的な意味で日本における居住」は求めていないとの見解を示した。

このように，法改正の実質的な方向性（国籍の取得資格）に関する議論も垣間見えたものの，二人の参考人が退席した後の後半の審議では，偽装認知の恐れや，その予防の観点からの国籍取得に至る手続のあり方，DNA 鑑定の是非に議論が集中し，認知による国籍の取得を無条件に認めるという法改正の本質についての議論はほとんどなかった。

こうして国籍法改正案は，衆参両院を短時間で通過した。両院の審議の過程では，偽装認知や組織的不正に対する懸念を受けて，この点を中心とした附帯決議が，両院の法務委員会での法案可決の際に付けられている。衆参とも内容は類似しているが，参議院の附帯決議の項目としては，1）改正法の内容の周知徹底，2）虚偽認知の防止（父親に対する聞き取り調査，親子の写真，出入国記録の調査等），3）半年ごとの施行状況の報告・「父子関係の科学的な確認」の要否・当否の検討，4）組織的な不正の防止，5）重国籍についての検討を求めている。

4　法律施行段階

（1）附帯決議（偽装防止）の影響による申請手続の厳格化

このように，国籍法違憲判決を受け，改正された国籍法では，父親の認知のみを条件として，その他の要件は付すことなく，子どもに日本国籍の取得が認められることになった。しかし，出生後の認知でもよい（20歳で成人す

54

◆Ⅳ◆　判決内容の「実施」(implementation) 過程と弁護士・支援団体の役割

るまで）ということは，偽装の余地も高まることになる。悪意がある場合には，実の父親でない日本人の男性に自分の子を認知させ，子に日本国籍を取得させようとすることもできる。

　国会での附帯決議がこの点の対応を特に求めたこともあって，改正法に伴う「国籍法施行規則の一部を改正する省令」[13]では，偽装認知の防止に重点を置いた手続が定められることになった（秋山 2009:5-6）。認知を受けた子どもが日本国籍取得の届出をする際は，原則として，１）認知した父の戸籍等，２）子どもの出生証明，３）認知に至った経緯を記した父母の申述書，４）母が懐胎した時期の渡航履歴の証明，５）その他親子関係を認めるに足る資料，の提出が求められる。「その他親子関係を認めるに足る資料」については，法務省の通達で，父母と子が３人で写った写真などが例として挙げられている[14]。

（2）国籍の取得までの JFC ネットワークのフォロー

　このように，法律上，父の認知により子どもが国籍を得られるようになったとしても，母親が法改正の内容と実際に国籍取得に必要な手続を把握して，父の戸籍や子どもの出生証明を揃え，法務局や在外公館に赴いて申請を行うことはかなり困難である。特に，フィリピン在住の母子は情報から隔離され，貧しい経済環境の下に生活している場合も多い。在外公館に足を運ぶことすら困難が予想され，複雑な申請要件のもと一度の訪問で申請手続を完了できるとも限らない。

　違憲判決だけでは，実際に子どもが国籍を取得することにはならない。判決を受けて，JFC ネットワークでは判決内容や国籍取得に向けた具体的な手続について現地（フィリピン）でオリエンテーションを実施している。また，法改正の結果，一部の子どもたちにとってはかえって国籍取得の手続（必要書類の要件）が厳格化されたことを受け，法の適正な運用について，現

---

[13]　平成 20 年法務省令第 73 号。
[14]　「国籍法の一部を改正する法律等の施行に伴う国籍取得の届出に関する取扱いの変更について」（平成 20 年 12 月 18 日　法務省民事局長通達第 3300 号）。

◆ 第1章 国籍法違憲判決と政策形成型訴訟

地の日本大使館に要請を行っている。このような国籍取得に至るまでのフォローもあって，JFC ネットワークのクライアントで法改正の結果，生後認知による国籍の取得に至った子どもはこれまで 151 人を数える[15]。

なお，国会の附帯決議は，法改正後の運用状況について半年ごとの国会への報告が求めた。法務省は改正後の国籍法の規定に基づく日本国籍の取得状況について同省のウェブサイトで公表しており，それによれば，2013 年 6 月 30 日現在で 2280 人の「父母が婚姻していない子」が，国籍法第 3 条に基づき日本人の親が認知をしたことにより日本国籍を取得している（法務省「改正国籍法に伴う国籍取得届の状況」）。訴訟中に法務省が示した，原告のような子どもの数が推定 4 − 5 万人であることを考えると，大多数の対象者は国籍取得に至っていないことになる。

（3）JFC による国籍取得の影響

本件訴訟で原告になった「日本で日本人として生まれ育ち，日本人と変わらない」JFC がいる一方で，訴訟の果実を享受する JFC の中にはこれまではフィリピン人として暮らしてきて，最近日本国籍を取得する資格のあることに気付いた，というグループもある。後者は，日本について知らず，日本語も話せない場合も多い．

こうして国籍を取得した JFC は，「日本人」として来日しても，日本社会に溶け込めずに苦労することも多く，「新日系フィリピン人」問題としてメディアに取り上げられたりもした。日本では，少なくとも高卒相当の学歴のある人が大半で，非熟練労働に就く場合でも，ある程度の教育と最低限の日本語能力は必要となる。日本国籍を取得したからといって，突然日本へ来ても，生活は困難であろう。JFC ネットワークも，ただ JFC が国籍を取得できればよい，という考えではない。スタッフによれば，国籍を就労の道具として捉えるべきではなく，「権利」や「（日本人としての）アイデンティティ」という側面からも JFC に国籍の意義について理解を促したいとのことであ

---

(15) JFC ネットワーク 2016 年度活動報告書。

◆Ⅴ◆　政策形成型訴訟を巡る議論と本件訴訟について

る(16)。

　同ネットワークは，国籍を取得して来日した JFC についての実態調査を
行ったり，JFC の体験や思いを社会に届けるために「JFC エッセイコンテ
スト」(本書資料 2 参照)を実施したりするなど，日本社会における JFC の
地位やアイデンティティに目を向けた啓蒙活動も行っている。訴訟を経て，
それまで国籍を否定されていた JFC の一部は法的に日本人となったが，社
会的にも日本人として受け入れられることが，次なる課題と言えよう。支援
団体のみならず，広く国や社会による対応が求められている。

◆Ⅴ◆　政策形成型訴訟を巡る議論と本件訴訟について

　以上，Ⅲ及びⅣで詳述した，本件訴訟の過程，また訴訟以降の法の改正及
び実施過程における原告代理人弁護士及び JFC ネットワークの役割に照ら
し，先にⅡで提示した，政策形成型訴訟を巡る問題意識に，この事例がどの
ように応えるものであるかを論じたい。

1　法の執行過程への法曹の関与 (実効性の確保)

　第一に，政策形成型訴訟が，実際に政策を変更し，原告を効果的に救済し
得るのかという問題である。本件訴訟は，判決を受けた行政府・立法府の
対応が判決内容に協力的であり，その趣旨を逸脱したり，対象者を限定した
りする法改正が回避されたことが特徴である。「議論百出する」論争を回避
し，認知をもって国籍の取得を認めるというストレートな改正が，迅速な立
法手続のもとに実現した。その結果，法の改正という目標は，原告の求めた
通りに実現した。

　法改正の後には，実際に原告や同様の立場にある子どもたちが国籍を取得
するに至るかという，法の実施過程の問題がある。この点，JFC ネット

---

(16)　2013 年 8 月 7 日付「ボランティア会議報告」(JFC ネットワークのメーリングリ
　　ストにて配信)。

57

◆ 第 1 章　国籍法違憲判決と政策形成型訴訟

ワークは法成立後の現場での運用にまで目を光らせ，JFC が実際に国籍を取得できるよう JFC の支援を継続している。判決から 5 年を経た 2013 年，原告の一人であったマサミ・タピルさんの様子を取材した新聞記事が出た(17)。日本の高校の制服姿の写真を添えた記事には，日本国籍を取得して名前が「佐藤真美」になったことや，自身の裁判が写真入りで中学の教科書に取り上げられていること，アイドルグループのオーディションには「マサミ・タピル」の名で応募し，「ハーフってかっこいいし」と説明する彼女の様子が描かれている。本判決とその後の法改正はこうした個人の人生を実際に変えるものであった。

　しかし，特にフィリピン在住の JFC 母子は情報不足や，手続を遂行する能力の欠如に直面している。そして，4 − 5 万人以上とされる対象者の数に比してごく一部にしか法改正の利益は及んでいない。この点は，日比両国の政府が協力して情報伝達の努力をする必要があるほか，そのような立場にある JFC の申請手続を支援する仕組みが，JFC ネットワークなどの少数の団体に依存することなく作られる必要があろう。

　また，問題の根源は旧法の規定だけでなく，子どもが生まれるような関係を外国人女性と持った挙句，母子への責任を放棄する多数の日本人男性の存在，またそれを許してしまう社会の風潮があると言える。日本人の男性・女性の間で同様のことがあれば，女性も簡単に泣き寝入りはしないし，男性に対して，社会的にも批判のまなざしが注がれることになろう。この差には，外国人女性に対する偏見が介在していると考えざるを得ない。訴訟という手段では，この本質的な問題の解決には至らないと言える。

　原告と，JFC ネットワークとつながりのある母子に関しては，訴訟が JFC の実質的な救済に至る成果が，政府各部門の協調的な姿勢もあって実現したと言える。しかしこうした子どもが多数生まれる問題の根源は司法が解決できるものではなく，社会的な取り組みが必要である。

---

(17)　東京新聞，2013 年 5 月 6 日。

58

◆V◆　政策形成型訴訟を巡る議論と本件訴訟について

2　裁判所の判断能力

　次に，日本国籍の取得資格という政策的な課題について，法の解釈と適用
を任務とする裁判所に判断能力があるかについてである。本件訴訟は「今回
のような子どもの国籍について，一律に否定する合理的な理由があるか」と
いう，法解釈というよりも政策的判断に関わる議論を核心においている。

　訴訟の経緯を見ると，裁判所が判断する能力を十分に有しているかは，議
論の余地があると思われる。たしかに本件訴訟の原告に限って言えば，日本
国籍を否定することが不合理に思える。国籍の取得資格を日本とのつながり
を基準に考えた場合に，この子どもたちは外国人というよりは日本人である
と考え得るし，同じ兄弟姉妹の中でもたまたま親が法を理解してタイミング
よく認知をしたかどうかで国籍が分かれるような状況も不自然である。また，
国籍法が血統主義を採用する以上，親が日本人であれば，日本国籍の取得を
認められるべきで，この場合にだけ日本とのつながりを基準に，かつそれが
弱いことを前提に，一律に国籍を否定するのは不平等という議論は十分可能
である。

　しかし，今回のような原告が一般的なのか，例外的なのかは裁判では不明
のままであった。違憲判決を受けた法改正で日本国籍を取得できることに
なった子どもは，日本とのつながりがほとんどない場合も多いことを検討す
る必要がある。もし，こうした子どもの方が多いのであれば，旧規定を維持
しつつ，つながりを証明できる場合は救済措置や例外を設けるという対応も
あり得たかもしれない。

　それは日本国籍の資格を血統だけに求めるのか，それ以上のもの（文化や
言語，居住歴等）を求めるのか，という国・国民のあり方を巡る大きな議論
に関わってくる。本件判決を受けた法改正の国会審議でも，こうした論争に
発展する兆しが見られたにも関わらず，可決を前提とした議会運営の中で，
議論が深められることはなかった。

　本件訴訟，特に後続訴訟の東京地裁判決は，国籍法の趣旨や旧3条1項の
制定理由を国会の議事録も引用しながら検討し，「我が国との強い結び付き

59

◆第1章　国籍法違憲判決と政策形成型訴訟

ないし帰属関係」を根拠とした区別の合理性を検討，さらに法律婚の尊重と
非嫡出子差別全般について論じ，同様の子どもたちに関して諸外国 16 カ国
の立法に言及するなど，裁判所の熱意が際立つものである。

　しかしこの場合も，国側または原告側それぞれから提出された準備書面か
ら多くの情報を得ていると思われる。国会のように多くの利害関係者から情
報が入るわけでもない。裁判所における検討の過程はブラックボックスであ
り，裁判官が結論の方向性を決めて，それに合わせた情報を取捨選択するこ
とも可能である。また，法廷での限られた時間を除いて，裁判官と当事者が
話をできるわけではなく，短い時間で国側・原告側がそれぞれ主張を述べ，
証拠を提出した後は，裁判官から一方的に下される判決を待つことしかでき
ない。

　こうしたことから，本件のように政策的判断に近い問題が加わる場合に，
裁判所の判断の過程を立法過程に準じて透明なものにしていくことが必要と
思われる。先述したように，アメリカの憲法訴訟では，利害関係のある団体
等から多くの意見書が出されるし，裁判官も判決の中でそれを引用すること
がある。それらの意見書は，民間の判決データベースなどで，判決文と合わ
せて参照することができる。また，裁判官や law clerk が独自に学説やデー
タを集め，それを利用することも多い。いずれの場合も，判決の依拠する情
報・議論はその出典が明示され，第三者による検証が可能となっている。

　本件判決を検討すると，判決の核心となった部分について，裁判所の判断
の根拠が必ずしも明らかでないという問題がある(18)。本件判決は，遅くと
も原告が国籍の取得を求めて届出をした時点で，国籍法の規定は合理性を
失っており違憲，というものである。その判断の根拠として出されているの

---

(18)　渡辺(2010)は，「立法事実の変遷」が合憲性を問う一つの方法となっていること
　　を述べ，立法事実を問うことの意義の一つは，法の合理性を支える「事実」を根拠
　　に基づいて検討することにより，裁判官の恣意的な判断を抑制することにあるとす
　　る。そして，「十分な根拠なく立法事実の存否を認める場合」は，かえって「裁判官
　　の独断による憲法判断を許容することにもなる」と指摘する。同氏は国籍法違憲判
　　決の多数意見について，立法事実の変遷を裏付ける根拠が十分に説明されていない
　　ことを詳説している。

◆V◆　政策形成型訴訟を巡る議論と本件訴訟について

は，社会や家族観の変化により，親の婚姻の有無のみで日本とのつながりを
断じることはもはや合理的と言えない，ということだった。しかしこの部分
の説明は，以下に引用する短い記述しかない。

「…我が国における社会的，経済的環境等の変化に伴って，夫婦共同生
活の在り方を含む家族生活や親子関係に関する意識も一様ではなくなっ
てきており，今日では，出生数に占める非嫡出子の割合が増加するなど，
家族生活や親子関係の実態も変化し多様化してきている。このような社
会通念及び社会的状況の変化に加えて，近年，我が国の国際化の進展に
伴い国際的交流が増大することにより，日本国民である父と日本国民で
ない母との間に出生する子が増加しているところ，両親の一方のみが日
本国民である場合には，同居の有無など家族生活の実態においても，法
律上の婚姻やそれを背景とした親子関係の在り方についての認識におい
ても，両親が日本国民である場合と比べてより複雑多様な面があり，そ
の子と我が国との結び付きの強弱を両親が法律上の婚姻をしているか否
かをもって直ちに測ることはできない。これらのことを考慮すれば，日
本国民である父が日本国民でない母と法律上の婚姻をしたことをもって，
初めて子に日本国籍を与えるに足りるだけの我が国との密接な結び付き
が認められるものとすることは，今日では必ずしも家族生活等の実態に
適合するものということはできない。」

画期的な最高裁判決ではあるが，判断の核心の議論は以上であり，学説等
の出典もなければ，具体的なデータや事例が並べられているわけではない。
むしろ反対意見の方がデータを示し，非嫡出子がそれほど増えているわけで
はない（家族観に大きな変化はない）と論じている（渡辺 2010：1815-1818）。
　そればかりか，この説明の読み方によっては，これまでは国籍を認められ
ていた，結婚している父母の子どもについても国籍の付与条件を厳しくする
という，逆の対応も可能になる。「両親の一方のみが日本国民である場合」
は子どもと日本との結び付きは親の婚姻の有無で「直ちに測ることはできな

61

◆第1章　国籍法違憲判決と政策形成型訴訟

い」ということは，婚姻の有無に関わらず，日本人父と外国人母のもとに生まれた子どもについては日本との結び付きについての一定の要件を課すべき，という主張にも展開し得る。

　最高裁判決の「根拠が不明」との認識は，原告側の弁護団の中にもある。近藤弁護士によれば，原告の主張は，国籍の取得を親の行為に関連付ける法の規定にそもそも合理性がないというものであって，「社会情勢の変化」によって違憲性を帯びるようになったとの主張は原告もしていないという。そして裁判所が「社会情勢の変化」を判断の中枢に据えつつもその根拠が必ずしも明らかでないことについて，「将来逆の立場になった時に」（社会情勢の変化の有無を巡って裁判の結論が自分たちに不利になったときに）「検証・反証ができないことには不安」があるという。

　以上のことから，政策形成型訴訟に裁判所が積極的に対応する場合には，検討すべき事項の広範さ，複雑さに応じ，立法に準じて多数のアクターが参加し，意見を述べる機会を確保するとともに，判断の根拠を客観的に検証できるよう，出典・データの明示，判決に影響を与えた意見書等の外部意見の公開が求められると言えよう。

3　司法過程と政治過程（民主政との関連）

（1）政治過程での議論の欠如

　司法と政治の関係については，長い間，政治過程では実現し得なかったことが，判決を受けて異例の速さで実現してしまったことの意味を考える必要がある。

　親の婚姻や認知のタイミングに左右されることなく，今回の訴訟の原告のような子どもたちにも国籍を付与すべきとの議論は，今回の訴訟に始まったことではなく，以前から出されていた（国友 2009:16）。たとえば，1984 年の国籍法改正の際は，法制審議会国籍法部会で専門家でもある山田鐐一が，本判決と同じ趣旨の主張（「わが国籍法が血統主義を採用する以上，認知の場合と準正の場合とを区別すべき合理的な理由はあまりない」）を行っていた。また，

◆ V ◆　政策形成型訴訟を巡る議論と本件訴訟について

同審議会に対し，戸籍事務関係団体（自治体間の協議機関）からも「子の側の問題でなく，親の側の問題で…国籍という重大な問題で差を設けるのは好ましくないのではないか」といった意見書が出ていた。

　こうしたことから，従来から主張されているにもかかわらず政治過程では意識的に採用されなかった見解を裁判所が採用したことにもなる。審議会に諮れば，あるいは国会で論点を明示して時間を取ったならば，1984年の国籍法改正の際のような議論に発展する可能性があった。しかし，意味合いをぼかした形で提案された法改正は，いつの間にか成立してしまった。国会議員が内容に気付く機会がなかったわけではなく，批判勢力からの攻勢を受けて一部議員が問題点を指摘し始めてもいた。しかし，可決という既定路線のもとで議論はほとんどされなかった。

　国籍という国にとっても重要な問題に関わる変更が，裁判所の一つの判決で国会の議論をこのようにすり抜けてしまってよいのかという疑問は残る。そもそも，政策形成型訴訟の一つの役割は，それまで社会的に認知されていなかった問題を可視化させ，国民的議論の俎上に載せることにもあった。たとえばアメリカでは同性結婚を巡る問題が憲法裁判として進行する中で，政治の場での議論も活性化してきた。この場合には，司法過程と政治過程は相互に排他的なものではなく，相互に補完し，触発し合うものである[19]。そうであれば，本件訴訟についても，裁判所の判断を受けて，一定の国民的議論をするべきであったとも言える。

　国会の短い審議時間の間にも，国籍の重要性を指摘し慎重な審議を求める意見や，この機会にそもそも血統主義とは何か，あるいは血統主義に依拠し続けるのが妥当なのか，問題提起をする意見が議員から出された．判決を受けての法改正ということで，血統主義そのものを問うまでのことはできな

---

(19)　棚瀬（2009）は，司法が「討論の場を提供したり，あるいは自ら参加者として問題提起をしていく」役割を果たしていると述べたうえで，「裁判所をより開かれた，まさに多様な考えをもった個人が集まり，憲法原理をめぐる政治的討論が行われる場にしていく工夫」が求められると提案する（棚瀬 2009：37-48）。政治過程と司法過程を二項対立的に捉えず，連携させる考え方と言える。

◆第1章　国籍法違憲判決と政策形成型訴訟

かったとしても，判決に沿った改正のあり方として，新たな要件を付加せずに認知のみで国籍の取得を認める場合と，補足意見が指摘していたような何らかの新たな要件を付す場合がありうることは政府（大臣）も一部議員も認識していた．それらについて，メリットやデメリットを比較したり，要件を加えるとすればどういう理由で何を加えるか，その場合の政策的影響や憲法との整合性を議論することは可能であった。

ところが実際には，こうした議論がなされることはなく，政府内で認知のみで取得を認めることが適切との判断がなされ，既定路線となった。そして国会は，この認知に不正がないように求めるのが精一杯という展開になった。「裁判所の判断であるから政治過程での議論を省略する」結果となり，国籍の取得資格という事案の重要性に鑑みれば必ずしも望ましい展開ではなかったとも言える。

但し，次に述べるようにこうした訴訟がマイノリティの権利の擁護を意図して提起される場合，司法過程には政治過程では見過ごされがちなマイノリティの権利を保護する役割が期待される側面がある。その場合，あらためてその議論を政治過程に戻して政治的な多数決主義により決定を行おうとすると，マイノリティの権利が損なわれる恐れがある。この点は，民主主義の要請に基づく国民的議論と，個人・マイノリティの権利をも擁護する憲法的価値の実現の微妙なバランス感覚を必要とするところである[20]。

（2）マイノリティの権利と司法の積極介入

政治的・社会的に立場が弱く，議会では意見の反映されにくい立場にあるグループの問題については，司法のより積極的な介入が正当化されるという考え方がある。これは司法と政治の線引きが長く問題となってきたアメリカ

---

(20)　2013年9月4日，最高裁大法廷は，非嫡出子の相続分を嫡出子の半分とする民法900条の規定を法の下の平等に反し違憲とする判断を下した。本章の取り上げた国籍法における非嫡出子差別の違憲判決の延長線上の判決である。ところが，国籍法違憲判決の時と異なり，今回は与党に法改正への根強い慎重意見があって，党内で法改正の議論がまとまらない時期があった。政治過程と司法過程の関係が問われた場面と言えよう。

◆Ⅴ◆　政策形成型訴訟を巡る議論と本件訴訟について

で発展したものである。たとえば，法の下の平等に基づき違憲立法審査を行うとき，裁判所は基本的に立法府の判断を尊重する「合理性の基準」を用いているが，当該立法が人種・出自，また最近では男女を理由に区別を行おうとするものであるときには，一段厳しく審査に臨む「厳格審査（strict scrutiny）」を行っている。それは，マイノリティに対する区別は偏見に基づいたものになりやすく，政治過程においてマイノリティの利益や立場が正当に代弁されない可能性があるからであり，そのような場合には裁判所が政治部門の判断を精査する必要性が高まるとの考えに基づいている。

　本件訴訟の弁護人も，この問題への対応を，政治過程には期待できないとの感覚を抱いている。

　　「国籍を認めるべき社会的ニーズとか，認めないようでは不公平とか不平等だっていう社会の共通認識はなかった。国会議員や法務大臣に言っても相手にされないだろうと思ってた。」（近藤弁護士）

　　「外国人問題について議論したときに理性的な結論が出てくる見込みがまったくない…　国民的な議論をしてよかった試しがないんです，少数派の権利に関しては。」（山口弁護士）

　そこで，本件訴訟では，日本国憲法14条の「法の下の平等」が，社会的に立場の弱い「マイノリティ」に対する差別を是正する観点で用いられ，最高裁で違憲判決が出された初の事例であることに憲法上の大きな意義があると思われる。同規定はこれまで，衆参両院の「一票の格差」訴訟や，在外邦人選挙権訴訟，尊属殺重罰規定訴訟などで違憲判断を導くために用いられているが，アメリカのように社会的な弱者の権利擁護の観点でこの条文が最高裁の違憲判断につながったことはなかった。

　政策形成型訴訟の意義については，「政治が利益表出や利害調整の機能を十分に果たし得ないことがあり，訴訟がその場合代替的な利害表出のためのフォーラムとして機能することがある」という理解が一般的とされる（棚瀬

◆ 第1章　国籍法違憲判決と政策形成型訴訟

2003)。宮澤も，「政策・立法担当者へのアクセスという政治的機会構造が多かれ少なかれ不平等に開かれている」なかで成立した政策・立法に不満のある者は，司法過程に救済を求めることになるとし，実際にこうした訴訟の大部分はこの形態のものであるとする(宮澤 2005：65)。これらの見解は，政治過程が利益団体の影響力(資金力や動員力)などで歪められている場合のほか，選挙に依存する政治家が取り上げにくい人種的マイノリティなどの権利擁護の場面にも妥当するものである。

　こうして政治の場では意見の反映されないマイノリティの権利について，政策形成型の訴訟をもって裁判所に訴え出る，そしてこの場合には司法の積極介入が特に正当化できる，という議論の中に，本件訴訟を位置付けることができよう。そしてマイノリティの権利を擁護する団体や弁護士にとって，本件訴訟が，原告の直接的救済を認める判決とそれを履行する法改正につながったことは，司法への期待を高めるモデルケースとしての意義があるだろう。

4　弁護士と原告の関係

　最後に，職業倫理の観点から，弁護士と原告の関係について論じる。

（1）リピートプレーヤーとしての弁護士

　まず，JFC ネットワークという団体の活動を母体に訴訟が行われたことが，原告にもたらした利益は大きいと言える。長年 JFC の国籍や滞在資格を巡る裁判に関わってきたことによる，経験・勘の蓄積が，原告と被告である国側の力の差を補ったことは大きい。

　判例や条文解釈のみならず，国籍法やその規定の趣旨を巡る制定当時の議論，各国の立法事例など，JFC 母子や一般の弁護士では容易に提示できなかったであろう議論が，JFC ネットワークと弁護団の取り組みにより明らかにされ，裁判所にも採用されるところとなった。

　アメリカの裁判研究では，法廷に同様の事案で何度も臨んでいる「リピー

66

◆Ⅴ◆　政策形成型訴訟を巡る議論と本件訴訟について

トプレーヤー（repeat players）」が，その訴訟限りで臨む当事者（one-shotters）に比して，有利に訴訟を運ぶことができるとして，消費者訴訟などで企業側が優位になるシステマティックな要因を分析するものがある（Galanter 1974）。しかし，本件訴訟では，過去にも同様の訴訟に組織的に対処してきた国という「リピートプレーヤー」に対し，原告側も JFC ネットワークとその弁護士を通じ，組織的な対応力を持つ「リピートプレーヤー」になり得た。先行訴訟の山口弁護士，後続訴訟の近藤弁護士ともに外国人の滞在・出入国管理の分野で豊富な経験を有し，法やその背景，運用の実態に精通していたのみならず，こうした裁判を担当する東京地裁行政部（民事2部，3部，38部）の裁判官と何度も向き合い，その傾向を熟知していた。また，政府側の担当省庁や窓口と日常的に接してきてもいた。

　そのようなリピートプレーヤーゆえに，訴訟で，たとえば子どもたちの陳述を実現させるなど裁判所との交渉ができたのみならず，訴訟後の法改正とその運用にも目を向け，いずれかの段階で政府が判決の趣旨を歪める対応を取らないよう注意することもできた。初めて国籍問題を扱うような弁護士による単発の訴訟であったなら，最高裁まで争ったうえにその後のフォローまで徹底することは困難であっただろう。

（2）政策形成型訴訟における弁護人と原告の主導権について

　次に，政策形成型訴訟における，弁護人と原告の関係についてである。本来，弁護とは原告の利益があってそれを弁護人が代弁するものであるが，政策形成型訴訟ではしばしばそれが逆転し，大きな社会運動の一環として法廷闘争があり，それを主導する弁護団がその意に沿う原告を「選び」，原告を役者，弁護団を舞台監督ないしはシナリオ・ライターと位置付けるかのごとく，主導権が弁護団にある場合が多い。この場合，個々の原告の意向や意識は法廷闘争全体に従属させられることになりかねない。

　これについて，本件訴訟の弁護士はいずれも自身の果たした役割について抑制的に捉えている。後続訴訟の近藤弁護士は，「訴訟という方法でやってみようと持ちかけたのは，こちらだけれども，国籍がほしいというニーズそ

◆ 第1章　国籍法違憲判決と政策形成型訴訟

のものを掘り起こしたわけではない」，先行訴訟の山口弁護士も，政策形成型訴訟に臨んだという認識ではなく，退去強制令書に端を発し，その取消を求める一環として国籍のあることを主張した，と強調している。

　訴訟の経緯を見ると，前者は，多くの JFC の国籍問題を念頭に訴訟を提起したものであり，原告団の編成，裁判へ向けた原告の意識醸成，マスコミ対策まで行うなど，政策形成型訴訟の色合いを強く持っている。これに対し，後者は，とにかく退去強制を止めるために主張できることは何でも主張する，という状況の中での訴訟で，法改正に取り組むことまでは考えていなかったようである。

　JFC ネットワークの関わった後続訴訟の方は，法改正によって起きてくる「次の」問題まで見越していた点で，政策形成型訴訟の色合いはさらに強い。

　まず，国籍留保の問題である。今回の法改正の結果，婚姻関係にない日本人父とフィリピン人母の子も，20 歳までに父の認知を受けて国籍取得の届出をすれば日本国籍を取得できることになった。しかしそうなると，結婚している日本人の親から海外で生まれたものの，親が国籍留保の届出を怠ったために日本国籍を喪失した子どもたちとの間で不均衡が生じる。なぜ後者は，親が出生後 3 ヶ月以内に届け出なければ日本国籍を失うのか。同様に 20 歳までの時間を認めるべきではないか。今度はこの差が不合理であるとして，この子どもたちについても，JFC ネットワークが裁判を提起したのである。

　さらに，二重国籍の問題がある。法改正による国籍の取得で，フィリピンと日本の双方の国籍を持つ子どもはさらに増える。ところが日本の国籍法は二重国籍を認めておらず，規定によれば，いずれ国籍の選択を迫られる。JFC ネットワークの立場は，重国籍を容認すべきというもので，JFC ネットワークの支援を受けて日本国籍を取得した子どもが成人年齢に達するに連れ，この問題も検討課題となっている（二重国籍の問題については本書第 4 章も参照のこと）。

　今回の訴訟では国籍が必要というニーズは少なくとも原告となった子どもたちにはあった。特に原告が当初退去強制処分に直面していた先行訴訟では

◆Ⅴ◆　政策形成型訴訟を巡る議論と本件訴訟について

切迫した問題であり，弁護士はあくまでもそれに対応することだけを考えていたという立場である。但し，後続訴訟は，原告の切迫したニーズというよりも，原告のニーズが，幅広くJFCの国籍を巡る問題を社会に訴える上でも有用，という認識が弁護団にあり，原告の救済と長期的な政策形成双方を念頭においた訴訟が展開されたと言えるだろう。

（3）訴訟の継続と原告の利益について

　上記の延長として，当面の現実的な利益を追求する原告と，原告以外への影響を含めた戦略的利益を追求する弁護団の間に対立が生じる可能性の問題がある。

　まず，先行訴訟に関しては，原告が当初退去強制処分に直面していた，という事実が出発点にあっただけに，当面の在留特別許可が得られるならばそれと引き換えに訴訟を取り下げる，という選択に直面する事態もあり得た。この場合，なお原則論として国籍を求めていくのか，原告の直近の利益としての滞在資格で妥協するか，判断を迫られる。これについて，同訴訟の山口弁護士は「強制送還の瀬戸際にある人からしてみたら日本国籍は贅沢な話」と当初は考えていて，その時点では在留特別許可が下りることになったなら訴訟を取り下げただろう，と述べている。しかし，地裁判決が下り，訴訟を続けていく中で，「子ども自身が」日本国籍がないことについて差別ではないかと感じてくる様子が見られ，事件の「社会的意義」があると思うようになった，と述べている。

　また，後続訴訟では，原告は合法的に日本に滞在しており，訴訟の提起から最高裁判決までの間に，少なくとも一部の原告に関しては，要件を緩めた簡易帰化（国籍法8条）による国籍の取得をすることができた可能性がある。この点について地裁判決は，法務大臣の裁量に基づく帰化と，届出だけで国籍を取得できる場合（権利としての国籍）は異なることを認定してはいるが，とにかく日本国籍がほしいと原告が考えれば，帰化を選ぶこともあり得た。ただ，原告が未成年であり，選挙権を行使したり，公務員試験を受験したりする年齢でもなかったから，訴訟を継続するか早く帰化するかという選択が

69

◆第1章　国籍法違憲判決と政策形成型訴訟

切迫性を帯びるには至らなかったと言える。

◆Ⅵ◆　結　論

　以上のように，国籍法違憲判決に至る一連の訴訟，特に JFC ネットワークを中心とした後続訴訟は，政策形成型の訴訟として，成功を収めたものと言えるだろう。国籍の取得資格という国家・国民に関わる重要問題について，子どもの権利という観点から最高裁で明瞭な違憲判決を引き出した上に，原告は日本国籍を有するという司法による直接救済も得た。そのうえ，法務省が判決の多数意見の趣旨に則った法改正を直ちに立案し，法制審議会への諮問，国会における審議ともに，議論が表出するのを避けるかのように手続を省略した形で改正案が処理され，JFC ネットワークにとって最も望ましい形である，父の認知のみを要件とした国籍取得が実現した。JFC ネットワークはフィリピン在住の JFC 母子の支援にも力を入れており，法改正がそのような母子の救済にもつながる形で実現するかは，重要な関心事だった。

　この成功の裏には，JFC の法的支援・生活支援に長年，半ばボランティア的に取り組んできた JFC ネットワークのスタッフや弁護士の熱意と，経験の蓄積がある。訴訟を有利に運ぶための原告団の編成や，原告団の信頼醸成・訴訟参加は，JFC ネットワークと原告の子どもたちまたその母親との長年の関係が土台にある。その関係をもとに，原告は実際に日本国籍の取得に至り，JFC ネットワークは広く JFC の国籍問題を前進させることができた。政策形成型訴訟における弁護団・原告の関係，利益のバランスという点では，良好なものだったと言えよう。

　このように JFC の国籍問題に限って言えば成功を収めた訴訟であるが，政策形成型訴訟を日本に根付かせるうえでは，幾つかの課題も見られた。司法が，国や社会にとって重大な問題に，積極的に介入していく場合には，その責任に応じた対応が司法にも立法府にも求められる。まず，司法が政策的な領域に関わる判断を行う場合には，その判断の根拠を第三者が検証できる形で示さなければいけない。また，原告・被告に留まらず，あらゆる利害関

70

◆Ⅵ◆ 結　論

係者にアクセスを与え，情報源の多様化に努めるべきである。Amicus brief
の積極的な受け入れ・活用が一案として考えられる。また，立法府において
も，裁判の判決に対応できる態勢を整えるべきである。最高裁の判決である
からといって，立法手続をほとんど省略した形で，かつて国会や政府が採用
しなかった改正内容が議論なく実現してしまったことには課題もあると言わ
ざるを得ない。裁判所の違憲判断は最大限の尊重を与えられるべきであるが，
それをクリティカルに検証する責任，すなわち判決の要請を満たす方法を吟
味し，国民にとって最善の選択をする責任は，等しく憲法に向き合わなけれ
ばいけない立法府にもあるのである。
　国籍法違憲判決は，政策形成型訴訟の成功例として，果実とともに課題を
提供するものでもある。

〔文　献〕

秋山実（2009）「国籍法の一部を改正する法律の概要」ジュリスト 1374 号 2-9 頁
秋葉丈志（2012a）「裁判官たちのダイアローグ ── 国籍法違憲判決の文脈的分析」
　　法社会学 76 号 259-292 頁
秋葉丈志（2012b）「アメリカの人種マイノリティを巡る憲法論と社会実態」法社
　　会学 77 号 35-64 頁
淡路剛久=寺西俊一=吉村良一=大久保規子編（2012）『公害環境訴訟の新たな展開
　　── 権利救済から政策形成へ』日本評論社
大塚浩（2005）「訴訟動員と政策形成／変容効果」法社会学 63 号 75-92 頁
Galanter, Marc（1974）"Why the 'Haves' Come out Ahead: Speculations on the
　　Limits of Legal Change,"*Law & Society Review*, Vol. 9, No. 1, 95-160.
国友明彦（2009）「国籍法の改正 ── 国際私法的観点から」ジュリスト 1374 号
　　15-21 頁
Kozol, Jonathan（2005）*The Shame of the Nation: The Restoration of Apartheid
　　Schooling in America*, Crown Publishing.
宮澤節生（2005）「政策志向的現代型訴訟の現状と司法制度改革継続の必要性」法
　　社会学 63 号 46-74 頁
佐藤岩夫（2003）「たばこ訴訟の変容と運動のアイデンティティ」棚瀬孝雄編『た
　　ばこ訴訟の法社会学』世界思想社，90-104 頁
新堂幸司（1983）「現代型訴訟とその役割」『岩波講座・基本法学 8 ── 紛争』岩
　　波書店，305-333 頁

◆ 第 1 章　国籍法違憲判決と政策形成型訴訟

田中成明（1979）『裁判をめぐる法と政治』有斐閣

棚瀬孝雄（2000）『たばこ訴訟の法社会学 —— 現代の法と裁判の解読に向けて』世界思想社

棚瀬孝雄編（2009）『司法の国民的基盤 —— 日米の司法政治と司法理論』日本評論社

Prager, Joshua（2013）"The Accidental Activist," *Vanity Fair*, February 2013.

山口進・宮地ゆう（2011）『最高裁の暗闘 —— 少数意見が時代を切り開く』朝日新聞出版

Rosenberg, Gerald N.（1991）*The Hollow Hope: Can Courts Bring About Social Change?*, University of Chicago Press.

六本佳平（1991）「現代型訴訟とその機能」法社会学 43 号 2-12 頁

和田仁孝（1994）「裁判モデルの現代的変容」棚瀬孝雄編『現代法社会学入門』法律文化社，129-157 頁

渡辺千原（2010）「法を支える事実 —— 科学的根拠付けに向けての一考察」立命館法学 2010 年 5・6 月号（333・334 号）1803-1846 頁

〔会議録〕

第 169 回国会・参議院法務委員会会議録第 15 号,平成 20(2008)年 6 月 5 日

第 170 回国会・衆議院法務委員会会議録第 3 号,平成 20(2008)年 11 月 18 日

第 170 回国会・参議院法務委員会会議録第 4 号,平成 20(2008)年 11 月 25 日及び第 5 号，平成 20(2008)年 11 月 27 日

法制審議会第 157 回会議議事録,平成 20(2008)年 9 月 3 日

〔判例〕

最高裁判所大法廷平成 20(2008)年 6 月 4 日判決・最高裁判所民事判例集第 62 巻 6 号 1367 頁

◆ 第 2 章

国籍確認訴訟を巡る裁判官の
「個性」と裁判所の力学

I　はじめに：憲法解釈と司法の役割
II　地裁判決と高裁判決の対照的アプローチ
III　地裁・高裁判決と裁判官の「個性」
IV　裁判官の組織内関係からの分析
V　結　論

◆ I ◆　はじめに：憲法解釈と司法の役割

1　本章の目的

　2008 年に最高裁判所大法廷が下した，国籍法第 3 条 1 項の規定を違憲とする判決（最大判平 20・6・4）は，当事者にとっても日本社会にとっても影響の大きい国籍の取得要件に関し，国籍法の規定を違憲としたうえ，立法府である国会の対応策の検討を待たずして，原告に国籍を付与すべきとし，権利の侵害状況を裁判所が直接是正する画期的なものであった。またその判断の過程で，憲法解釈について，裁判所が司法の積極的な役割を強調したことが注目に値する。

　本章の関心は，憲法解釈へのアプローチやそこに見られる司法の役割への姿勢について，裁判官や裁判所に一定の個性・傾向があり，その中でもより積極的なアプローチを採る考え方が影響力を増しているのではないか，ということにある。国籍法違憲判決がその一環であるとすれば，それは国籍や日本人のアイデンティティ，日本社会の国際化など国籍に関わる政策領域での

73

◆ 第2章　国籍確認訴訟を巡る裁判官の「個性」と裁判所の力学

影響を越えて，行政全般，そして国の統治機構のあり方について考察を促す，より広い意義を持つものだということができる。日本の統治システムでは，社会変革の過程における司法の役割が行政に比べて弱く，各種訴訟が社会変革の先導役を一時的に果たしたとしても結局は行政の広範な裁量に基づくコントロールに収斂されていくことがかつて指摘された（Upham 1987:27）。こうした状況は変化しつつあるのか。

　この関心に基づき，本章では大きく二つの点を分析する。一つは，裁判所の司法審査へのアプローチ，換言すれば司法と政治の関係に関する裁判所の姿勢である。日本の裁判所は，違憲立法審査権の行使に消極的，あるいは行使をしたとしても合憲判断に傾きがちで，政治部門（立法・行政）と対峙することが少ないと言われてきた（樋口他 2011:4-6）。国籍法違憲判決はその姿勢の変化を示すものなのか，一時的・例外的なものなのか。もう一つは，裁判所の姿勢に関わる裁判官の選任の仕組みなど，構造的な要因である。これについても，日本の場合，最高裁事務総局を通じた人事管理の仕組みが，裁判官の判決の傾向に影響を与えることが指摘されてきた（これには個々の裁判官が影響を受けるということのほかに，仮に裁判官自身は姿勢を貫いたとしても，こうした裁判官が上級の裁判所など影響力のある地位への登用を見送られ，結果として裁判所の傾向が決まってくる場合も含まれる）。こうした要因は，国籍法違憲判決にどう作用したのか。

　以上二つの問題意識を合わせると，日本の裁判所が，構造的に，司法審査への積極的アプローチを取りつつあるのか，国籍法違憲判決を司法全体の流れという文脈に位置付けて検討することが，本章の目的である。そのために，国籍法違憲の最高裁判決に至る過程において，東京地裁と東京高裁で，憲法解釈のあり方や司法の役割について，対極的な立場を鮮明にする判決が出されたことに着目し，それを下した判事・合議体・裁判所の傾向を分析し，司法と政治部門の関係に関わる事件で，法解釈や司法審査の姿勢に一定の違いが見られるか検討する[1]。そのうえで，従来指摘されてきた構造的要因との関係を検討する。

◆ I ◆　はじめに：憲法解釈と司法の役割

2　消極的解釈と積極的解釈

　憲法解釈の手法は，消極的な手法と積極的な手法に二分することができる。国籍確認訴訟では，その手法の違いが顕著になるので，この点を整理しておきたい。

　消極的な解釈手法は，裁判所が独自の憲法解釈を導くことをなるべく避ける考え方である。これは，アメリカの憲法学の用語を借りれば，憲法制定時の原意（original intent）や，憲法の字義（textualism）に忠実に憲法を解釈しようとするものである（Garvey, Aleinikoff & Farber 2004 : 91-92）。憲法の意味は制定時に一義的に確定しているという前提で，裁判官の役割はこの原意あるいは字義を発見し，事案に適用することにある。この場合も，原意が何たるかは容易に一つには確定できず，結局は裁判官によって解釈が異なることはあり得る。そもそも憲法は制憲過程の対立と妥協の産物であり，一つの条文に異なる思惑が含まれていたり，意図的に曖昧な文言を用いて結論が持ち越されたりすることもあるし，同じ史料の解釈も学説によって分かれるからである。しかし，少なくとも姿勢として，裁判官が時代に合わせて解釈を変えるのではなく，制定者の意思に従おうとするところに特徴がある。この解釈手法を取る場合には，憲法の文言（句読点の位置関係から文意を把握しようとすることなどはその一環である）や憲法制定過程における議論，起草者たちの説明を参照することになる。

　積極的な解釈手法は，時代や社会の変化に応じて憲法の解釈も変化するべきだとして，裁判所による柔軟な解釈を認める考え方である（いわゆる"living constitution"）。この場合，同様の事案であっても「憲法制定当時は合憲であったが，今日の情勢に鑑みていまは違憲と言えるに至った」という主張が認め得る。やはりアメリカの例を挙げれば，人種分離の合憲性を巡る

---

(1)　樋口・山内・辻村・蟻川（2011）は，分野ごとに地裁から最高裁に至る判例をまとめており，司法審査のあり方を巡り，下級審に作用する力学の研究につながる基礎資料を提供している。本章はこのうちでも，国籍確認訴訟とその関連事件について，詳細に研究を行うものである。

◆ 第 2 章　国籍確認訴訟を巡る裁判官の「個性」と裁判所の力学

Brown v. Board of Education 判決がその代表例である[2]。この事件では，学校における人種分離が合衆国憲法修正 14 条の「法の下の平等」に反しないか争われた。修正 14 条は南北戦争後，奴隷制の廃止を受けて，人種間の平等を念頭に採択されたものである。しかし，修正 14 条採択後，人種分離はむしろ進行し，1896 年には連邦最高裁が分離自体は差別でない，分離しても同等であり得る，という合憲判決を下した（*Plessy v. Ferguson*[3]）。連邦議会直轄のコロンビア特別区において，連邦議会自ら学校における人種分離を認めていたことや，初期の公民権法案の審議過程で人種分離を違法とする条文があえて削除されていることから，修正 14 条を発議した連邦議会の多数派は人種分離を違憲とは考えていなかったという議論もできる。

ところが，*Brown* 判決では，修正 14 条の原意についての歴史家の見解は割れているとしたうえで，教育の重要性が一層増している社会情勢や，人種分離が黒人の子どもの動機づけや意識などに負の影響を与えるとした新たな学術論文などを引用し，今日の社会においては，もはや学校における人種分離は肯定しえない，としたのである。

このように，憲法の解釈にあたって，制定者の視点に立ち戻って考察するか，より今日的な文脈に沿って憲法の方を「適合」させていくかが，同じ問題でも結果に大きな違いをもたらすことがある。

3　解釈手法と司法積極主義の関係

憲法の解釈の手法としての消極的解釈・積極的解釈と並んで「司法消極主義（judicial restraint）」と「司法積極主義（judicial activism）」についても検討しておきたい。言葉は似ているが，この 2 つの対立軸は必ずしも相関関係にあるものではない。消極的解釈・積極的解釈は，裁判官の憲法解釈のあり方についての対立軸であり，司法消極主義・司法積極主義は，その解釈を政治部門（立法府，執行府）との関係においてどこまで強く押し出すかという統

---

(2)　*Brown v. Board of Education*, 347 U.S. 483（1954）.

(3)　*Plessy v. Ferguson*, 163 U.S. 537（1896）.

◆I◆　はじめに：憲法解釈と司法の役割

治機構内の関係についての対立軸である。従って，消極的な憲法解釈であり
ながら，司法積極主義を採ることもありうる。これも，アメリカの司法の動
向を見れば分かる。そこでは憲法解釈として原意・文意に立ち戻ることを主
張する保守派の裁判官が，「積極的に」違憲判決を下して法律を覆すことが
あるのである。たとえば，最近連邦最高裁は，合衆国憲法修正2条は制定者
の意思によれば個人の武装権を認めているとして，DC特別区の銃規制に対
し違憲判決を下した(4)。この判決は解釈の姿勢としては制定時の意図に戻
ろうとする消極的なものである。しかし，銃規制を求める世論も強く，連邦
政府も州政府も規制を行ってきた中で，規制法を覆す姿勢は司法積極主義で
あると言える。この判決の多数意見は，消極的な憲法解釈の旗手と言われる
スカーリア判事（Antonin Scalia）によって書かれた。

　20世紀後半，連邦最高裁判所が，社会情勢の変化に応じて，人種分離や
女性の権利，妊娠中絶，同性愛などについて，従来の憲法解釈を変更し，違
憲判断によって立法を覆し，保守派の強い反発も浴びてきたことから，司法
積極主義は憲法の積極的解釈に付随するものと考えられがちだった(5)。し
かし，今日，保守派も同様に司法の力を積極活用していることから，司法積
極主義はどのような憲法解釈手法をとっても生じ得ることがあらためて認識
されるようになった。

　但し，積極解釈と司法積極主義が組み合わさった場合には，裁判官の権力
は最高度に達するので，この2つの組み合わせに着目することには一理ある。
この2つが組み合わさる場合，裁判官はまず，社会情勢がどう変化している
かなど，政策関係者や学者の間でも事実関係やその分析について意見が分か
れる問題について，法的「事実」として一つの見方を確定してしまう（たと
えば「学校における人種分離は教育上悪影響である」など）。そのうえ，こうし

---

(4)　*District of Columbia v. Heller*, 554 U.S. 570 (2008).

(5)　先述した *Brown v. Board of Education* のほか，妊娠中絶・女性の権利について，
　　Roe v. Wade, 410 U.S. 113 (1973)や *United States v. Virginia*, 518 U.S. 515 (1996)，同
　　性愛者の権利について *Lawrence v. Texas*, 539 U.S. 558 (2003)が合衆国憲法の解釈を
　　時代に合わせて変化させ，画期的な違憲判断を導いた連邦最高裁判所の代表的判例
　　である。

◆第2章　国籍確認訴訟を巡る裁判官の「個性」と裁判所の力学

た「事実」を前提として，憲法の解釈を変更し，それに則って立法府の決定を覆すのである。

　この場合，少なくとも「社会がどう変化しているのか」の判断については，本来立法府の方に能力が備わり，立法府が行うことに正統性があるという見方もできる。「社会の変化」の分析には，法的議論に留まらない様々な観点からの検討を要する場合もあるからである。そうした政策論的な分析や議論を裁判所が行うことは，立法府の権限を奪う越権行為という主張も根強い[6]。

4　リサーチ・メソッド

　今回の判決が格好の分析対象であるのは，憲法解釈と裁判所の役割を巡るこの2つの対立軸について，日本の裁判官の間にも明確な立場の違いがあることが窺われるからである。まず，憲法解釈のあり方については，同一の事案で，東京地裁と東京高裁が対立する解釈手法それぞれの「真価」を発揮した。特に，東京地裁判決は積極的な解釈手法のモデルとなるような力のこもった判決である。そして，最高裁は，5年前には同様の事案で合憲判断を下しながら，今回，東京地裁判決に依拠する形で，違憲判断を下したのである。これが第一の対立軸である。

　次に，第二の対立軸における立場の差，そしてこれと第一の対立軸の関係も表出した。最高裁の違憲判決で，積極解釈に立って違憲判断を下した12人の判事の間でも，立法府との関係で何を求めるかの救済策については，2人が国会の裁量に委ねるという消極的な立場を採ったのである。それは，国

---

(6)　こうした観点から司法審査の正統性（legitimacy）ついて検討した代表作としてBickel（1962），Choper（1980），Ely（1980）参照。裁判所もこの議論に無頓着なわけではなく，この問題意識から，政治過程が正常に機能しない場合には特に司法の介入が求められる，という考え方や，これを敷衍して，「法の下の平等」といっても，差別の性質によって違憲審査の基準を厳しくしたり緩くしたりする工夫を導いている。裁判所のこうした役割意識の表明として，*United States v. Carolene Products*, 304 U. S 144（1938）の脚注4が有名である。

会の定数配分違憲訴訟で「違憲状態」との判断を下しながら，具体的な対応は国会に委ねてきたこれまでの姿勢を踏襲するものであった。ところが，残る 10 人は，違憲判断と国籍法の趣旨に照らし，国会の対応を待たずして，原告に国籍の取得が認められるべきとした。これは，見方によっては事実上の法改正とも言える判断を裁判所が行うという点で，司法積極主義の姿勢である。

　本章では，最高裁の違憲判決に至る下級審（東京地裁・東京高裁）段階で，こうした対立が鮮明に表れたことを踏まえ，裁判官の憲法解釈のアプローチの違い，また，裁判所内部でどのような力学が作用してそれぞれの判決に至ったのかを検討したい。まず，Ⅱで，同一事案でありながら正反対の結論に至った東京地裁と東京高裁の憲法解釈へのアプローチの違いを明らかにする。そのうえで，Ⅲで，こうした解釈手法が本件特有のものであったのか，あるいは裁判所・裁判官によって個性（傾向）があるのか，裁判官の過去の判決動向から分析する。最後に，Ⅳで，裁判所という組織の中に判事を位置付けて，その判決の傾向を検討する[7]。合議体，あるいは属する裁判所による傾向の違い，さらには裁判所の人事政策が，間接的に判決の動向（採用する解釈手法）に影響を与えていないかを探るものである。

◆Ⅱ◆　地裁判決と高裁判決の対照的アプローチ

　本節では，2008 年の国籍法違憲判決について，下級審（東京地裁・東京高裁）段階の判決を比較し，各判決の裁判官の憲法解釈のあり方，司法審査に

---

(7)　このように，判事の個性や判事の間の力学に着目して憲法判例の成り立ちを分析する試みとして参考になった研究として，連邦最高裁判所の *Brown* 判決を全員一致に導いたウォーレン最高裁長官の各判事との折衝の過程を描いた Ulmer 1971，妊娠中絶を女性の権利と捉える *Roe v. Wade* 判決を執筆した Blackmun 連邦最高裁判事の思想の変遷を描いた Greenhouse（2005），同判事の書記官としての経験から，判事の人間関係や多数意見形成に至る判事間の駆け引きを描いた Lazarus（1998）を特に挙げたい。また，こうした分析を日本の最高裁について展開したものとして，山本（1994），山口・宮地（2011）を参照した。

◆第 2 章　国籍確認訴訟を巡る裁判官の「個性」と裁判所の力学

ついての考え方の特徴を明らかにしたい。

　本訴訟で画期的だったのは，最高裁が，社会情勢の変化や家族観の多様化
を理由に柔軟に憲法解釈を変更し，かつ立法府である国会の判断を待たずに
直接的に原告を救済したことである。この最高裁判決の導線となったのは一
審・東京地裁の判決であった。地裁判決は，裁判官の本件への意気込みが伝
わってくるような長大なもので，諸外国の立法動向など多くの資料を引用し
ながら社会環境の変化を説き，これに基づいて違憲判決を下した。これに対
して，二審・東京高裁は，保守的な憲法解釈・司法審査論を展開し，政府の
主張を受け入れた合憲判断を下している。最高裁は，この高裁判決を取り消
して，あらためて違憲判決を出したのである。以下，従来の感覚に則ったと
もいえる高裁判決，ついで従来の感覚を覆した地裁判決について述べる。

1　高裁判決の伝統的アプローチ

　東京高裁の判決（東京高判平 19・2・27, 宗宮英俊裁判長）の特徴は，憲法
解釈のあり方，そして司法による救済のあり方について，立法府の意思の尊
重を前面に打ち出し，裁判所の役割を抑制的に捉えたことで，従来指摘され
てきた日本の裁判所の権利救済への消極性（Matsui 2011：145-150; Marshall
2007：138-139; Sanders 1996：326-328）を確認するものとなっている。合わせて，
国籍や家族観について，実質面の検討も行って，伝統的な家族観を肯定して
いる。従って，憲法訴訟のあり方という一般論・形式論，国籍取得要件の評
価という個別論・実質論の双方において，行政側に有利な姿勢を採り，合憲
判断を下している。

　同判決はまず，国籍について，憲法第 10 条が法により定めるとしている
ことから，そもそも国籍に関しては「国会に広範な裁量権が与えられてい
る」ことを判断の冒頭で述べている。「もとより憲法 14 条 1 項に反する規定
を定めることはできない」と添えてはいるが，その後の分析は基本的に国籍
法の立法趣旨を是認し，国会の裁量の範囲内とするものである。

　また，判決は，そもそも違憲判断を下したところで原告は救済されないの

80

◆Ⅱ◆　地裁判決と高裁判決の対照的アプローチ

で，違憲判断を下すだけ無駄という論理を打ち出している。これについては，本件で問題となった国籍法の条文について検討が必要となる。国籍法では，結婚をした夫婦のいずれかが日本国籍であれば，生まれた子どもは出生時点で国籍を取得する血統主義を採用している。問題は，婚姻関係にない夫婦から生まれた子どもをどうするかということである。出生後でも父母が結婚・認知をし，嫡出子として認められれば（「準正」），届出により国籍を取得することが認められていた（国籍法3条）。ところが，原告は，父が日本人，母がフィリピン人で，父の認知はあるが，父母は結婚しないままなのである。従って，子は非嫡出子のままである。この場合，準正による国籍の取得はできない。また，父母が婚姻関係になくとも出生時点で父の認知があれば，国籍が取得できる（同2条）。しかし，原告の場合，父の認知が得られたのは認知裁判等を経た出生後であり，この場合には出生による国籍の取得もできない。結果として，同じ父母のもとから生まれても，嫡出子であるか非嫡出子であるか，また父の認知が出生の前か後であるかによって差が生じていて，本件はそのことの合憲性が争われたものである。

　ここで嫡出子と非嫡出子の区別を違憲とした場合，嫡出子になった子（準正子）にのみ国籍取得を認めた国籍法3条の規定は無効となる。その効果について，東京高裁は，同条が違憲無効となれば，準正子も非嫡出子も国籍を取得できなくなるのであって，原告が求めるように非嫡出子も準正子同様に国籍を取得できるようになるわけではないという立場を採った。すなわち「当該法条が無効である場合に，いかなる内容の立法をするかは国会の権能に属するものであり，裁判所が，立法政策として日本人父の認知と届出のみによる日本国籍取得を認める方法しかあり得ないと判断し，そのような解釈をして日本国籍の取得を認めることは許されない」と断じた。

　しかし，父母のどちらかが日本人であれば子どもはその血筋ゆえに日本国籍を取得する，という国籍法の第一の原則からすれば，嫡出子であろうと，非嫡出子であろうと，父が認知した時点で国籍が取得できてもいいはずである。ところが，国籍法では，原告のような非嫡出子の場合には生後に認知されても国籍が取得できない。これについて，高裁判決は，1984年の国籍法

81

◆ 第2章 国籍確認訴訟を巡る裁判官の「個性」と裁判所の力学

改正の際の衆議院法務委員会の議事録を引用し、政府側が区別を設けた理由を是認した。すなわち、「民法におきましても嫡出子と非嫡出子ではいろいろ扱いが違います。その扱いの違う根拠は、認知した者とその子の間には生活の一体化がまずないであろうということが一つの前提になっていると思います。そういうことからいたしますと、なるほど片親の血はつながっておったとしても、当然に日本の国と結び付きが強いという意味で国籍が取得されるというふうにすることは適当でないだろう」という政府委員の発言を引用し、裁判所としても、「日本人父と外国人母との間の子のうち、日本人父による認知を受けているのみの非嫡出子よりも、父母の婚姻により嫡出子の身分を取得した準正子の方が、類型的にみて、日本人父の家族に包摂され、我が国との結び付きが密接であることは肯定し得るものというべきである」と断じて、国籍法が設けた区別を是認したのである。

　このように、東京高裁が採用した国籍観念は、「我が国との結び付き」を求めるものであり、その結び付きは、日本人である父と家族として一緒に暮らすことで生じるという考えが前提になっている。つまり、一般的に父母が結婚していればそうした「結び付き」が備わり、父母が結婚していない場合は備わらないという見方に立つ。これは詳細に検討すれば必ずしも事実ではなく、父母が結婚していても別居していて子どもが母と暮らしていれば日本人父の影響力は低下するし、父母が結婚していなくとも同居していれば子どもは両親の影響を受けて育つだろう。この点、高裁判決は「価値観が多様化して家族の生活の態様も一様ではなく、それに応じて子供との関係も様々に変容し続けているといえるから、その検証が必要であるが、その資料提出はない」とした。

　東京高裁は、区別が合理的であるかについて若干の疑いのあることを示唆しつつ、非合理的であることの証明がないから立法府の判断を尊重するという姿勢を採った。権利侵害の救済を優先するのであれば、合理性に疑いのある法律については「合理性が証明されなければ違憲」というアプローチを採ってもいいのであるが、高裁が採用したアプローチは逆に「非合理であることが証明されなければ合憲」というものである[8]。こうした違憲立法審

82

査権の行使への消極姿勢を，高裁は意識的に採用している。すなわち，違憲判決によって原告に国籍の取得を認めることは「法解釈の名の下に，実質的に国籍法に定めのない国籍取得の要件を創設するものにほかならず，裁判所がこのような国会の本来的な機能である立法作用を行うことは憲法81条の違憲立法審査権の限界を逸脱するものであって許されない」と述べている。

2　地裁判決の積極的アプローチ

東京高裁が司法審査について抑制的な姿勢を採ったのに対して，東京地方裁判所（東京地判平18・3・29, 菅野博之裁判長）の判決は，権利擁護の観点から司法審査に積極的な姿勢を採り，区別の合理性を厳格に審査したうえで，十分な合理性がないとして違憲判決を導いている。その際，国籍法の立法趣旨を詳細に検討し，その趣旨に照らして原告には国籍が認められるべきとしたほか，今日の家族や結婚のあり方に照らすと，国が主張する立法目的が仮に正しいとしても当該国籍法の規定（手段）は合理性に欠け，国籍法の立法趣旨からするとむしろ原告に対して国籍が認められるべき，とする。

東京地裁判決の分析は出発点として，国籍を取得できないことが子どもにどのような影響を及ぼすかという視点を打ち出し，国籍が基本的人権の保障に関わる重大な利益であり，子どもの福祉の観点からも軽く扱われるべきでないという姿勢を示す。そして，国籍が得られないことの重大性に鑑みて，厳密な理由付けを立法者に求めている。また，同じ理由から，嫡出子・非嫡出子の間に法的区別が他に存在しているとしても，国籍取得に関する区別は質的に異なり，より慎重な審査が求められるとする。

このように，東京地裁は，区別の合理性を厳密に審査するより高いハードルを設定したうえで，国の主張を詳細に検討して，当該規定の合理性は疑わしいと判断している。

---

(8)　法の下の平等に関する違憲判断の基準として，たとえば芦部（1997:125-126）は，14条1項後段に列挙された事由による差別及び，それ以外の事由による差別でも精神的自由に関連する問題に関しては，厳格な基準の適用を求める。

◆第2章　国籍確認訴訟を巡る裁判官の「個性」と裁判所の力学

　先に述べたように，国の主張の根幹は，父母が婚姻していれば，日本国への帰属意識や日本人としての家族生活の一体化が推定されるから，嫡出子であるかどうかで出生後の認知による国籍取得に差異を設けることは合理的であるということにある。この主張を，東京地裁は二段構えで否定する。まず，そもそも国籍法は，父か母が日本人であれば子も日本国籍を取得するという血統主義を採用していて，帰属意識や生活実態という要素を重視していない。

　また，帰属意識や生活実態を理由として，出生後に日本人父が認知した非嫡出子の場合にだけ一律に国籍を認めないのは非合理であると論じる。親が結婚していて日本国籍を持つ子でも，海外で生まれてそこに育ち，日本との結び付きが薄い場合もある。また，法律上は結婚していても，親が別居していて家族としての「生活の一体化」がなく，子どもは外国人の母とだけ暮らしている場合もある。逆に，諸事情から両親が結婚していなくとも，両親とともに日本で暮らし，日本との強い結び付きを持つ子もいる。

　家族や結婚のあり方が多様化する中で，親が法律上の婚姻関係にあるかどうかだけで日本への帰属意識や家族としての生活の一体化は測れない，というのが本判決の立場である。（仮にこうした例が例外で，一般論としては立法目的と手段に合理的な関連性があるとしても，裁判所は，個々人の人権に配慮した厳格な審査を採用しているので，原告の実態に関わりなく一律に国籍の取得を否定することはできないという結論になる。）

　上記が東京地裁判決の核心であるが，地裁はそれ以外にも，帰化が代替手段としてあるという国側の主張を，帰化は法務大臣の裁量による許可制で，出生による国籍の取得と質的に違うと退けている。また，偽装認知の恐れを理由として本来取得すべき人まで一律に排除することは本末転倒で，非嫡出子にも国籍の取得を認めたうえで，偽装認知を防止する手段を構築するのが本来の姿であるとした。

　地裁判決は，国内・国外の立法動向も援用する。まず国内法について，「嫡出子と非嫡出子の法制度上の平等化は，時代のすう勢である」とし，住民票における嫡出子と非嫡出子の記載の区別が撤廃されたことや，法制審議会の答申等での平等化の方向性に言及する。また，出生後の認知・準正によ

る国籍の取得について16か国の法制度を検討し，今日では，親が結婚していなくとも，認知または認知にその他の要件を加えて国籍の取得を認める国が多く，かつ増加傾向にあるとする。そして，外国の例をもって直ちに日本の国籍要件についての結論を導くことはできないとしつつ，それらは「準正要件の必要性について慎重な検討が必要であることをうかがわせるものである」とした[9]。

　このように，東京地裁は，権利の重大性に鑑みて立法の目的・手段について高いハードルを設定して積極的な違憲立法審査を行い，国籍法の規定が十分に合理的でないとして違憲判決を下した。

◆Ⅲ◆　地裁・高裁判決と裁判官の「個性」

　ここでは，Ⅱで整理した対照的な判決について，それぞれの判決を下した裁判官の憲法解釈・司法審査へのアプローチをさらに検討してみたい。

1　裁判官の個性

　裁判官個人に焦点を当てた分析は，アメリカ憲法学で盛んに行われてきた。それは，連邦最高裁判所が，人種問題や中絶権，同性愛者の権利などを巡って社会を二分するような憲法判断をしばしば僅差で下す中で，強い独立性と終身在職権を持ち，実際に20年，30年在任し続けることも珍しくない個々の裁判官の動きに注目が集まったからである。

　人種分離に対する画期的な違憲判決を始め，権利拡張的な憲法判断を繰り返して連邦最高裁の新時代を拓いたとも言える Earl Warren 長官，近年同

---

(9)　この論理は，アメリカ連邦最高裁が *Lawrence v. Texas* において，同性愛行為への刑罰を違憲として，かつての合憲判断を覆した際の説明を彷彿とさせる。同判決の法廷意見は，同様の事案についてヨーロッパ人権裁判所の判決や諸外国の動向は同性愛者の権利に擁護的な傾向を示しているとした上で，アメリカ合衆国においてその権利をより抑制すべき特段の理由が示されていないとした。539 U.S. 558 (2003), at 576-577.

◆第2章　国籍確認訴訟を巡る裁判官の「個性」と裁判所の力学

性愛者の権利に関して相次いで先進的な判決を執筆する一方，裁判所を二分する多くの事案で勝敗を決する決定票（swing vote）を投じる役回りを果たしてきた Anthony Kennedy 判事，保守派のスポークスマン的存在として憲法制定時の意図に則った憲法解釈を唱道してきた Antonin Scalia 判事など，研究者，メディア，そして実務家の注目を集めてきた裁判官の名前は枚挙にいとまがない。

このように，最高裁が重要な役割を果たすなかで，裁判所や裁判官がどのような過程を経て判断に至るのか，あるいはどのような要因がその判断に影響するのかを探る「司法行動」（judicial behavior）の研究が盛んに行われてきた。法律の解釈論に焦点を当てる legal model（法解釈モデル）がある一方で，attitudinal model（「態度モデル」と訳されることもある）は，裁判官のイデオロギーや価値観が判決に大きな影響を与えるという視点で，裁判官の判決行動を分析するものである。さらには経済学の影響を受けた rational choice model（「合理的選択モデル」）があり，裁判官は種々の選択肢の中から自らの効用を最大化する選択をするものとされ，その一環として裁判官同士の関係や議会など権力均衡における他のアクターとの関係の重要性に焦点を当てる研究もある（Segal & Spaeth 2002：86-114）。

以下では，主に attitudinal model の視点に基づき，国籍確認訴訟に関わった裁判官の個性（こうした事件に対する一貫した固有の態度）について分析してみたい。そのことにより，誰が裁判官であったかが，判決に与える影響を考察することができる。

東京地裁・東京高裁それぞれの判決を下した裁判長に，憲法解釈や司法審査に関して一定の傾向は見られるか。この点，東京高裁の宗宮判事については，目立った情報が見られない。しかし，東京地裁の菅野博之判事は，特に人権に関わる事案で，マスコミにも報道され，論議を誘発するような判決をいくつも下している。外国人の出入国という伝統的に行政の裁量の強い領域でも，退去強制処分を取り消した事案があるほか，行政訴訟で反響を呼んだ判決として，戦前，日本統治下の台湾で隔離されたハンセン病患者の補償請求を認めた判決や，気管支喘息のために保育園への入園を拒否された子ども

の入園を認めるよう市に義務付けた判決がある。これらの判決はいずれも，行政・立法による大雑把な類型化に基づく不利益処分をそのまま認めるのではなく，原告の個別事情に照らして違憲性・違法性の有無を精査し，司法による救済を極力試みている点で，国籍法判決と共通する基本姿勢，解釈手法が見られた。

2　出入国管理（退去強制処分）に関する訴訟

　菅野判事は，外国人の出入国管理の分野でも，人権重視の判決を書いているのが特徴だ。たとえば，2004年，退去強制処分を受けたフィリピン人一家のうち，高1の長女について処分を取り消した判決（東京地判平16・11・5），また2006年，在留特別許可を求めた中国籍の高校生について，在留特別許可を認めるべきであるとした判決がある（東京地判平18・3・28）。いずれの事件も，親が不法に入国し，滞在していた結果として，その子も退去強制に直面したものである。これらの事件で菅野判事は，「子どもの利益」の観点から親の行為の違法性と切り離した検証を行い，高校生の子については請求（退去強制処分の取り消し）を認容したのである。

　フィリピン人のケースでは，父親は偽造旅券で入国し，母親は在留期限を超えての不法滞在だった。4人の子どもは日本で生まれ，判決の時点では高校1年生，10歳，6歳，3歳半だった。この家族6人に対し，国は退去強制処分を出し，これに対し取消訴訟が提起されたものである。東京地裁判決は，このうち高校1年生の長女について，生まれて以来日本人として生活してきており，学校や地域での評価も高い一方，フィリピンとは縁もなく，この時点で強制的に退去させれば非常な困難に直面するであろうと指摘する。また，長女だけが日本に残った場合に家族と離れ離れになることについては，本人が判断する能力を有しているから本人の選択を重視すべきであるとし，退去強制は裁量権の濫用に当たるとした。その一方で，親については経緯が悪質であること，また幼い兄弟についてはまだ親から離れ離れになって生活をすることやそれについて考える判断能力を持ち合わせていないことから，退去

◆ 第2章　国籍確認訴訟を巡る裁判官の「個性」と裁判所の力学

強制にも合理性はあるとした。

　しかし，この菅野判決を，翌年の東京高裁判決（東京高判平17・4・13,
赤塚信雄裁判長）は淡々と覆し，この時点で県立高校の2年生になっていた
長女を含め，全員の退去強制処分を認めた。赤塚判決は菅野判決のポイント
を認識したうえで，それぞれ否定した。たとえば，この時点でフィリピンに
帰せば大変な困難を伴うという点については，本人だけ日本に残しても負担
は大きく養育環境もないとし，15年に渡り「日本人の子供と全く変わりな
い生活を継続」してきた点については，違法状態が継続されたからといって
法的保護を受け得ることにはならない，と断じた。また，本人には責任のな
いこと，という点についても，退去強制は「帰責性を要件とはしていない」
（本人の責任に関係ない）と一蹴した。さらに菅野判決が原告に有利に解釈し
た日本での良好な生活実績についてさえ，「原告が我が国社会で示した生活
振り等に徴すると，フィリピンに帰国した際の困難を乗り越えることも十分
可能」と，本人に不利な使い方をした。

　このように，菅野判事が原告の権利救済の観点から行政の言い分を厳しく
査定する一方で，赤塚判事は逆に，行政の判断を重視する観点から原告の言
い分を厳しく査定するという，基本的な姿勢の違いが顕著である。

　こうした姿勢の違いはその後も表出する。菅野判事は，フィリピン人一家
についての判決が東京高裁に覆された一年後，今度は中国籍の高校生の在留
特別許可を巡る事件で，似たような論旨を繰り返して原告の主張を認め，か
つ判決文の中で前年の東京高裁判決に意識的に反論しているような箇所が見
受けられる。この事件は，9歳のときに親に連れられて不法入国をし，判決
の時点では日本の大学にも合格していた中国籍の高校生の在留特別許可を巡
るものだった。これについて，菅野判事は，小学校以来継続して日本で生活
し生活態度が良好であること，努力して日本語を身に付け，大学に合格する
までに至ったこと，この時点で退去を強制すれば大きな不利益を被ること，
そして不法入国・滞在について本人には「何らの帰責性もない」ことなどか
ら，在留特別許可を認めなかった東京入国管理局長の採決は裁量権の濫用に
あたるとした。

88

◆Ⅲ◆　地裁・高裁判決と裁判官の「個性」

　菅野判決の根本には「子どもには責任がないことで子どもを苦しめるべき
でない」という姿勢がある。これを東京高裁は「帰責性」と呼び，その有無
は退去強制処分の場合は無関係とした。これに対し，菅野判事はあらためて，
原告のような場合は「類型的に評価をすることはできず，より慎重な吟味が
必要」とし，「当該外国人自身には，責めるべき点がない場合には，通常の
不法上陸，不法滞在の事案とは異なり，本邦における生活，学習等の実績，
将来の設計や，それらが国外退去させられることによって失われる不利益に
ついても，違法状態の上に築かれたものとして軽視することは不相当」と正
面から反論した。さらに，先の高裁判決が地裁判決を覆す根拠とした，本人
だけ日本に残った場合の生活の維持については，里親委託制度・アルバイ
ト・周囲の支援により維持できるということ，また高校生が親元を離れて暮
らすことは珍しくなく，親と離れて暮らしていくべきかどうかの判断は本人
と両親の判断に委ねるべきことを強調した。

　こうして，外国人の不法滞在に関しては，地裁と高裁の間で意識的なやり
取りが繰り返されていたように思われる。その中で例外となったのが，後続
の中国人生徒に関する菅野判決の控訴審で，東京高裁が，菅野判事の判決文
をほぼそのまま引用して，原告の請求を認容したことである（東京高判平
19・2・27，岩井俊裁判長）。結果として，国籍法を巡る訴訟同様，菅野判事
の人権保障・司法審査優位の分析枠組みが，出入国管理の分野でも生き残る
ことになったのである（後掲表1参照）。

3　ハンセン病訴訟

　ハンセン病訴訟では，国会が制定した補償法に基づく補償金が，戦前の日
本統治下の台湾でハンセン病により隔離されていた患者にも支給されるべき
かが争われた。同法は，補償金の支給対象として，「国立ハンセン病療養所
等」に入所していた患者を挙げ，具体的な施設名は厚生労働省の告示に委ね
た[10]。ところが，その告示に台湾に存在する療養所が含まれず，原告の請
求に対し厚生労働省は不支給決定を通知したことから，その決定の取消請求

◆ 第 2 章　国籍確認訴訟を巡る裁判官の「個性」と裁判所の力学

が提訴されたものである。これについて，東京地裁の菅野判決（東京地判平 17・10・25）は，立法過程では，台湾の療養所の扱いについては曖昧なままで，立法者の意思は明確ではないとした。議員がこれについて問うたことはあるが，政府答弁は態度を保留し，その後その点について検討されることもなく，法律が成立したのである。

　では，立法者の意思が明確でないから補償の対象外なのか，逆に補償されるべきなのか。その基本姿勢で菅野裁判長は原告に有利な立場を採っている。すなわち，補償法の制定の経緯を検討すると，すべての患者に対し平等に救済しようとする趣旨であることがわかるから，対象者の範囲を狭く解釈する合理性はなく，法律が明確に除外していない今回のケースでも救済されるべきとしたのである。

　遡れば，同法の制定のきっかけは，ハンセン病により国立の療養所に隔離された患者が起こした国家賠償請求訴訟で，熊本地裁が国に賠償を命じる判決を下したことである（熊本地判平 13・5・11）。この判決に対し，国は控訴しない方針を明らかにし，国会も衆参それぞれが謝罪と補償を表明する決議を行い，本法が制定されるに至った。その際，補償の対象として，地裁判決が命じた国立の療養所だけでなく，同じく国の施策がきっかけで隔離されるに至った，日本復帰前の琉球政府統治下の療養所や，私立の療養所に入所していた患者も含まれたのである。こうした経緯から，菅野裁判長は，国の政策で隔離され人権侵害を受けたハンセン病患者を広く，等しく救済することが法律の趣旨であるとした。

　菅野判決の特徴は，同じ日に同じ東京地裁で下された，日本統治下の朝鮮半島の療養所に入所していたハンセン患者の同様の請求に対する判決（東京地判平 17・10・25，鶴岡稔彦裁判長）と比べると一層鮮明である。同地の療養所も，補償法の対象に明確に含まれてもいなければ除外もされていない点は同じだった。しかし，補償の対象に含めるべきかどうかで，鶴岡稔彦裁判長は菅野裁判長と反対の判断を下したのである。鶴岡判決は，国会での一部議

---

(10)　「ハンセン病療養所入所者等に対する補償金の支給等に関する法律」（平成 13 年
　　　法律第 63 号）。

90

◆Ⅲ◆　地裁・高裁判決と裁判官の「個性」

員の質問とそれに対する政府の答弁に，現在は日本国外にある「外地」の患者への補償は将来の検討課題であるとの認識を示す言い回しがあるとした。従って，補償立法の趣旨はとりあえず内地の療養所に入所していた患者への補償であり，「外地療養所の入所者は，同法が予定する補償の対象には含まれていない」と結論付けた。

　菅野判決・鶴岡判決とも，条文上明確に救済の対象となっていないというだけで原告の請求を却下するのではなく，より踏み込んで，補償法の立法趣旨を法律の制定過程に遡って検討し，救済が可能であるか見極めるという点で，等しく積極的な司法審査を行っている。ただ，菅野判決は，出発点として人権侵害からの救済を重視する視点でより原告に有利な分析を行い（今回の立法趣旨に照らし，明確に除外されていない場合は対象に含まれる），鶴岡判決は同じ事象を原告に不利に解釈した（明記されていないのは立法当時原告を含める意図がなかったからであり，補償の対象に含まれない）のである。

4　保育園入園拒否訴訟

　最後に，行政府による処分に関する菅野判事の著名な判決としてもう一つ，呼吸に障害を持つ児童が普通保育園への入園を拒否されたことに端を発する訴訟がある。この訴訟で，菅野判事は児童の請求を認め，東大和市に対して入園拒否処分の取り消しと，入園の承諾を義務付けた（東京地判平18・1・25）[11]。この児童は，気管切開手術を受けた結果，軌道を確保するための器具を常時装着していて，訴訟の時点で30分ないし2－3時間に一回は，たんの吸引が必要だった。市は，保育士や保育園付の看護師ではこの児童に対応できないとして，普通保育園への入園を拒否した（この児童は市が設けた障害を持つ児童向けの施設に通っていた。）これについて，菅野判事は「真にふさわしい保育を行う上では，障害者であるからといって一律に障害のない者が通う普通保育園における保育を認めないことは許されず，障害の程度を

---

(11)　この判決は仮の義務づけを認容したが，同年10月，同地裁（杉原則彦裁判長）は最終的に義務づけを認容する判決（東京地判平18・10・25）を下している。

◆ 第 2 章　国籍確認訴訟を巡る裁判官の「個性」と裁判所の力学

考えて，当該児童が，普通保育園に通う児童と身体的，精神的状態及び発達の点で同視することができ，普通保育園での保育が可能な場合には，普通保育園での保育を実施すべきである」という基準を立てた。そして，詳細にこの児童の医療記録や医師の所見，現在の状態を検討し，たんの吸引などは保育士や看護師が対応できる範囲であるし，対応すべきであるとして，普通保育園への入園の拒否（不承諾処分）は裁量権の逸脱または濫用であるとした。

　この判決には，退去強制を巡る訴訟で菅野判事が取った姿勢と同じ傾向が見られる。対象は，一方は外国人の退去強制，他方は児童の入園拒否だが，ともに争点は行政庁が法に則って処分を行ったのか，それとも裁量の範囲を逸脱または裁量権を濫用した違法な処分にあたるか，という点であった。従来裁判所は，こうした行政訴訟で行政庁の裁量権を広く解釈し，よほど非合理でない限り行政庁の処分を追認してきたと言える（滝井 2009：102-107）。ところが，菅野判事は，行政がある者にとって不利益な処分を行う場合に，その処分を行う合理性があるのか，より精緻に検討し，立証責任を逆転させるような立場を採っている。すなわち，処分がよほど非合理でなければ許される，という行政に有利な基準ではなく，特に不利益処分を行う場合には個々の事案が合理的であることを行政が証明しなければならない，という考え方である。

5　ま と め

　以上をまとめると，菅野判事は，行政がある人々を類型的に括って不利益に扱うことに，懐疑的であることが見て取れる[12]。退去強制処分の是非も，対象が不法滞在者であるという外形だけで片づけてしまうのではなく，本人

---

(12)　もとより，本稿は同判事や他の判事の判決について網羅的・体系的な分析をしてはいないので結論は出せない。現時点で言えるのは，国籍確認訴訟を初めいくつかの行政訴訟で，菅野判事の解釈手法に共通点があり，国籍確認訴訟での違憲判決が同訴訟に限った＜特殊要因＞ではなく，裁判官や裁判所の傾向など＜システマティックな要因と関係があることを示唆＞しているということである。

◆Ⅲ◆　地裁・高裁判決と裁判官の「個性」

の責任ではない出生時あるいは幼いころからの不法滞在であることを起点と
して，個別的にその人の退去強制が妥当であるかを検討している。入園拒否
処分についても，障害を持つ児童であるという外形だけで一律に判断するこ
とを否定し，果たして本当に普通保育園ではこの児童に対応できないのか詳
細に検討している。そしていずれの場合も，原告を形式論で不利益に取り扱
う処分は違法という結論に達した。

　こうした姿勢の延長上に，同判事の国籍法違憲判決もあるのではないか。
人々を理由もなく類型的に括って不利益に扱うことは，まさに差別と同義で
あり，憲法14条1項の「法の下の平等」の趣旨も，政府が人々を差別的に
取り扱うことを禁じるものだからである。国籍法違憲判決も，非嫡出子であ
るからといって，一律に国との結び付きを否定することはできない，また，
こうした非嫡出子に限って国との結び付きをことさら証明しなければいけな
いのは，非合理であるという分析から導かれている。個別に見れば，非嫡出
子でも日本生まれの日本育ちで日本人として生きているかもしれないし，逆
に嫡出子でも海外生まれの海外育ちであれば日本人の意識もないかもしれな
い。類型的に見て，平均的な傾向はこうであると言えるかも知れないが，
個々に見れば該当しない事例は多く存在するのである。こうした場合に，原
告の立場に立ち，個人の権利を重視するのであれば，個々の事例を検討しな
いで一律に不利益に扱うことは許されるべきでないことになる。菅野判事は，
行政訴訟においても，憲法訴訟においても，行政が一括りに判断したことを
問い直し，司法による個別の救済を強調しているのである(13)。

　すなわち，本章の最初に示した司法審査のあり方に関する対立軸に則して
言えば，憲法や法を柔軟に解釈したうえで，積極的に立法の違憲性や処分の
違法性を指摘し，さらには司法による救済を施すという点で，一つの典型を

---

(13)　憲法訴訟は，行政庁の処分の取消等を求める行政訴訟として提起され，その過
　　程で憲法判断が行われる場合が多い。国籍法違憲判決に至った訴訟も，原告が父の
　　認知を受け，国籍の取得の届出を行い，認知が出生後であるために国籍法の要件を
　　満たさないという行政庁の通知を受けた時点で，国籍を取得したことの確認を求め
　　る訴えを提起している。なお，この訴訟形式は，早くから国友明彦氏が提示してい
　　たという（国友2009）。

93

◆第2章　国籍確認訴訟を巡る裁判官の「個性」と裁判所の力学

提示するのが国籍法違憲判決である。そして，それが単なる偶然ではなく，裁判官が一貫して，意識的に採り得る一つの「立場」であることを示唆するのが，菅野判事の一連の判決と言える。

◆Ⅳ◆　裁判官の組織内関係からの分析

Ⅲでは裁判官個人の法解釈や司法審査へのアプローチを検討したが，本節では，裁判官個人の意思を越えた組織的・構造的要因が判決に影響を及ぼした可能性を検討する。

日本では，裁判所が違憲立法審査権の行使に消極的（もしくは行使しても合憲判断を下す）傾向にあり，取り分け，上級裁判所になるほど保守的であることは指摘されてきた。早くは潮見俊隆氏が，「日本の裁判所の判決が審級が上になるにしたがって，日本国憲法の価値基準から遠ざかっていく」という仮説を立て，砂川事件（在日アメリカ軍と憲法9条），昭和女子大事件（学生の退学処分と思想・信条の自由），朝日訴訟（生活保護法に基づく生活扶助と生存権），ポポロ事件（警察官の大学構内立ち入りと学問の自由）などで，平和主義や基本的人権の尊重といった日本国憲法の価値基準を重視する地裁段階の違憲判決が，高裁・最高裁で相次いで覆される過程を指摘した（潮見1970:1-51）。また樋口陽一氏も，違憲審査制の日本での運用を振り返り「1970年代に入るまでは…第一線の下級裁判所…で憲法原理に忠実であろうとする判決…が目に付き，その多くが最高裁判所でくつがえされる，というパターンがあった」とし，その後は「最高裁の合憲判断が，圧倒的に強い先例性を発揮するようになる」と総括している（樋口他2011:11-12）。そして，政治部門との関係について，最高裁が，合憲判決を下す機会を積極的にとらえることで「批判的世論と下級審の違憲判決によって疑いをかけられた法令の正統性を回復してやっている」と指摘した（樋口他2011:6）。

こうした傾向の生じる理由の一つとして，日本の裁判官の人事管理の仕組みが挙げられる。裁判官の人事（任地，職位等）は最高裁の事務総局（人事局）と各高裁事務局の間の調整で決まっていくとされる（西川2010:14）。こ

◆Ⅳ◆　裁判官の組織内関係からの分析

うした中，地裁に任用された裁判官は，判決傾向によってその後，人事上の不利益を受ける傾向が指摘されてきた。たとえば，Ramseyer & Rasmusen は，統計学的分析に基づき，政治的に重要な事件（選挙制度に関する訴訟，憲法9条を巡る訴訟，国を相手取った差し止め訴訟）で裁判官が自民党指導部の意向と異なる判決を下すことと，裁判官がその後の人事において不利益な処遇（家庭裁判所や裁判所支部への配属等）を受けることに，高度の相関関係があることを実証した（Ramseyer & Rasmusen 2003:62-81）。また具体例として，行政訴訟において国側の主張に受容的な裁判官が意図的に配属されたと考えられる事例（長良川水害訴訟）や，逆に教科書訴訟（杉本良吉裁判官）や長沼ナイキ訴訟（福島重雄裁判官）などで，違憲判断を下した裁判官が，家裁勤務の長期化などの不利な処遇を受けたことが指摘される（宮澤 1994:202-207）。こうした仕組みでは，上級審に一定の傾向の判事が集まることは想像に難くない[14]。

　以下に検討するように，国籍確認訴訟やこれに前後する行政訴訟でも，地裁段階の違憲判決が高裁で覆されるパターンは，従来指摘されてきた裁判所の傾向と一致している。そうした中で，国籍確認訴訟では高裁の合憲判決を

---

[14]　司法行政による人事政策を通じた裁判官の統制について，宮澤（1994:192-219）参照。なお，Ramseyer & Rasmusen の議論に対しては，Haley が，「直接的間接的を問わず，（裁判官の任命に関して）いかなる政治家によるいかなる干渉についての証拠をも見出していない」と批判している（Haley 2007:122）。Ramseyer & Rasmusen の統計的解析は，そもそも＜因果関係＞ではなく＜相関関係＞の存在を実証するもので，両者の議論にはすれ違いがあるように思う。Ramseyer & Rasmusen の分析は，少なくとも結果として，自民党指導部の意向に反した判決を書いた裁判官は，その後不利益な処遇を受ける傾向があるという点にとどまる。それが実際に党や政治家の介入によるものなのか，その意向を汲んだ最高裁事務総局の意向によるものなのか，因果関係の解明はインタビュー調査などの質的調査によるほかない。また，ダニエル・フット氏は，司法の独立を個々の裁判官の独立として捉えた場合に，政党・政治家の操作か，政治の干渉を排しての司法機構内の自律的な統制＝最高裁事務総局による操作か，違いはあるにしても，裁判官が「自分の判断が将来の昇進にどう響くか意識し，判断にあたって束縛を感じている」ことについては，両者に相違がないことを指摘している（フット 2007:184-185）。本節の議論も，誰の意図かは別として，最高裁事務総局によって一定の姿勢の裁判官が高裁に登用され，それゆえに地裁と高裁に判決傾向の違いが生まれる，という仮説が出発点である。

95

◆ 第2章　国籍確認訴訟を巡る裁判官の「個性」と裁判所の力学

最高裁が覆し，違憲判決に至ったことは際立っている。以下，今回取り上げた一連の判決に絞って，構造的要因の影響を検討したい。

1　地裁・高裁の傾向

（1）東京地裁

　国籍確認訴訟は，東京地裁・菅野判決の前年に，同様のケースで同地裁・鶴岡判決があり，菅野判決の控訴審である東京高裁・宗宮判決の前年には鶴岡判決の控訴審として同高裁・浜野判決があった。そして，両方の事件で，東京地裁は違憲判断を下し，東京高裁は地裁の違憲判決を覆している。このように，地裁が柔軟な法解釈と積極的な司法審査権の行使で原告を救済しても，高裁が立法者意思の尊重と司法の役割抑制の立場からこれを覆し，原告の訴えを退ける傾向が見られる。

　先行事件の鶴岡判決は，後続事件の菅野判決の前年に出されている（東京地判平17・4・13，鶴岡稔彦裁判長）。先行事件では，日本人父とフィリピン人母の間に出生した子が，非嫡出子であり，かつ日本人父による認知が出生後であったため，国籍法上，出生によっても届出によっても日本国籍の取得が認められないことの合憲性が争われた。この事案では，父と母は婚姻関係にはないものの，父が養育費を支払い，週末などに原告である子と面会し，その後もこの父母の間には婚姻関係がないまま新たに子どもができるなど，両親と子どもの交流が続いている。鶴岡判決はこれを事実上の内縁関係であるとし，この場合に両親が結婚しているかいないかだけで子どもの国籍を否定するのは合理的な理由のない差別で，憲法14条の法の下の平等に反するとした[15]。その際，他の法律が嫡出子と非嫡出子の間に区別を設けているというだけで国籍取得における区別まで正当化されるとは限らないとし，政府が主張する偽装認知の恐れについては，それをもって一律に国籍取得を認

---

(15)　このように鶴岡判決は国籍法の規定はそのままに，「婚姻」の意味を広く解釈して原告を救済したもので，「婚姻」要件自体の撤廃を求めた原告の主張とはズレがあった（奥田2008:3）。

96

めない理由にはならないとした。また，帰化という手段があるという主張については，帰化は法務大臣の裁量によるもので，生まれつきの国籍の取得とは性質が異なる，として退けている。こうした点は，翌年の菅野判決も踏襲する。

その一方で，鶴岡判決は，父母が今回のような内縁関係になく，両親と子に家族としての生活実態がない場合まで，嫡出子と非嫡出子との間の区別が不合理というわけではないとし，こうした場合にまで国籍取得を認めるか否かは「立法論の問題」と位置付けている。この点で，翌年の菅野判決は鶴岡判決よりも射程が広く，嫡出子と非嫡出子の間での国籍取得に関する区別一般を違憲とした。菅野判決は，日本人である父と子の間に生活上のつながりがあるかといったことは問わず，日本人父の認知がある限り国籍取得が認められるべきだとした。一般的な出生による国籍取得の場合も，日本との実質的つながりがあるかどうかは問われていないからである。

このように，射程の違いこそあれ，東京地裁の両判決は，原告の権利侵害状況を重視し，一般論で片付けることなく個別具体的に法的区別の合理性を吟味し，柔軟な法解釈を行うことによって原告を救済しようとする点で，姿勢が共通している。

（2）東 京 高 裁

二つの国籍確認訴訟では，先行する事件で，東京地裁・鶴岡判事の違憲判決を東京高裁の浜野判決が覆した。そして翌年，後続事件で今度は東京地裁・菅野判事が違憲判決を下すと，やはり東京高裁の宗宮判決が先の浜野判決を踏襲してこれを覆した。従って，国籍法の合憲性を巡って，地裁と高裁が，2つの事件で，立場を変えずに同じ対立を繰り返したことになる。

東京高裁の浜野判決（東京高判平18・2・28，浜野惺裁判長）の根底には，司法による法解釈の幅を抑制する考えがあり，判決はこの点について意識的な説明を行っている。同判決は，裁判所が国籍法3条1項を違憲にしたとしても，原告は国籍を取得できないからそもそも訴訟の意味がない，と論じた。先に述べたように，国籍法3条1項は，非嫡出子について，父母の結婚と認

◆ 第2章　国籍確認訴訟を巡る裁判官の「個性」と裁判所の力学

知により嫡出子となった場合（準正），出生後でも届出による国籍の取得を
認める規定である。原告はこのうち準正要件が違憲であると主張したが，仮
に違憲だとしてどうなるか。東京地裁は，3条1項が違憲なら，準正であっ
てもなくても父が認知し，届け出れば国籍を取得できることになり，非嫡出
子である原告も国籍を取得できるという解釈であった。これに対し，東京高
裁は，もし3条1項が違憲なら，準正の場合に国籍取得を認める例外規定自
体がなくなり，準正の場合も含めて，国籍が取得できなくなるのだから，結
局原告は国籍を取得できないという解釈を採ったのである。

　浜野判決は，3条1項の「婚姻」に内縁関係を含むことについても否定す
る。同判決は，特に国籍法は「規定する内容の性質上，もともと，法律上の
文言を厳密に解釈することが要請されるものであり，立法者の意思に反する
ような拡張ないし類推解釈は許されない」とした。そのうえで，出生時点で
結婚している両親のいずれかが日本人であることが国籍法における日本国籍
の取得の原則で，3条1項は例外的に事後の結婚による国籍取得を認めるも
ので，「本来むやみに拡張を許すべきものでない」ことを立法の趣旨と判断
し，内縁関係を婚姻と同視する類推適用や拡張解釈はできないとした。

　浜野判事は，別の行政訴訟でも，法解釈に関して慎重な姿勢を示している。
学生時代に国民年金に加入せず，その後障害を負った男性が，障害基礎年金
の不支給処分の取り消しを求めた訴訟がある。国民年金法の規定によれば，
初診が20歳未満の場合は未加入者でも年金が支給されることになっていた
が，原告は20歳の時に統合失調症の初診を受けた。ただそれ以前から通院
しており，東京地裁判決はカルテなどから遅くとも19歳のときに発病して
いたとして，統合失調症の特質に鑑みて初診の意味を広く解釈して，原告の
請求を認めた（東京地判平17・10・27，大門匡裁判長）。これに対し，東京高
裁の浜野判事は「（当該条項を）拡張解釈することは，立法者の意思に反して
同項の規定を改変することにほかならないのであり，解釈の名の下に立法権
を侵害するに帰するものであって許されない」とし，原告の請求を却下する
逆転敗訴判決を下した（東京高判平18・10・26）。原告の事情を個別に検討し
て救済を図る地裁の法解釈に対し，法律の文言に忠実であることを求め，事

98

◆Ⅳ◆　裁判官の組織内関係からの分析

表1．4事件の判決の前後関係（網掛けは原告寄りの判決）

	退去強制先行事件 （フィリピン人一家）	退去強制後続事件 （中国人生徒）	国籍法先行事件	国籍法後続事件
平16.11.5	東京地裁・菅野判決 （一部認容）			
平17.4.13	東京高裁・赤塚判決 （却下）		東京地裁・鶴岡判決 （違憲）	
平18.2.28			東京高裁・浜野判決 （合憲）	
平18.3.28		東京地裁・菅野判決 （認容）		
平18.3.29				東京地裁・菅野判決 （違憲）
平19.2.27		東京高裁・岩井判決 （認容）		東京高裁・宗宮判決 （合憲）
平20.6.4			最高裁判決（違憲）	

案に応じた「拡張解釈」に懐疑的であるのは，同判事の一貫した姿勢と言える。

　国籍法を巡っては，浜野判決が出た翌月に，後続事件を担当した東京地裁の菅野判事が，一層原告に歩み寄る判決を下した。同様の事件で前年の地裁判決が最近高裁で覆されたことを，地裁の担当判事が知らないはずはない。こうした中で出された菅野判決は，地裁と高裁の対立を鮮明にした。そして両事件の上告審となった最高裁は，地裁・高裁判決に表れた，司法の役割を巡る立場の違いを明確に意識したうえで，積極的な役割を選択したのである。

（3）退去強制および国籍法に関する4事件と裁判所間の関係

　研究者が裁判所の判例を分析する場合，その判決の属する分野に狭く限った分析を行いがちである。しかし，裁判官の側から見ると，同時並行で様々な分野にまたがる事件を審理していて，それを同じ人間が同じ頭で考えている。ある事件の記録を読みながら他の事件のことを考えることもあるだろう

◆ 第2章　国籍確認訴訟を巡る裁判官の「個性」と裁判所の力学

し，似たような論点があれば分野や状況が異なってもそれが重なりあい，思考に影響を与えることもあるだろう。こうした観点で，これまでに取り上げた出入国・国籍に関わる4つの事件の流れを一つにまとめてみたら，興味深い流れが見えてきた。以下，表1に従って論じる。

　ここで見えてくるのは，東京地裁と東京高裁が，対話あるいは対抗するかのようなタイミングで，これらの事件について判決を下している点である。フィリピン人一家の退去強制を巡り，原告の請求を一部認容した東京地裁の判決が，2005年4月13日に東京高裁で覆される。それと同じ日に東京地裁が日本人父とフィリピン人母の間に生まれた非嫡出子の国籍を巡る先行訴訟で違憲判断を下している。さらに，一年後の2006年2月28日に東京高裁が国籍法の先行訴訟で東京地裁の違憲判決を覆すと，それに対抗するかのように一ヶ月後の3月28日に，東京地裁が中国籍生徒の退去強制を巡る訴訟で原告の請求を認容する判決を，29日には国籍法の後続訴訟で違憲判決を下している。

　先述したように，退去強制に関しては，まずフィリピン人一家の事件で東京地裁の菅野判事が請求を一部認容し，それを高裁が覆したのだが，中国人生徒の事件ではその高裁判決を意識した内容で再び菅野判事が原告の請求を認容する判決を書いている。そして，その判決と時を同じくして，菅野判事は国籍法違憲訴訟についても，東京高裁が先行事件の地裁判決を覆したにも関わらず，あらためて違憲判決を下している。これらを合わせると，退去強制・国籍法の両分野で，東京高裁が東京地裁の原告寄りの判決を覆すと，即座に，東京地裁があらためて両分野で原告寄りの判決を下した形になる。

　これらは，単なる偶然の一致と言えるのだろうか。一番確実なのは，裁判官本人に聞くことだが，現時点では推測をするしかない。単純に，年度末で異動が行われる可能性を見越して，手元に残していた事件を片付けようとしたことだって考えられる[16]。しかし，類似の事件で，最近東京高裁が東京地裁の判決を覆しているのだから，簡単に済まそうと思えば，高裁判決に

―――――――――
(16)　実際は，菅野判事はその後も2012年まで東京地裁の部総括判事を務めた。

100

◆Ⅳ◆　裁判官の組織内関係からの分析

従って請求を棄却することも考えられた。しかし，菅野判事は，再び違法・違憲判断を下したのである。

　菅野判事の一貫した姿勢の拠りどころは何だったのか。無論，裁判官は「自己の良心」に則って判断をすることが求められており（日本国憲法第76条），高裁や最高裁の判決を無批判に踏襲するのは本来の職責からすれば適切ではない。しかし，実際には，裁判所の人事慣行の中で，無罪判決や違憲判決を書く裁判官は不利な処遇を受けるという認識が定着し，下級審の裁判官は自身の判決が覆されることを避ける動機があると指摘されてきた（Ramseyer & Rasmusen 2003）。

　これは仮説であるが，菅野判事は，高裁の後に控える最高裁で，司法審査をより重視する方向性への姿勢の変化があると期待していたのではなかろうか。次節で述べるように，菅野判事は，これらの判決を書いたときには東京地裁に属していたが，その前に5年間に渡って，最高裁調査官として，最高裁の担当する事件の論点・判例の整理や判決の方向性を提示する立場にあった。最高裁の空気を肌で知る菅野判事が，最高裁の判断を予期する形で姿勢を貫いていたとしてもおかしくはない。地裁段階で，多数の証拠に裏付けられた緻密な判決文を書いておけば，最高裁もそれに乗りやすい。そう考えることはないだろうか。少なくとも，結果として，この訴訟での最高裁の違憲判決は，菅野判事の判決を土台とするものになった。

2　合議体の力学

　各判決はいずれも合議体で行われ，裁判長以外に二人の陪席裁判官が加わって結論を出している。但し，最高裁と異なり，地裁や高裁の判決では，個々の裁判官の意見は出てこないので，裁判官ごとの分析はできない。以下，これまで取り上げた，原告勝訴または一部勝訴となった東京地裁の判決（表2）と，その控訴審である東京高裁の判決（表3）について，判決を下した合議体の裁判官を一覧にしてみた。これらの判決は平成16（2004）年から平成18（2006）年という短い期間に，菅野博之判事が裁判長を務める東京地裁

◆ 第2章　国籍確認訴訟を巡る裁判官の「個性」と裁判所の力学

表2．本章で取り上げた東京地裁判決の合議体

退去強制 (フィリピン人一家)	東京地裁	民事 第38部	16.1.15	請求一部 認容	菅野博之	鈴木正紀	馬場俊宏
国籍法 (先行訴訟)		民事 第3部	17.4.13	違憲	鶴岡稔彦	新谷祐子	今井理
ハンセン病 (台湾訴訟)		民事 第38部	17.10.25	請求認容	菅野博之	鈴木正紀＊	小田靖子
保育園入園拒否			18.1.25	請求認容	菅野博之	鈴木正紀	岩井直幸
退去強制 (中国人生徒)			18.3.28	請求認容	菅野博之	市原義孝	近道暁郎
国籍法 (後続訴訟)			18.3.29	違憲	菅野博之	鈴木正紀	岩井直幸

＊は「差し支えにつき署名押印せず」

表3．地裁判決に対応する高裁判決の合議体

退去強制 (フィリピン人一家)	東京高裁	第15 民事部	17.4.13	地裁を 覆す	赤塚信雄	小林孝	金井康雄
国籍法 (先行訴訟)	東京高裁	第21 民事部	18.2.28	地裁を 覆す	浜野惺	高世三郎	長久保直善
ハンセン病 (台湾訴訟)	高裁判決なし（国は法改正により原告らにも補償金を支給）						
保育園入園拒否	高裁判決なし（市は原告の入園を認める）						
退去強制 (中国人生徒)	東京高裁	第19 民事部	19.2.27	地裁に 同意	岩井俊	及川憲夫＊	芝田俊文＊
国籍法 (後続訴訟)	東京高裁	第16 民事部	19.2.27	地裁を 覆す	宗宮英俊	坂井満	畠山稔

＊は「転補のため署名押印せず」

民事第38部で出されたものが中心である。民事第38部は内部を2グループに分け，それぞれ菅野判事が裁判長を務める一方，グループごとに異なる2人の裁判官が陪席裁判官として加わっている。

　6件の地裁判決のうち，菅野裁判長と鈴木正紀判事が加わったものが4件ある。このうち1件は「差し支えにつき」鈴木判事は署名押印していないが，その意味は定かでない[17]。その中で，保育園入園拒否を巡る訴訟と国籍法の後続訴訟は，近接した時期に菅野裁判長，鈴木正紀判事，岩井直幸判事の

◆Ⅳ◆　裁判官の組織内関係からの分析

３名の合議体で判決を下している。前述したように，両事件は，一方は憲法判断となり，一方は行政の裁量権の濫用を巡る判断となったが，根底において，行政が特定の集団に属する個人を一括りにして特徴づけ，それに基づいて一律に不利益に扱うことについて，権利救済の観点から個別的に慎重な吟味を施している点で共通の姿勢が見られる。

　また，上記６件のうち，２件では国や市が地裁判決を受けて，原告の請求に応じる対応を行ったため，高裁判決がない。しかし，東京高裁が控訴審となった残り４件のうち３件で，高裁が地裁判決を覆し，原告敗訴とした。その担当判事を分析すると，こちらは裁判長も陪席裁判官も，すべて異なっている。多数の判事が関与するなか，原告に有利な東京地裁の判決を次々と覆している。このことから，東京高裁では，裁判長や裁判官に関わらず，原告に対してより厳しく，行政に対してより緩やかな姿勢を採用していると言えそうである。これについては，覆された３件の地裁判決が極端なもので，直ちに東京高裁の一般的姿勢を結論付けられないという見解もあり得る。しかし，国籍法訴訟では最高裁が東京高裁の判決を破棄し，東京地裁の違憲判断に回帰している。また，後述するようにこれらの訴訟よりもさらに早い段階で最高裁の一部判事も当該国籍法規定の違憲性を指摘している。こうしたことから，東京地裁が極端だったとは言えず，東京高裁が相対的に消極的であったと言えるだろう。

3　裁判官人事からの考察

　さらに，鶴岡判事と菅野判事には注目すべき共通点がある。二人とも，同じ時期に最高裁事務総局で司法行政に携わるか，最高裁調査官を務めており，同じ時期に東京高裁判事に転じ，そこからまた同じ時期に東京地裁判事に転じている。鶴岡判事は 1993 年 4 月から 1999 年 3 月まで，事務総局行政局参

---

(17)　「差し支えにより署名押印せず」は，病気等の理由による差し支えを指すものとされ，反対意見を含意することがあるかは不明である。日本の裁判では，下級審の合議体内の個別意見が明らかにされることはない。

◆ 第2章　国籍確認訴訟を巡る裁判官の「個性」と裁判所の力学

事官，第二課長，第一・三課長を歴任し，1999年4月から2002年3月まで
東京高裁判事を務めた後に，東京地裁判事に就任している。菅野判事は
1995年4月から2000年3月まで，最高裁調査官を務め，2000年4月から
2002年6月まで東京高裁の判事を務めた後，東京地裁の判事になっている。
従って，両判事はそれぞれ東京地裁で裁判長として国籍法違憲判決を出す
10年以上も前から，最高裁・東京高裁で経験を共にしていたことになる
（全裁判官経歴総覧編集委員会編 2010）。

　日本の裁判官の世界で，最高裁の事務総局や調査官への任用はエリート
コースと言われる（宮澤 1994:198-202）。その中で鶴岡判事は行政事件を所管
する行政局の課長，菅野判事は調査官の要職にあった。二人のように最高裁
に早くから登用された人材が，ともに東京地裁に配属され，違憲判決や行政
処分の取り消し判決で知られるようになったことは，保守的な裁判官が優遇
される傾向があるという従来の分析からは逸脱するものである。それどころ
か，積極的な司法審査を志向する人材が最高裁で育まれる環境になってきた
とも言える。最高裁の人事政策の変化が判決の潮流に影響をもたらした可能
性という観点から，今後さらなる分析が必要である。

　いま一つ，人事という観点で見てみると，菅野判事と鶴岡判事の共通点の
ほかに，一連の事件で菅野判事と対峙する形となった東京高裁の各判事との
間に，興味深い符合がある。彼らも同時期に同じ場所に勤務したことがある
「顔見知り」と言えるのである。表1に従って述べる。退去強制に関する先
行事件で，菅野判事の判決を東京高裁の赤塚信雄判事が覆した。菅野判事は
東京地裁に移る前は東京高裁判事であり，そこへ2002年3月，赤塚判事が
部総括判事として赴任してきた。その3ヶ月後，菅野判事は高裁から地裁へ
移っている。次に，国籍法事件では，先行事件で東京高裁の浜野判事が東京
地裁の鶴岡判決を覆した後，後続事件で東京地裁・菅野判事が改めて違憲判
決を下している。菅野判事と浜野判事は，最高裁でも東京高裁でも同じ時期
に勤務している。浜野判事は，1998年1月から1999年8月まで，最高裁事
務総局総務局長だった。この間一貫して，菅野判事は最高裁調査官だった。
また浜野判事は，2001年12月から東京高裁の部総括判事になるが，そこへ

は一足早く菅野判事が東京高裁判事として赴任していた。従って，赤塚・浜野判事と菅野判事は，一時期は同じ東京高裁で部総括判事と判事の関係にあったことになる。最後に，国籍法の後続事件で菅野判事の違憲判決を覆した東京高裁の宗宮判事も，菅野判事と重なる点がある。菅野判事は 1980 年 4 月に東京地裁の判事補に任官し，1983 年 9 月，早速最高裁事務総局行政局付に移ることになる。この間，1981 年 4 月から 1984 年 3 月まで，宗宮判事も東京地裁判事補・判事を務めている。

　次に，菅野判事も東京高裁の各判事も，最高裁事務総局への登用や法務省等の行政組織への出向を経た「エリート」裁判官で，行政訴訟に通じていたと思われることである。赤塚判事は，1987 年 4 月から 1990 年 3 月まで大阪法務局訴務部長を務めている。浜野判事は，最高裁調査官のほか，事務総局刑事局兼行政局付，同経理局主計課長，同総務課長，証券取引等監視委員会事務局次長などを歴任している。また，宗宮判事は，法務省訴務局参事官や同行政訴務 2 課長を務めている。そして先に述べたように，国籍法違憲判決を下した鶴岡判事も菅野判事も，最高裁事務総局行政局各課長や最高裁調査官を務めている。

　最後に，国籍法違憲判決に関して言えば，もう一つ注目すべき点がある。この事件に関して，最高裁で違憲判決の取りまとめに腐心したのは，島田仁郎長官，才口千春判事（主任），そして調査官であった千葉勝美氏であると言われる（山口 2011：175-190）。千葉氏は，最高裁が覆すことになる東京高裁判決を下した宗宮判事と司法修習の同期（第 22 期）である。そして，両氏とも，同じ時期に東京地裁の判事補，さらに判事となっている。千葉氏は 1980 年 4 月に東京地裁判事補になり，その一年後，宗宮判事も同地裁判事補となる。そして二人揃って 1982 年 4 月に判事となる。その後，千葉氏はほぼ一貫して最高裁事務総局の管理職または最高裁調査官の職にあり，国籍法違憲判決当時は首席調査官，その後仙台高裁長官を経て 2009 年 12 月に自ら最高裁判事に就任している。

　かつて潮見俊隆氏は，裁判所における「司法行政事務を掌握する司法特権官僚群と，その統制に服して裁判実務に専念する一般裁判官層の分化」を指

◆ 第2章　国籍確認訴訟を巡る裁判官の「個性」と裁判所の力学

摘した。同氏の研究の時点で前者に分類されたのは全体の一割程度の判事
だった（潮見 1970:107-108）。また最近では，西川伸一氏が，さらに精密な分
析を行い，高裁長官や最高裁事務総局幹部，地家裁所長等の裁判官幹部人事
について，その経歴や過去の地位に一定の傾向が見られること，換言すれば
裁判所の中に「エリートコース」のあることを実証している（西川 2010）。
これに照らしてみると，国籍法違憲最高裁判決に収斂される一連の行政訴訟
での東京地裁・東京高裁の対立は，突発的・例外的な現象ではなく，潮見氏
が「司法特権官僚」と位置付けた一群，あるいは西川氏の見いだす「エリー
トコース」を歩んできた裁判所幹部の間での，司法の役割を巡る高度かつ組
織的な論争の表出と言うことができるのではないか。

4　最高裁の動き

　本章では国籍法判決や関連する行政訴訟を巡る東京地裁・東京高裁の判事
の姿勢を中心に論じてきた。最高裁の動きについては次の章で論じるが，そ
の一端を記しておきたい。

　2008 年の国籍法違憲最高裁判決は，東京地裁の菅野判事による判決を援
用しているが，さらに源流を辿ると，菅野判決の枠組み自体も 2002 年に別
の国籍確認訴訟の最高裁判決（最二小判平 14・11・22）で，補足意見が傍論
として提示したものに基づいている。

　2002 年判決に至った訴訟も，原告は日本人男性とフィリピン人女性の間
に生まれた非嫡出子で，出生後に認知されたために日本国籍を取得できな
かった者である。但し，この訴訟では，原告は国籍法2条に基づく出生によ
る国籍取得を求めた。出生による国籍取得を出生後の認知の場合にも認める
べきかどうかが争点になり，最高裁は認知の効果を遡らせないことには合理
的な理由があるとして訴えを退けている。他方で国籍法3条は，出生後に父
母の婚姻と認知により嫡出子となった場合に，届出による国籍取得を認めて
いる。

　2002 年判決は，国籍法2条について合憲という判断を下したのであるが，

106

◆Ⅳ◆　裁判官の組織内関係からの分析

３人の裁判官が補足意見を付して，将来国籍法３条が争点になることを予期していた。このうち，梶谷玄，滝井繁男裁判官の補足意見は，国籍法３条が父母の婚姻を国籍取得の要件にしていることについて，「憲法14条１項に反する疑いが極めて濃いと考える」と述べている。同意見は，「親子関係を通じて我が国と密接な結合関係が生ずる」ことをこの要件の根拠とする国側の主張に対し，多様化する家族のあり方の中で「婚姻という外形を採ったかどうか」だけではそのような判断をすることはできないとし，そもそも国籍法はそういう立場を一貫して採ってはいないと指摘する。父母が結婚していなくとも，母が日本人であれば子は出生時点で国籍を取得するし，父が日本人である場合も出生前の認知であれば子は国籍を取得できる。これらの場合，婚姻も，親子の実質的な結びつきも問われていない。父が日本人，母が外国人の非嫡出子で，父の認知が出生後の子にだけ日本国籍の取得が認められない合理的な理由はないと，３人の判事はこの時点ですでに示唆していた[18]。

　また，同補足意見は「嫡出子と非嫡出子とで異なる扱いをすることの合理性に対する疑問が様々な形で高まっているのであって，両親がその後婚姻したかどうかといった自らの力によって決することのできないことによって差を設けるべきではない」と述べ，嫡出子であるかどうかによる区別一般に対しても疑問を投げかけている。

　2002年の最高裁判決と補足意見は，当然，2008年判決の一審を担当した菅野判事も読んだだろう。また，2008年判決に至った２つの訴訟で原告側の主任代理人を務めた山口元一弁護士，近藤博徳弁護士も，2002年判決の補足意見を念頭に提訴したと述べている（山口 2011:167-172; 近藤 2008）。

　あらためて国籍法３条の違憲性を訴える訴訟が提起された時点で，この条文について最高裁判事の多数（2002年判決の小法廷判事５名中３名）が合憲性に疑いを投げかけている。従って，違憲判決は異端ではなく，むしろ機が熟

---

(18)　滝井判事は，2002年判決で述べた個別意見を回想し，「当時，五年余りの間にこのことについて違憲判断が多数意見となるであろうとは予測してはいなかった」と述べている。そのうえで，非嫡出子差別について，裁判所が積極的に違憲判断を下すことへの期待感を滲ませている（滝井 2009:56-60）。

◆第2章　国籍確認訴訟を巡る裁判官の「個性」と裁判所の力学

していたと考えることもできる。菅野判事も，違憲判断を下した場合に最高裁で受け入れられる可能性を認識していただろう。さらに菅野判事自身，比較的近い時期まで5年間最高裁調査官を務めていたのだから，最高裁内部の力学を分かったうえで違憲判決を出すことができたと思われる[19]。

　さらにこの時期，非嫡出子差別全般について，国内で違憲論が高まりつつあった。1995年の最高裁大法廷判決（最大判平7・7・5）では非嫡出子の相続差別について強い反対意見を抱えつつ合憲判断を下したものの，その後も対立が収まらず小法廷で僅差の判決が繰り返されていた。また，在外邦人選挙権訴訟では，地裁・高裁ともに国家賠償請求を棄却し，違憲・違法であることの確認を求める請求を却下したのに対して，最高裁は，通信手段等が発達した今日においてなお在外邦人の選挙権を制限することは憲法15条（選挙権の保障）等に反するとし，原告らが次の選挙において「投票をすることができる地位にある」ことを確認し，さらには国家賠償請求まで認容した（最大判平17・9・14）。

　このように，憲法上の権利保障について最高裁に積極姿勢が芽生えてきた時期に国籍確認訴訟は提起された。こうした最高裁の動向については，次の章で詳しく検討する。

5　まとめ

　以上，本節では裁判機構の中の裁判官という観点から，組織の力学が判決にどのような影響を及ぼしているか，検討してきた。その結果，かつて潮見が唱えた「日本の裁判所の判決が審級が上になるにしたがって，日本国憲法の価値基準から遠ざかっていく」という見方は，今日では変化に直面してい

---

(19)　Ramseyer & Rasmusen（2003：76-80）は，憲法訴訟で，地裁の判決が高裁で覆され，さらに高裁の判決が最高裁で覆され，結果として地裁が最高裁と一致した場合，地裁判事のその後の昇格と相関関係があると実証している。地裁判事も経験則としてこのことを認識しているとすれば，最高裁に判決を受け入れられる見込みは判決を下す際に一定の心理的作用があるのではないだろうか。

るように思われる。国籍確認訴訟の経過を分析すると，最高裁判所は行政に対してより厳しい基準で違憲立法審査に臨み，司法の存在感をより示す姿勢を後押ししているようである。

国籍確認訴訟に関わった判事たちの判決行動を見る限り，上述の変化は突発的なものではなく，構造的なものであるように思う。すなわち，司法の役割について一貫して積極的な立場（行政に対してより厳しい審査）を採る裁判官が，かつて言われたような人事上不利な処遇を受けることもなく，むしろエリートコースを歩む形で優遇され，かつそうした姿勢に則った判決が最高裁の支持を受ける構図となっている。

これを実証するためには，Ramseyer & Rasmusen の行ったような研究を若干修正して再試行することが考えられる。より近年の事件についてデータ化し，独立変数にその判事の経歴を，従属変数に司法審査への姿勢を置いてみたり，逆に独立変数に司法審査への姿勢を，従属変数に判事のその後の処遇を置いてみたりして，司法審査への姿勢と判事の経歴やその後の処遇との相関関係が近年変化しつつあるかを検討できる。本章ではそこまでの実証の余地はなかったが，国籍確認訴訟や同種の論点を抱えた訴訟の判決パターンの分析により，一つの考え方を提示することはできたと思う。

◆V◆　結　論

以上検討してきたところによれば，国籍法違憲判決に関与した裁判官や裁判所には，法解釈の手法，司法審査への姿勢に一定の対立が見られる。その対立は，国籍確認訴訟に特有のものというよりも，裁判官の一貫した個性に基づいているようである。たとえば東京地裁の菅野判事は，憲法訴訟や行政訴訟において繰り返し，人権の保護を重視する視点から積極的な法解釈を行い，行政の裁量を抑制してきた。これに対し，東京高裁は概ね一貫して，菅野判事（あるいは地裁の合議体）の判決を覆し，行政の裁量を重視した，消極的な法解釈を採用してきた。

また，国籍法違憲判決を単独事件として捉えず，同時期に同分野で同じ裁

◆ 第 2 章　国籍確認訴訟を巡る裁判官の「個性」と裁判所の力学

判所に係属している複数の事件の流れの中で捉えると，判決のタイミングや
中身について，一つの事件の枠を超えて，複数の事件を一体として捉えてい
る裁判所・裁判官の姿が浮かび上がる。一つの事件の審理や結論が類似の事
件に影響を与え，東京地裁・東京高裁が相互に動向を意識していると推測さ
せる動きが見られた。

　そして，これらの訴訟に関わった東京地裁・東京高裁の裁判長の経歴を見
れば，いずれもエリートコースを歩んできた者であり，一連の訴訟での見解
の対立は，一判事の傾向の問題を越えて，司法の役割を巡る日本の司法機構
内部における高度の論争の表出と見ることができることを指摘した。

　国籍法違憲判決に至る過程には，憲法解釈や司法審査についての裁判官の
個性，裁判官や裁判所の間の力学，裁判官人事のあり方などの政治的・構造
的な要因が介在していることを，本章は提示した。司法の存在感が増すなか，
条文解釈やアプローチの変遷の背景にあるこうした多様な要素に目を向ける
ことが今後一層重要となるのではないだろうか。

＜補　足＞

　本章の裁判官人事に関する分析は，2011 年末に行ったものであるが，本
章がその司法審査への積極姿勢ゆえに特に注目した菅野博之判事（当時，東
京地裁・部総括判事）はその後，大きく出世した。2012 年 3 月に一旦，水戸
地裁所長に転じた後，2014 年 4 月に東京高裁の部総括判事となり，翌 2015
年 2 月には大阪高裁長官となった。大阪高裁長官のポストは，西川氏の研究
で「高裁長官経験者が最高裁裁判官に上がる直前の具体的なポスト」として，
東京高裁長官と並んで他の高裁を圧倒していることを明らかにしている（西
川 2010:35）。その傾向に違わず，菅野氏は 2016 年 9 月，最高裁判事に任命
された。

　菅野判事は，2009 年 12 月より最高裁判事を務め定年退官した千葉勝美判
事の後任として任命された。先述したように，千葉氏は，国籍確認訴訟の最
高裁判決を担当した調査官であった。そして菅野氏は，当時東京地裁の裁判
長として，最高裁以上に積極的な違憲判決（立法目的もその達成手段も合理性

◆V◆ 結 論

がない，これに対して最高裁は目的に一定の合理性を認めたうえで，その達成手
段が不合理になっているとした）を下している。

　国籍法違憲判決を軸にこの人事を見ると，婚外子差別に関して平等権に重
きを置いたこの判決を，それぞれの立場（最高裁調査官，下級審の裁判長）で
お膳立てした両氏のうち，千葉氏がまず最高裁判事へと出世し，そのポスト
を菅野氏に継承したということになる。

　このように，司法の主流を歩む「エリート裁判官」の間で，積極的な司法
審査を肯定する考え方が広まっているとの分析は，その後の人事や判例の動
向からも一定の裏づけが得られると思う。

[判 例]
主要判例集への掲載がある場合はこれを記し，合わせて事件番号を記した。裁判
　　所ウェブサイト（http://www.courts.co.jp）の裁判例情報画面より，この番号を
　　用いて判例検索することができる。
最大判平成7・7・5民集第49巻7号1789頁，平成3（ク）143
熊本地判平成13・5・11判時1748号30頁
最二小判平成14・11・22集民第208号495頁，平成10（オ）2190
東京地判平成16・11・5，平成15（行ウ）340
東京地判平成17・4・13判例時報1890号27頁，平成15（行ウ）110
東京高判平成17・4・13，平成16（行コ）389
最大判平成17・9・14民集第59巻7号2087頁，平成13（行ツ）82
東京地判平成17・10・25，平成16（行ウ）370
東京地判平成17・10・25，平成16（行ウ）524
東京地判平成17・10・27，平成13（行ウ）201
東京地判平成18・1・25，平成17（行ク）277
東京高判平成18・2・28家月58巻6号47頁，平成17（行コ）134
東京地判平成18・3・28，平成17（行ウ）79
東京地判平成18・3・29，平成17（行ウ）157
東京地判平成18・10・25，平成17（行ウ）510
東京高判平成18・10・26，平成17（行コ）307
東京高判平成19・2・27，平成18（行コ）124
東京高判平成19・2・27，平成18（行コ）126
最大判平成20・6・4民集第62巻6号1367頁，平成18（行ツ）135
最大判平成20・6・4集民第228号101頁，平成19（行ツ）164

◆ 第2章　国籍確認訴訟を巡る裁判官の「個性」と裁判所の力学

［文　献］

Bickel, Alexander M. (1962), *The Least Dangerous Branch: The Supreme Court at the Bar of Politics*, Yale University Press.

Choper, Jesse H. (1980), *Judicial Review and the National Political Process: A Functional Reconsideration of the Role of the Supreme Court*, The University of Chicago Press.

Ely, John Hart (1980), *Democracy and Distrust: A Theory of Judicial Review*, Harvard University Press.

Garvey, John H., T. Alexander Aleinikoff & Daniel A. Farber (2004), *Modern Constitutional Theory: A Reader*, Fifth Edition, Thomson West.

Greenhouse, Linda (2005), *Becoming Justice Blackmun: Harry Blackmun's Supreme Court Journey*, Henry Holt and Company.

Haley, John O. (2007), "The Japanese Judiciary," in Daniel H. Foote, ed., *Law in Japan: A Turning Point*, University of Washington Press.

Lazarus, Edward (1998), *Closed Chambers: The Rise, Fall, and Future of the Modern Supreme Court*, Penguin Books.

Marshall, Jonathan (2007), "Who Decides the Role of Courts-State or Society?," in Harry N. Scheiber and Laurent Mayali, eds., *Emerging Concept of Rights in Japanese Law*, Robbins Collection Publications, University of California at Berkeley.

Matsui, Shigenori (2011), *The Constitution of Japan: A Contextual Analysis*, Hart Publishing.

Ramseyer, J. Mark, & Eric B. Rasmusen (2003), *Measuring Judicial Independence: The Political Economy of Judging in Japan*, University of Chicago Press.

Sanders, Joseph (1996), "Courts and Law in Japan," in Herbert Jacob et.al. eds., *Court, Law & Politics in Comparative Perspective*, Yale University Press.

Segal, Jeffrey A. & Harold J. Spaeth (2003), *The Supreme Court and the Attitudinal Model Revisited*, Cambridge University Press.

Ulmer, S. Sidney (1971), "Earl Warren and the Brown Decision," in Lawrence M. Friedman and Harry N. Scheiber, eds. [1978] (1988), *American Law and the Constitutional Order: Historical Perspectives*, Harvard University Press.

Upham, Frank K. (1997), *Law and Social Change in Postwar Japan*, Harvard University Press.

芦部信喜 (1997)『憲法 (新版)』岩波書店

奥田安弘 (2008)「国籍法違憲訴訟に関する最高裁大法廷判決」法律時報80巻10号1-3頁

◆V◆ 結　論

奥田安弘（2010）『国籍法・国際家族法の裁判意見書集』中央大学出版部
近藤博徳（2008）「国籍確認訴訟違憲判決 ── 起爆剤となることを期待して」法と
　民主主義 430 号 34-35 頁
国友明彦（2009）「国籍法の改正 ── 国際私法的観点から」ジュリスト 1374 号
　15-21 頁
全裁判官経歴総覧編集委員会編（2010）『全裁判官経歴総覧（第 5 版）』公人社
潮見俊隆（1970）『法律家』岩波書店
滝井繁男（2009）『最高裁判所は変わったか ── 一裁判官の自己検証』岩波書店
西川伸一（2010）『裁判官幹部人事の研究 ──「経歴的資源」を手がかりとして』
　五月書房
樋口陽一・山内敏弘・辻村みよ子・蟻川恒正（2011）『新版 憲法判例を読みなお
　す ── 下級審判決からのアプローチ』日本評論社
フット・ダニエル・H（2006）『裁判と社会 ── 司法の「常識」再考』（溜箭将之
　訳）NTT 出版
宮澤節生（1994）『法過程のリアリティ』信山社
山口進・宮地ゆう（2011）『最高裁の暗闘 ── 少数意見が時代を切り開く』朝日新
　聞出版
山本祐司（1994）『最高裁物語（上・下巻）』日本評論社

◆ 第 3 章
「法の下の平等」と最高裁

Ⅰ　大法廷判決と最高裁内の意見対立

Ⅱ　非嫡出子差別訴訟と国籍確認訴訟

Ⅲ　選挙と「法の下の平等」を巡る訴訟との関連

Ⅳ　憲法訴訟と最高裁

Ⅴ　結　論

　前章は，国籍法違憲最高裁判決に至る，最高裁と下級審の間での類似事件のやり取りを通じて，裁判官の個性（違憲立法審査への特有の姿勢）が結果に重要な影響をもたらし得ることを論じるものであった。この章では，このような歴史的な判決が最高裁大法廷で下されるまでの，最高裁内部での力学や認識の変化を，「法の下の平等」を巡る訴訟への対応を中心に考察したい。

◆ Ⅰ ◆ 大法廷判決と最高裁内の意見対立

1　「法の下の平等」と違憲審査

　国籍法違憲判決の重要な特徴として，憲法 14 条の「法の下の平等」規定を用いた違憲審査について，権利の性質に応じて相当に厳格な審査を行う姿勢を示したことが挙げられる。従来，日本の憲法訴訟では，そもそも「法の下の平等」が積極活用されることは少なかったし，仮にこの規定に基づいた訴訟が提起されても立法に合理的な根拠があれば合憲という，基本的には緩やかな審査が行われてきた。

　学説では，少なくとも憲法 14 条 1 項後段に列挙されている「人種，信条，性別，社会的身分又は門地」による区別については，下記に記すようなアメリカの判例に倣って厳格な審査を行うべきとの主張がなされてきた（芦部

115

◆第3章 「法の下の平等」と最高裁

1997：125，高井 2013：62-63，辻村 2008：186-187）。しかし最高裁自体は，このように類型化して審査基準を定めることを避け，基本的には「合理性の基準」を採用してきた。これは，法による差別的な取り扱いが「事柄の性質に応じた合理的な根拠に基づいているか否か」を問うものであり，基本的に立法府に優位な審査基準である。

　結果を見ても，国籍法違憲判決の出された 2008 年時点では，14 条 1 項後段に列挙されている「性別」による区別（再婚禁止期間など）や「社会的身分」による区別（非嫡出子相続分差別など）について，14 条を根拠に法令違憲判決が下された事件はなかった。他方で列挙事由とは関連の薄い尊属殺重罰規定や衆議院の議員定数（一票の格差）を巡る訴訟では，14 条を根拠に違憲判断が出されている。

　差別の類型により審査基準を厳しくすることを避け，合理性の基準に依拠してきた最高裁の姿勢について，泉・元最高裁判事は，厳しい基準を判例にすると合憲・違憲を判断する裁判官の選択の幅が狭まってしまうからと説明し，これでは基本的人権を守るうえでの「本当の違憲審査ができていない」と述べている（泉 2017：203-204）。

　これに対しアメリカでは，差別の性質によって，裁判所が違憲審査の基準を引き上げることが行われてきた。「法の下の平等」に関して言えば，この文言を含む合衆国憲法修正 14 条が奴隷制を巡る南北対立の所産であったことから特に人種による差別の克服が主眼とされ，そのために連邦最高裁判所も，特に 20 世紀半ば頃からは人種による法的差別に対して厳格な審査（strict scrutiny）を行うようになった。厳格審査を行う場合，裁判所は立法目的については極めて重要な公益（compelling state interest）を満たすものであることを求め，手段に関しても，その目的の達成のために人種による区別がやむを得ないこと，またそれにより実際に目的が達成されることの証左を求める。翻せば，それほど重要な公益に関わらない場合，あるいは人種による区別をしなくとも同じ目的が達し得る場合，あるいは当該手段が目的の達成に資するのか疑わしい場合などには，人種による区別は違憲とされるのである。厳格な審査は，このように，立法府に対し高いハードルを課すもので

116

◆Ⅰ◆　大法廷判決と最高裁内の意見対立

ある。アメリカの憲法訴訟では，人種による区別のほか，事案が基本的権利に関わる場合も厳格審査の対象としている。また，1970年代以降，性別による区別に関しても次第に厳格審査に近い基準が用いられるようになっている。

2　多数意見：救済優位の姿勢

　国籍法違憲判決の多数意見は，まず前提として，国籍が，他の様々な権利とも密接に絡む重要な地位であることに鑑みて，その取得に際する区別に関して慎重な検討が必要であるという立場を取る。つまり，権利の重要性に応じて「法の下の平等」の観点からの司法審査をより厳しくするというものである。

　そのうえで多数意見は，当該国籍法の規定については「我が国社会との密接な結び付き」と国籍を関連付けるという点で，立法当時は合理性があったこと，また当時は諸外国でも同様の法制があったことから合理性があったとした。

　しかし，その後の社会通念や社会情勢の変化で，必ずしも父母の婚姻のみで子どもと「我が国社会との密接な結び付き」を断じることはできなくなったこと，また国際規約や条約，諸外国の法改正の動向も，非嫡出子に対する差別をなくす方向にあることを指摘する。そして，立法当時は合理的であったこの規定も，今日では「立法目的と手段の間に合理的関連性を見いだし難い」として，当該規定は違憲であるとしたのである。

　ただ，仮に現行規定が違憲だったとしても，その是正策にはいくつか方法が考えられ，国会が選択すべきものという考え方もあり得る。その中にあって多数意見は，当該条文の趣旨から，国籍の取得が原告にも認められるべきと解釈し，国会の判断を待たずして，原告が国籍を有するものであることを確認したのである。

　このように，多数意見は，違憲立法審査の基準を引き上げたこと（すなわち，重大な権利が関わる場合は合理性について厳しい審査を行う方向性を示した

117

◆ 第3章 「法の下の平等」と最高裁

こと），社会通念の変化等を取り入れた柔軟な憲法解釈に基づいて違憲判断を導いたこと，さらには違憲状態の是正策として裁判所による直接的な救済を行ったこと，いずれをとっても，司法の役割を強調する判決だった。

3 反対意見：「国家主権」の優位

これに対して，横尾・津田・古田判事による反対意見は，「国籍」「外国人」に絡んでしばしば持ち出されてきた「国家の主権」の概念を展開する。国籍の付与は国家共同体の「基本的な主権作用の一つ」であり，特定の国の国籍付与を権利として請求することはできないとの立場である。

反対意見はこの時点でそもそも（権利の存在を前提とした）違憲審査に否定的であるが，多数意見の論理への反論も展開する。まず，社会通念の変化等により立法が合理性を失った，との議論に関して，非嫡出子の数がそれほど増えたわけでもないし，国民一般の意識はそんなに変わってないとする。また，非嫡出子の割合などに関して，西欧を中心とした諸外国と日本との間には大きな状況の違いがあり，外国の例をもって日本の法令の違憲性は論じられないとする。

そして，「我が国社会との結び付き」を国籍の前提条件とすることには合理性があり，非嫡出子で父母がなお婚姻関係にない（非準正子）場合，「我が国との結び付きの有無，程度が様々であるから，これを個別，具体的に判断する帰化制度」により国籍の取得を認めることには「十分合理性が認められる」ものであり，このことは「立法政策の選択の範囲」にとどまり憲法14条1項に違反するものではないとした。

このように，反対意見はそもそも国籍法の当該規定は合理的であるとの立場に立つが，仮に違憲だったとしても，準正の場合を前提とした3条1項の規定を婚外子にも及ぼすことは「条文の用語や趣旨の解釈の域を超えて国籍を付与するものであることは明らかであり…実質的には立法措置であるといわざるを得ない」と批判する。そして，「本件について，裁判により国籍を認めることは，司法権の限界との関係で問題がある」と結論付ける。

◆ I ◆　大法廷判決と最高裁内の意見対立

　なお同じく反対意見の甲斐中・堀籠両判事による意見は，「非準正子に対し届出による国籍付与のみちを閉じているという区別」は今日合理性を失っており違憲であるという点については多数意見に同調しつつ，その救済策について「立法上複数の合理的な選択肢がある場合，そのどれを選択するかは，国会の権限と責任において決められるべき」ものであるとし，判決をもって国籍の取得を認める多数意見を「実質的に司法による立法に等しい」と批判する。

4　違憲判決の源流

　平成20年の国籍法違憲判決はこのように，マイノリティの権利擁護に積極的かつ司法の役割を強調して大胆な違憲判断を行った多数意見と，こうした権利に関して保守的かつ司法の役割について慎重な反対意見が，真正面からぶつかったものでもある。その意味で，権利論，統治論，両面で，日本の憲法訴訟の歴史を画すと評価し得る判決であった。

　また，この違憲判決は，同じような事案を巡る平成14年の小法廷判決を覆すものでもあった。平成14年の判決で少数意見として違憲説を述べた滝井繁男元最高裁判事は，「当時，五年あまりの間にこのことについて違憲判断が多数意見となるであろうとは予測してはいなかった」と回想している（滝井2009：57）。同判事はこのことを，同時期に政府の司法制度改革審議会が，司法の役割強化を目指して多方面に渡る抜本的な改革を提案していたこと，その中でこれまで行政や立法に対する司法のチェック機能が必ずしも十分でなかったと指摘されていることと合わせて回想している。この時期，より積極的な司法審査を後押しする機運が生じていたのである。

　平成20年の違憲判決で多数意見に加わった泉徳治元最高裁判事は，この判決が，平成14年の小法廷判決で滝井・梶谷両判事が「退官間際に残していった補足意見の影響が非常に強かった」とし，合わせて婚外子相続差別違憲訴訟についても「判決のたびに違憲の反対意見が付いて」いることを挙げ，「この二つが国籍訴訟の違憲判決に結び付いた」と回想している（泉2017：

◆ 第3章　「法の下の平等」と最高裁

201 - 202)。

　そこで，以下では国籍確認訴訟に絡む二つの流れが，最高裁内部でどのように発展してきたのか，その過程を明らかにし，考察を行いたい。一つは，非嫡出子差別に関する訴訟が最高裁から下級審に至るまで裁判所を二分する論争に発展し，次第に違憲判決の流れが形成されたこと。いま一つは，司法制度改革の一環として行政訴訟の門戸が拡大され，司法の行政に対するチェック機能を拡大する道が開かれたことである。後者は，在外邦人選挙権訴訟の最高裁大法廷判決に結実した。

◆ II ◆　非嫡出子差別訴訟と国籍確認訴訟

1　非嫡出子差別と平成7年大法廷決定

　最高裁の国籍法違憲判決を考えるときに，内容的に共通性があり，無視できないものに，非嫡出子（婚外子）差別に関する一連の訴訟がある。民法と国籍法と一見異なる法律を扱っているようでも，裁判官たちはそれぞれにおいて，同じような論点について，同じような論理展開で立場の違いを表明し，中には明確に両訴訟を関連付ける意見も見られた。また，裁判官という人同士の力学に注目した場合にも，一定のパターンが見られ，裁判官たちはこうした流れの中で物事を考えていたことが明らかになる。

　非嫡出子に関する一連の訴訟で，分岐点と言えるのは平成7年の最高裁大法廷決定である[1]。これは，民法900条4号において，非嫡出子の相続分が嫡出子の半分と規定されていることが法の下の平等に反するかどうかが争われた訴訟である。この規定が適切であるかは長年来の懸案で，政府内部，国会さらには国際機関においてもこの区別の是非が取りざたされてきた。

　平成7年の最高裁の決定は，結論としてはこの区別を合憲としたものの，決定の中身を見ると，4名が補足意見，5名が反対意見を述べ，裁判官の間

---

(1)　最大判平成7・7・5民集第49巻7号1789頁，平成3（ク）143

◆Ⅱ◆　非嫡出子差別訴訟と国籍確認訴訟

で激論が交わされたことを伺わせる分裂含みの決定だった。さらには，この判決は問題を中長期的に解決するどころか，むしろ反対論の影響力を強め，程なくして下級審で裁判官を繰り返し二分する問題に発展した。そこへ国籍法における非嫡出子差別の事案が持ち出されたという流れである。

　さて，分裂の実相であるが，平成７年の大法廷決定の段階で，既に双方の主要な議論は出揃っていたと言ってよい。この規定を合憲とする側によれば，相続制度は，婚姻や家族に関する諸制度と合わせ総合的に考える必要のあるもので，基本的には立法府の裁量が重視されるべきものである。従って，「立法理由に合理的な根拠があり，かつ，その区別が右立法理由との関連で著しく不合理なもの」でない限りは，合憲と見なされるべきである。

　この合理性の基準に照らして検討すれば，日本は法律による婚姻を原則とし，それを各分野の法律において前提としており，民法の相続に関する規定も，同様である。法律婚の両親から生まれた子どもを，結婚していない両親から生まれた子どもと区別することは，法律婚重視の帰結であり，このことには一定の合理性がある。また，法律婚重視の立場に立てば非嫡出子の相続分はゼロとすべき意見もありうる中で，非嫡出子にも半分の相続を認める規定は，非嫡出子の利益にも配慮したものである。

　これに対して，反対意見は，「個人の尊厳」という原則から説き起こす。反対意見の着目するところは，非嫡出子に対する差別は，個人の尊重という近代法の原則に根本的に抵触するという考え方である。憲法は個人を権利享有の主体とし，14条では明示的に身分や門地，性別等による差別を禁止している。ところが，非嫡出子を嫡出子と区別して扱うことは，親同士が結婚していないという，生まれてきた子ども自身には選びようのない属性によって，その人生を通じ処遇に差を設けていくものである。これは，家族制度の維持の観点から個人の権利を蔑ろにするもので，憲法の基本理念と相容れないものである。このような重大な権利侵害が疑われる事案では，「立法目的自体の合理性及びその手段との実質的関連性についてより強い合理性の存否が検討され」なければならないというのが反対意見の設定する審査基準である。

121

◆ 第3章 「法の下の平等」と最高裁

　このような厳格な基準に照らして検討すれば，たとえ目的は妥当であって
も，その手段として子に対する差別を選ぶことは合理的といえる範囲を越え
る。今回のような法律による区別は「非嫡出子は嫡出子に比べて劣るものと
する観念が社会的に受容される余地をつくる重要な一要因」となっていて，
手段として合理的とは言えない。

2　平成7年大法廷決定以来の裁判所内の分裂と国籍確認訴訟

　平成7年の最高裁決定は，非嫡出子差別の合憲性を決定づけるどころが，
むしろこの問題を巡る議論を活性化させ，後続の訴訟では常に裁判官の間に
分裂が見られ，最高裁決定の反対意見に同調する意見も影響力を増した。

　平成12年に最高裁の第一小法廷が下した判決は，結論こそ，4対1で，
平成7年の大法廷決定を維持するものであったが，判決文を読むと，より多
くの裁判官が非嫡出子の相続差別に疑念を抱いていることが色濃く出てい
る[2]。すなわち，多数意見に与した藤井正雄判事も，補足意見を付して，
「近年における社会情勢の変動，家庭環境，婚姻動向，結婚観等の変化はめ
ざましく，これに伴って本件規定の合理性に疑いを向ける意見が徐々に顕著
となってきた。(中略) このような法律制定後の事情の変化が，法律の憲法
適否の判断に影響を及ぼすことがあり得ることは，否定しえないところであ
る」と，合憲性に疑問を示す意見を展開している。但し，「合憲から違憲へ
と飛躍的な移行を裏付ける劇的な社会変動をどこに捕らえるかは，甚だ困難
である」として，「国会の立法作用により，制度全般の中で関係規定との整
合性に留意しつつ」法改正を行うべきとの理由から，最終的には違憲判断を
回避している。

　このように，非嫡出子の相続規定を合憲とする意見の中にも，規定の合理
性に疑念を抱きつつ司法審査の限界という観点から違憲判決を避ける意見が
あり，このいわば「中間派」がいよいよ違憲判断に傾くかどうかでバランス

---

(2)　最一小判平成12・1・27集民第196号251頁，平成11(オ)1453

◆Ⅱ◆　非嫡出子差別訴訟と国籍確認訴訟

が変わる状況が生じていたのである。

　このバランスはその後さらにきわどいものとなり，平成15年には最高裁
第一小法廷と第二小法廷，また翌平成16年には，最高裁第一小法廷と，わ
ずか2年間に3回，同様の事案の判決を下し，そのいずれも3対2の僅差で
相続規定の合憲性をかろうじて維持する分裂状況に陥った。

　国籍法における非嫡出子に対する差別の問題は，民法における非嫡出子差
別の問題が裁判所を二分していたこの時期に，同時に争われていたのである。
片方は純粋に国内法上の問題，片方は国家の主権や対外関係にも関わる問題，
と区別し，その性質上の違いから両者を分ける議論もできるかもしれない。
しかし，一連の判決における裁判官の言動からは，むしろ「非嫡出子を差別
することが妥当かどうか」という共通の論点を軸に，次第に非嫡出子の権利
擁護へとすう勢が変わってきたように思われる。民法における非嫡出子差別
と国籍法における非嫡出子差別を同列に論じる意見こそあれ，これらを峻別
する議論はほとんど見られなかった。

　たとえば，平成15年の最高裁第二小法廷判決[3]は，民法の非嫡出子相続
分規定を合憲としたものであるが，3対2で意見が割れ，梶谷玄，滝井繁男
判事による反対意見は平成14年の国籍法判決と関連付けた論理展開をして
いる。すなわち「親が婚姻という外形を採ったかどうかというその子自らの
力によっては決することのできない事情によって」子の扱いを異なったもの
とすることに「合理性を見いたすことは一段と困難となっている」として，
上記国籍法判決の際に両名が付した補足意見の参照を呼びかけている。

　また，平成20年の国籍法違憲判決を振り返って，泉徳治判事は，民法の
相続差別を巡る訴訟で非嫡出子差別を違憲とする（従来の大勢からすれば）
少数意見を述べてきたことを踏まえ，「民法の婚外子の問題で声（少数意見）
を（泉たちが）出していることが，（最高裁判官）みんなの耳に残っていた。
子どもに何の責任もない，と。それが国籍法の違憲判決につながった。民法
も判例変更の途中まではきている」と回想しており，この両事件を「子ども

---

(3)　最二小判平成15・3・28集民第209号347頁，平成14(オ)1630

123

◆ 第3章 「法の下の平等」と最高裁

の権利と法の下の平等」の観点から見た場合の同質性が判事たちに共有されていたことを伺わせている（山口・宮地 2011：190）。

3 司法審査の限界論への働きかけ

　同じく平成15年の最高裁第一小法廷判決も，3対2に割れたが，その反対意見は，特に合憲論者のうちで違憲性に疑義を抱きつつも，司法審査の限界論から違憲判決を回避している判事に向けられていると読める[4]。すなわち，深澤武久判事の反対意見は，「最高裁判所の違憲判決が社会的に大きな影響を及ぼすことは，その性質上，避け難いところであって，違憲判決の結果，新たな対応をする必要が生じた場合には，関係機関が速やかに適切な措置を採るべきことは，憲法が最高裁判所に違憲立法審査権を付与した当然の帰結というべきものであり，そのことをもって違憲立法審査権の行使が制約されると考えるのは相当でない」と主張し，泉徳治判事の反対意見も，「本件が提起するような問題は，立法作用によって解決されることが望ましいことはいうまでもない。しかし，多数決原理の民主制の過程において，本件のような少数グループは代表を得ることが困難な立場にあり，司法による救済が求められていると考える」と主張した。

　特に泉判事の意見は，アメリカにおいて積極的な司法審査が行われる場合について，裁判所自身が示した見解を想起させる。すなわち，アメリカの司法審査論の一つの転換点となるニューディール期の社会経済立法の合憲性を巡る判決で，連邦最高裁判所は，この種の立法について今後は立法府の合理的裁量に委ねるとして，司法審査の積極行使を回避する姿勢転換を行った。その一方で，引き続き，積極的な司法審査を行う場合について，脚注において例示し，政治過程において代表が担保されていない者の権利擁護を挙げている[5]。その後，1940年代，50年代，60年代にかけて拡大する，同裁判所によるマイノリティの立場からする権利擁護の積極判決は，この役割観に基

---

(4)　最一小判平成15・3・31集民第209号397頁，平成14(オ)1963

(5)　United States v. Carolene Products Company, 304 U.S. 144 (1938).

124

◆ II ◆　非嫡出子差別訴訟と国籍確認訴訟

づいているといってよい。学界においてもまた，盛んに司法審査と民主政の
関連が論じられ（anti-majoritarian difficulty），司法審査の一つの役割として，
民主制の補完を挙げる理解（Ely 1980）が浸透していると言える。

　両判事は，同判決で相続規定の合憲性に強い疑義を示しつつも，立法府へ
のぎりぎりの配慮で合憲判断を維持した中間派の島田仁郎判事（この後に最
高裁長官に就任し，国籍法違憲判決の裁判長）に向けられていたといえる。島
田判事は，同判決が相続分規定の合憲性を維持することになった分け目の3
票目を投じたのであるが，補足意見を読むと，ほとんど違憲判断に等しいも
のである。同判事は，「非嫡出子であるということは，親の一方的な都合に
よって決まることであって，子自らの意思や努力によって変えることができ
ないことであるから，憲法14条1項に定める法の下の平等の精神に照らす
と，そのことによって嫡出子に比べて不利益を受けることは必要最小限にと
どめるべきである」として，より積極的な司法審査を行う姿勢を示す。その
うえで，相続規定を合憲とした平成7年の大法廷判決に疑義を唱え，「少子
高齢化に伴う家族形態の変化，シングルライフの増加，事実婚・非婚の増加
傾向とそれに伴う国民意識の変化」に鑑みて，「立法した当時に存した本件
規定による区別を正当化する理由となった社会事情や国民感情などは，現時
点でもはや失われたのではないかとすら思われる状況に至っている」とし，
相続規定は「極めて違憲の疑いが濃いものであると考える」と断じた。

　このように実質的には違憲判断に傾きながら，島田判事は「直ちに違憲無
効の判決をすると，大きな混乱を招いて法的安定性が著しく損なわれること
は避け難い」ことから「今直ちに違憲無効の判決を出すことについては，や
はり躊躇せざるを得ない」と，ぎりぎりの心境を吐露し，「相続分を同等に
する方向での法改正が立法府により可及的速やかになされることを強く期待
するものである」と国会に対して強く是正を要求したうえで違憲判断を避け
た。しかし，これは国会への最終通告であり，なおも国会が是正に動かなけ
れば違憲判断へと進むことを予期させる意見であった。

　島田判事は，翌年にも民法の非嫡出子相続規定事案に遭遇する。平成16
年の最高裁第一小法廷判決である。この判決も3-2で合憲判断こそ維持し

125

◆ 第3章 「法の下の平等」と最高裁

たが，ここでも島田判事が3票目を投じたうえで補足意見を付している[6]。
そして，合憲性に強い疑義を示した前年の判決の補足意見を参照するよう述
べている。この平成16年判決も，反対意見の裁判官たちは意識的に島田判
事に働き掛けている。まず，前年の判決でも島田判事と同席した泉徳治判事
が，あらためてその際の反対意見を参照するように述べ，もう一人，反対意
見を付した才口千春判事は，「立法当時に存した本件規定による相続差別を
正当化する理由となった社会事情や国民感情などは，大きく変動しており，
現時点では，もはや失われたのではないかとすら思われる状況に至っている
ことは，前掲第一小法廷判決中の島田仁郎裁判官の補足意見及び深澤武久裁
判官の反対意見で述べられているとおりである」とした。そして，なおも立
法府への配慮から違憲判断を踏みとどまった島田判事に呼びかけるように，
非嫡出子が被る権利侵害について，「できる限り早い時期に法律の改正に
よって救済すべきであるが，それを待つまでもなく，司法においても救済す
る必要がある」と述べたのである。

　このように，裁判所内部で非嫡出子の相続差別を違憲とする意見が広まり
つつある中，国会では一向に当該規定を改正する動きが見られなかった。既
に平成8年には法制審議会が民法の改正要綱を法務大臣に答申し，その中で
相続を同等とする方向性が盛り込まれていた。このときの法制審での検討は，
相続差別を違憲とする平成5年の東京高裁の決定や国連自由権規約委員会の
勧告がきっかけとなっている。しかし，答申に沿った法案の国会提出は見送
られ，その後，国会が相続差別の撤回に動くことはなかった[7]。

　違憲審査を裁判所と国会や行政機関の「対話」のプロセスとして捉え，裁
判所は補足意見や反対意見をも通じて憲法に沿った法改正を促してきている
という見方がある。特に国会議員の定数配分を巡る訴訟ではそのような対話
が行われているとする一方，非嫡出子の相続差別の問題は国会が「なんら対
応をとらなかった」，対話の実現していない事例として挙げられる。それは，

---

(6)　最一小判平成16・10・14集民第215号253頁，平成16(オ)992

(7)　この間の経緯は参議院調査室『立法と調査』306号（2010年7月）61-78頁に詳
　　しい。

126

国会が，相続差別を合憲とした平成 7 年の最高裁決定の多数意見だけを見て，補足意見や反対意見に現れている合憲性への疑義，またそれが力を増しているという流れを見ていないことにも起因していると言える（佐々木 2013: 175-184）。

　こうした中で，平成 18 年 10 月，島田判事が第 16 代最高裁長官に就任し，国籍法における非嫡出子差別について，違憲判決を主導することになる（平成 20 年 11 月の退官目前に最高裁判決[8]）。国籍法違憲判決は，相次ぐ非嫡出子事案で実質的に違憲判断に傾きつつも，立法府の改正作業への期待から違憲判決を回避していた島田判事などの中間派が，法改正が進まないことにしびれを切らして，違憲判断に踏み切った結果という読み方もできるのである。その間に，裁判官たちの間で，どういう場合に違憲立法審査権を積極的に行使すべきかについて，議論の進展があったことが，歴史的判決の契機となったのではないか。

4　裁判官の動態：小法廷から大法廷へ

　最後に，非嫡出子への相続差別への姿勢を裁判官同士の関係という観点から分析してみる。最高裁長官として国籍法違憲判決を出すことになる島田判事は，先述したように，長年に渡り非嫡出子差別の合憲性に強い疑いを抱きながらも，国会による是正に期待して違憲判断を踏みとどまってきた。その間，もはや違憲判決を下すべきとの立場の裁判官から，少なくとも判決文中のやり取りにおいて，積極的な働きかけを受けてきた。この一連の訴訟を，島田裁判官の立場から，裁判所内部の裁判官の関係の世界としてみた場合，どういう像が現れるか。

　非嫡出子の相続を巡る裁判，国籍法における非嫡出子差別の裁判では，島田判事の所属した小法廷を中心とした裁判官の関係に，一つのパターンが見

---

(8)　同氏は退任の際の記者会見（2008 年 11 月 17 日）で，印象に残った事件として国籍法違憲判決を挙げ，「最高裁に与えられた違憲立法審査権の重みを，身をもって実感した」と述べた（同日の「朝日新聞デジタル」報道）。

◆ 第3章 「法の下の平等」と最高裁

表1：島田長官の小法廷に属した裁判官の判決行動（非嫡出子差別関連訴訟）

事件名	法廷	判決	島田仁郎	泉徳治	才口千晴	横尾和子	甲斐中辰夫	深澤武久
平成 19（行ツ）164 国籍確認請求事件	大法廷	違憲	◎多数	○補足	◎多数	×反対	×反対	－
平成 16（オ）992 非嫡出子相続分を巡る訴訟	小法廷	合憲	○補足	×反対	×反対	◎多数	◎多数	－
平成 14（オ）1963 同上	小法廷	合憲	○補足	×反対	－	◎多数	◎多数	×反対

◎は多数意見，○は補足意見，×は反対意見．網掛けが「違憲」とする意見．－は任期外．

られる。すなわち，島田判事は，小法廷レベルで，常に「合憲派2人」「違憲派2人」に挟まれ，小法廷の裁判長として，その両者の間で中間に立つかじ取りをしてきたのである。そして，国籍法違憲判決で多数派が違憲の立場に傾いたときに，逆にもっとも強く合憲論を主張したのは，島田長官の小法廷に属していた「合憲派」の2人であった。表1は，国籍法違憲大法廷判決に関わった裁判官のうち，直近の非嫡出子相続分に関する事件で島田長官の小法廷に属した裁判官たちの判決行動を抽出したものである。

　小法廷での人間関係が国籍確認訴訟での大法廷判決に影響を与えたことの傍証が，朝日新聞の調査報道に見られる。そもそも，この事件は，大法廷に回されるまでは，第一小法廷の才口千春判事が主任だった。大法廷回付後の同事件の審議では，議事進行の筋書きは島田長官・才口判事・担当調査官が打ち合わせて決めていたという。島田長官・才口判事とも，非嫡出子絡みの区別を違憲ではないかと考える立場であった。2008年1月の大法廷の評議前には，調査官から法務省に，違憲判決が出た場合の影響（何人くらいの子どもが国籍を取得できることになるのか）の照会がなされ，その資料は違憲判決を急いでいるのではないかと見る合憲派の反発で提出が一旦見送られたものの，既に違憲判決の流れはできていたという。4月の口頭弁論よりも前の早い段階で違憲判決の方向性が作られていたことになる（山口・宮地 2011：

177 – 182)。

このように，非嫡出子への相続差別を巡る訴訟の中で，非嫡出子への差別全般に関する裁判官の問題意識が形成され，それがこうした差別の一形態である国籍法における差別についての違憲判決につながっていった流れを見ることができよう。

なお泉徳治氏は，一貫して非嫡出子差別について違憲の立場を採ってきたが，国籍法違憲判決について「影響する範囲が限定的」だったため「最高裁も違憲判決を出しやすかった」，さらには「これが露払いの役割を果たし，影響する範囲が広く，意見が鋭く対立する婚外子相続分差別規定について違憲判決を出しやすい雰囲気ができた」と回想している（泉 2017:167-168）。このことからも，裁判官たちは非嫡出子と「法の下の平等」を巡る時代の流れを見据えて行動していたことがわかる。

◆Ⅲ◆ 選挙と「法の下の平等」を巡る訴訟との関連

1 政治過程の「歪み」と違憲審査

司法と政治の関係が前面に出る種の訴訟として，選挙制度や選挙権を巡るものがある。特に日本では，国政選挙における定数配分が選挙区の人口と比例すべきことを前提とした「一票の格差」を巡る訴訟が繰り返し提起されてきた。最高裁判所も 1972 年の衆議院議員選挙における「格差」が最大 4.99 倍に及んだことを違憲としたことを皮切りに，今日に至るまで度々違憲性を指摘する判決（但し「違憲」と断じず「違憲状態」として国会の対応を促す例が多い）を下し，裁判所・国会の対応のあり方ともに論議を呼んできた。また，最高裁の違憲判決の一つとして，国籍法違憲判決と並んで近年話題を呼んだものに，在外邦人の選挙権を巡る訴訟がある。

この分野に関する司法審査の役割として，選挙制度や選挙権は民主政の根幹となるものであり，それらに歪みがあればこれを是正することは司法の本来の役割であるという積極的な考え方もできれば，政治権力の所在を変える

◆ 第3章 「法の下の平等」と最高裁

ほどの高度に政治的な判断を要するもので，司法の役割を越えるという消極的な考え方もできる。このうち前者の考え方は，20世紀半ばからのアメリカの最高裁の立場である。すなわち，通常の立法においては一応民主政が機能していることを前提に裁判所の役割は控えめであるべきにしても，立法過程自体が歪んでいればもはや立法府の判断の正統性（legitimacy）を担保できないのだから，その過程の歪みに対して裁判所は積極的に介入して是正するべきであるというものである。

　また，この延長線上に，人種的マイノリティなど，マイノリティ集団[9]に対する差別的な立法に関して厳格な司法審査を正当化する考えがある。すなわち，マイノリティ集団は，多数派の差別や偏見ゆえに，政治過程においてその立場が十分に代弁されず，こうした場合（代表制に欠陥がある場合）の立法はマイノリティ集団に不当な結果になりがちであるから，裁判所が介入して権利保障を強化するべきとの考え方である。このようにアメリカで「法の下の平等」に基づく司法審査を厳格に行うべきかどうかを判断する際は，当事者が政治過程に適切に参加できているかが一つの判断材料となっているのである。

　従って，選挙制度や選挙権など，政治過程の公正が適正に保たれているかどうかを争う訴訟における裁判所・裁判官の姿勢と，マイノリティに対する立法が不平等であるかどうかを巡る訴訟における姿勢には，少なくともアメリカの憲法訴訟の文脈では一定の親和性がある。

　この点について，日本の最高裁とその判事たちはどうだろうか。司法審査の姿勢に整合性は見られるか，以下考察したい。

---

(9)　ここにいうマイノリティとは単に数を指すのではなく，その政治的・社会的・経済的地位などにおいて他の集団に劣り，権力や影響力，周囲からの眼差しにおいて不利な立場に置かれる集団を指す（従って日本語で「少数派」と訳すのは不十分である）。

◆Ⅲ◆　選挙と「法の下の平等」を巡る訴訟との関連

2　在外邦人選挙権訴訟と裁判官の志向

　在外邦人の選挙権について，最高裁は平成 17 年に，選挙権を認めないことは憲法 15 条や 43 条，44 条に反して違憲であると判示した[10]。そして，次回の選挙では原告らが選挙人として投票することができる地位にあると確認する，積極的な判決を出した[11]。

　これは，3 年後の国籍法違憲判決で，原告らに日本国籍を認めないことは違憲であるとし，かつ，国会のさらなる検討を待たずして，原告らに日本国籍の取得資格があることを確認したことに重なる。<u>違憲性，また違憲の場合の救済策，いずれについても裁判所が積極的に判断する姿勢を採っているの</u>である。大沢秀介氏もこの判決について「最近の最高裁判決の積極性を示す特徴と考えられる立法事実及び救済の重視，法創造的な志向という特色が示されている」とし（大沢 2012：425），さらに，国籍法違憲判決が時間を経過して立法事実が変化したことに立脚していることに対し，在外邦人選挙権訴訟では直近の公職選挙法の改正とその際の内閣法制局の審査にも関わらず違憲とした点で，立法府への「介入の程度は大きい」と評している（同 430）。

　日本国籍を持つ者が外国に居住していても投票できるのか，国内における「一票の価値」の格差をどのように考えるか，一般に有権者となる資格の前提である日本国籍を持つ者は誰か，といったことは，いずれも政治権力の所在に関わる政治的な色彩を持つ訴訟であり，司法と政治部門の関係が問われるものである。

　こうしたことから，以下，これらの訴訟を合わせて裁判所・裁判官の動きを考察してみたい。

---

(10)　このうち憲法 44 条ただし書は，国政選挙の選挙権の資格について「人種，信条，性別，社会的身分，門地，教育，財産又は収入によつて差別してはならない」と規定し，平等権の考え方を延長したものである。これはアメリカ合衆国憲法が修正 14 条で「法の下の平等」に関する一般規定を置き，次いで修正 15 条で（平等権が政治的権利にも及ぶことを確認するため）「人種，肌の色あるいは以前の隷属状態」によって投票権を制限してはならない，と規定したことを彷彿とさせる。

(11)　最大判平成 17・9・14 民集第 59 巻 7 号 2087 頁，平成 13(行ツ)82

◆第3章　「法の下の平等」と最高裁

（1）菅野判事と在外邦人選挙権訴訟

　在外邦人選挙権訴訟では，国籍法違憲判決の中心人物の一人であった菅野
博之判事（本書第2章参照）が，東京高裁の担当判事の一人として関わって
いる。しかし，国籍確認訴訟など菅野判事が積極的に原告救済の道を開いた
判決と異なり，東京高裁判決は国家賠償法上の違法性を否定したうえで，そ
の他の訴訟事由についても「法律上の争訟」に当たらず訴え自体が不適法と
する「門前払い」をしている(12)。ところが，最高裁はこれを覆し，訴えの
適法性を認めたうえで，選挙権の制限を違憲と判断し，国家賠償請求も認め
たのである。

　行政法の分野では，裁判所が実質審査に入る以前の，訴訟類型ごとの様々
な要件が複雑かつ狭く限定されてきた。この分野の判例では，「そもそも訴
訟が認められるかどうか」が大きな争点であって，訴訟が認められた上に原
告が救済される事例は極めて少なかったのである。結果としてそれは司法の
機能を抑制し，国民の人権保護が不十分となる結果をもたらしてきた側面も
ある。

　菅野判事は陪席裁判官として東京高裁の判決に加わっているが，高裁の判
決は，国家賠償法に基づく訴えについては，選挙制度のあり方について立法
府の裁量を広範に認める立場から，原告らに投票権を与えていない国会の不
作為を違法と言えるものではないとし，行政訴訟法に基づく原告らの現在あ
るいは将来の選挙人としての地位の確認の訴えについては，具体的な争いに
基づかない抽象的な権利の宣言を求めるもので，「法律上の争訟」に該当せ
ず不適法と退けている。

　こうした中で，陪席の菅野判事の意見が反映されたのではないかと思わせ
るのが，国家賠償法上の違法性を否定する下りで，在外日本人が「国内に住
所を有せず住民登録をしていないことは，自己の選択の結果であって，日時
の経過により変わり得るものであり，（中略）生来の人種，性別，門地や，
信条，身分，財産等により不合理な差別がされることとは，大きく性質の異

---

(12)　東京高判平成12・11・8，平成11(行コ)253

132

なるものであることをも考え合わせると，」と付言していることである。これは，同じく訴えを退けた地裁判決の判決[13]では言及されていないことであり，高裁判決で新たに加わった文言である。

　ここから，高裁判事の中には，特に「生来の人種，性別等により不合理な差別」がなされる場合には，裁判所としても国会の不作為に対しより厳しい姿勢を取るべきである，との考えがあったことがわかる。これは，アメリカにおける「法の下の平等」に関する審査で，人種など「生来の理由」（immutable characteristics）による区別にはより厳しい姿勢が採られてきたことに通じる考え方であり，本人にはどうすることもできない理由により非嫡出子として生まれた子どもに不利益を科すことについて，厳しい司法審査を行うことになるその後の菅野判事や最高裁の姿勢にも通じる。

　このことから次のような推測が浮かぶ。すなわち，本件に関しては，合議体内部の力学により，菅野判事も結果的に立法府の裁量や，伝統的な行政訴訟の間口の狭さを維持する判決に同調したが，非嫡出子差別などこの時期既に争点化していた「生来の理由による差別」に関してはそのような消極姿勢にとどまらないことを示したかったのではないかということ。

　また，こうした立場の裁判官からすれば，最高裁が東京高裁の保守的な姿勢を覆して，国家賠償請求についても行政訴訟の訴訟要件についても，原告の救済に道を開く判断を示したことで，その姿勢の変化が感じられたのではないか。

　そしてこうした動きが，東京高裁から東京地裁に転じて，東京高裁とは異なる積極判決を相次いで出す菅野判事のような裁判官の原動力になったのではないか。これらは，事件・時間を横断して裁判所や裁判官の間の動きを分析することによって見えてくることである。

（2）変化する司法審査への姿勢

それでは，最高裁内部の力学はどうだろうか。在外邦人の選挙権を制限す

---

(13)　東京地判平成 11・10・28，平成 8（行ウ）266

◆ 第3章 「法の下の平等」と最高裁

ることについて，裁判官13人が違憲とする多数意見を構成し，合憲とする
反対意見は2名（これに加えて一部に反対が1名）であった。この時点で，選
挙権の所在が問われる重要な事件で積極的な司法審査を行う姿勢を採る判事
が圧倒的多数を占めていたことがわかる。

　この判決は，国会の裁量を安易に認めることなく，背景事情や社会情勢の
変化などを考慮に入れて柔軟な憲法判断を行う姿勢を採っている。すなわち，
在外邦人の投票を一切認めていなかった改正前の公職選挙法については，そ
もそも昭和59年という早い段階で内閣が在外選挙制度を創設する法律案を
国会に提出していたことを指摘し，「公正な選挙の実施や候補者に関する情
報の適正な伝達等に関して解決されるべき問題があったとしても（中略）国
会が，10年以上の長きにわたって在外選挙制度を何ら創設しないまま放置」
したことについて「やむを得ない事由があったとは到底いうことができな
い」と断じた。また，改正後の公職選挙法でも投票が比例代表部分に限られ，
選挙区選挙に投票できない状態であることについても，「通信手段が地球規
模で目覚ましい発達を遂げていることなどによれば，在外国民に候補者個人
に関する情報を適正に伝達することが著しく困難であるとはいえなくなっ
た」として，やはり違憲としたのである。

　このように，選挙権の重要性を初めに置き，そのはく奪には一見合理的な
理由では足らず，真にやむを得ない事情が必要であること，また，そうした
理由があるかを司法が積極的に審査する，という姿勢を多数意見は示したの
である。

　これに対し，横尾和子判事と上田豊三判事が反対意見，泉徳治判事が一部
反対意見を述べた[14]。横尾判事は，選挙の公正さや公平さの確保の観点か
らどのような制度を用意するかは国会の裁量判断にゆだねられているとした
うえで，今回の件も「社会的，技術的な制約の伴う中でそれなりの合理性を
持ち，国会に与えられた裁量判断を濫用ないし逸脱するものではなく」改正
前，改正後の公職選挙法ともに違憲ではないとした。このように，一応司法

---

(14)　泉判事は，一人五千円の国家賠償を認めた部分について，選挙権の剥奪は金銭
　　による補償になじまないとして反対意見を述べた。

134

◆Ⅲ◆　選挙と「法の下の平等」を巡る訴訟との関連

審査を行いつつ（門前払いではない），実体判断において国会に広範な裁量を認め，「合理性」という比較的緩い基準で違憲性の有無を判断する点において，横尾判事はこの判決でも国籍法違憲判決でも一貫した姿勢を示している。

以上，在外邦人選挙権の最高裁判決から言えることは，最高裁が意識的に，積極的な司法審査を打ち出したということである。行政訴訟に関して裁判所の間口の狭さが長く指摘されてきた中で，在外邦人選挙権訴訟でも東京地裁・高裁は「門前払い」の姿勢を採った。ところが最高裁は，高裁を覆して訴訟の門戸を広げた。しかも，最高裁内部でも横尾判事らの反対意見がある中で，多数意見はそれを抑えて違憲判決を下したのである。

3　一票の格差訴訟

（1）参議院の定数配分を巡って

最高裁判所が比較的積極的な憲法解釈を繰り返している分野として，国会議員の選挙における議員定数配分を巡るいわゆる「一票の格差」の合憲性を問う訴訟がある。これは，選挙区によって議席一つあたりの人口数，翻せば有権者一人当たりの票の重みが異なり，結果的に人口の少ない選挙区の人間は国会議員の選出の際に一人2票ないしそれ以上を投じているのと同じだけの政治力を持ってしまうことを問題視する訴訟である。

国籍法違憲判決に近接して，衆議院・参議院それぞれの議員定数配分の合憲性に関する大法廷判決がある。そこから浮かび上がるのは，判事たちが概して，違憲立法審査権の行使に積極的な姿勢を見せていることである。

その一つの分岐点となったのが平成16年の参議院の定数配分を巡る大法廷判決である。この判決は結果的に国会の裁量を認め，定数配分を合憲としたが，判事たちの意見は状況が改善されなければ違憲判決もあり得ることを強く示唆するものであった。

また，平成18年にも，参議院の定数配分を巡る判決があった[15]。この判

---

(15)　最大判平成18・10・4民集第60巻8号2696頁，平成17(行ツ)247

◆ 第3章 「法の下の平等」と最高裁

決も，結果的に定数配分を合憲としたが，判事のうち5名が反対意見を付し，多数意見に同調する5名も現状に違憲の疑いがあり，是正されなければ違憲判断もあり得ることを示唆するなど，読み方によってはむしろ事実上の違憲判決とも言えるものであった。

　同判決で，判事たちは様々な方向から，現状に対し疑問を呈している。たとえば弁護士出身の滝井判事は，憲法制定直後の段階では参議院の選挙で定数配分が必ずしも人口比例にならない制度を設けるだけの事情があったとしても，今日その合理性が損なわれていることを詳細に指摘した。かつては地方代表的な意味合いの都道府県選出議員と党派を超えた国民的あるいは職能的意味合いの全国選出議員があったものの，今日は選挙区選挙で都道府県を単位として捉える意義も薄れ，比例代表選挙では党派性が増し，選挙区と比例代表制が並立する制度そのものの合理性に疑いがある。そうである以上，こうした制度を維持するために一票の格差を蔑ろにするだけの理由がないことになる。

　藤田判事，甲斐中判事は，いずれも結果的に多数意見に同調したが，それぞれ，平成16年の大法廷判決以来，国会の側に是正する時間的余裕がなかったからやむを得ず違憲判決を避けたというニュアンスの補足意見を付した。そして，参議院の選挙制度について格差を一定以内に収めるための定数の微調整ではなくて，投票価値の平等をより徹底して追求する観点での抜本的な見直しを求める考えを表している。

　泉判事は，より踏み込んで，本件における司法の役割を強調している。選挙制度は民主主義を支える基本的な権利であるから，投票価値の平等を損なうような制度については，裁判所による厳格な審査が必要との立場である。従って，一応の合理性があれば足りるとするような広範な裁量はこの場合国会に認めるべきでないとして，多数意見を批判している。

（2）衆議院の定数配分を巡って

　こうした最高裁の姿勢は，平成19年の衆議院の議員定数を巡る大法廷判決[16]にも表れている。この判決も，結果的には，衆議院の格差が2倍をわ

◆Ⅲ◆　選挙と「法の下の平等」を巡る訴訟との関連

ずかに超えた程度ということで12名の判事の多数意見で合憲としたが，3
名の反対意見の他にも7名が現状に批判的な補足意見や見解を付していて，
全体としては国会に対しさらなる是正を求める内容になっている。

　たとえば，藤田・今井・中川・田原の4判事は，結果は多数意見に同調し
たものの，連名で「見解」を添え，衆議院の格差の一因となっている都道府
県への議席配分の際の「一人別枠方式」に強い疑義を呈した。すなわち，衆
議院は，参議院以上に投票価値の平等が求められる，との前提に立ち，「投
票価値の平等をあえて損なうような裁量は原則として認められない」とした。
そして，それにもっとも忠実な定数配分は人口比例によるものであり，「非
人工的要素を考慮することが許されるのは，それが投票価値の平等を損なう
ことを正当化するに足りる合理性を有する場合に限る」とした。そのうえで，
一人別枠方式について，目的・手段ともに合理性に乏しいと指摘した。

　また，泉判事は，ここでも司法の役割について踏み込んだ議論を展開する。
まず，憲法は，政治的意思形成について国民を絶対的に平等に取り扱うこと
を要求しているとし，諸事情を勘案しての相対的な平等という考え方を排し
た。従って，投票価値はあくまでも1対1であることが望ましく，そこから
乖離することについてはその目的・手段について厳格な審査が必要とする。
同判事は，政治過程と司法過程の関係という観点からも裁判所の積極関与を
説く。すなわち「議会制民主主義の過程自体にゆがみがある場合，ゆがみを
抱えたままのシステムによって是正が図られることを期待するのは困難であ
るから，そのゆがみを取り除き，正常な民主政の過程を回復するのは，司法
の役割」というものである。いまの仕組みで選ばれた議員に，自らが不利に
なりかねない改革を期待するのは無理があるというわけである。

　同判事はさらに，在外邦人選挙権訴訟とこの問題を関連付けて論じる。同
訴訟で，大法廷の多数意見は，国民の選挙権の制限には「そのような制限を
することなしには選挙の公正を確保しつつ選挙権の行使をみとめることが事
実上不能ないし著しく困難である」というほどのやむを得ない事由が必要，

（16）　最大判平成19・6・13民集第61巻4号1617頁，平成18(行ツ)176

◆ 第3章　「法の下の平等」と最高裁

としている。泉判事はこれを敷衍して「特定の選挙区の投票価値を他の選挙区より低くすること，選挙運動に差別を設けて選挙権の適切な行使を妨げることは，一種の選挙権の制限である」として，上記のようなやむを得ない事情の認められない衆議院の選挙制度は「憲法に違反することが明らかである」と断じた。

　投票価値を低くすることが一種の選挙権の制限である，との考え方はアメリカの連邦議会下院選挙における選挙区画定を巡る議論でも見られるものである。それは歴史的に，黒人の公民権否定と深い関わり合いを持つ。すなわち，奴隷制廃止以後も，黒人の政治参加を極力抑え込む動きが南部各州を中心に盛んになり，様々な形で黒人の選挙権行使を否定する立法がなされた。その一つとして，たとえば有権者登録の際に不利な要件を課すなどの方法が取られたが，もう一つのやり方として，選挙区を恣意的に定めることによって，黒人の政治力を弱めることが行われた（racial gerrymandering）。たとえば黒人人口を分断するような選挙区を引くことでいずれの選挙区でも黒人が少数となるようにするか，逆に黒人人口の周りに選挙区を引くことで，それ以外の選挙区から黒人の影響力を排する方法が採られた。こうした文脈では，選挙区を恣意的に定めることによる代表制の歪みは，その意図・効果において選挙権行使そのものの否定と通じていたのである。

4　小　括

　以上見てきたとおり，国籍法違憲判決に至る過程では，非嫡出子相続差別を巡る違憲訴訟がたびたび提起され，こうした差別を巡って最高裁を含め裁判所内部が二分される状況が生じていた。こうした中で，国籍法違憲判決は非嫡出子差別を巡る最高裁の姿勢の転換点を担ったことになる（そのことは，5年後に出された非嫡出子相続分規定違憲判決ではっきりとした）。

　また，国籍法違憲判決の直前，数年間の間には，在外邦人選挙権訴訟や「一票の格差」に関する訴訟など「平等」（政治的平等）を求める様々な憲法訴訟で違憲判決（在外邦人選挙権訴訟）あるいは違憲と断言しないまでもそ

138

◆Ⅳ◆　憲法訴訟と最高裁

の方向性を示唆する判決（「一票の格差」を巡る訴訟）が相次ぎ，「平等」を確
保するに当たっての裁判所の存在感の高まりがあった。

　そこで最後に，これらの裁判において，最高裁とその裁判官はどのような
判断基準・思考過程の下に判決を下してきたのか，分析したい。

◆Ⅳ◆　憲法訴訟と最高裁

1　審査基準の重要性

　国籍そして選挙権は，国家権力の観点から見ても個人の権利の観点から見
ても重大な事案である。前者の観点に立てば，国籍は国民が誰であるかを定
義し，それに付随して選挙権を含む様々な権利義務関係に影響が及ぶ。国籍
も選挙権も，国家の基本的な枠組みに関わるものであるから高度の政治的裁
量に属するという考え方ができる。従って，この観点に立てばどちらの場合
も国会の裁量を広範に認め，違憲判断に消極的であることが論理的に一貫し
ている。しかし，後者の観点に立てば，国籍も選挙権も様々な権利義務関係
に関わることから，人権中の人権とでもいうべきものであり，それが容易に
侵害されないよう司法により一層人権保障の観点からの介入を求めるという
考え方もできる。従って，こちらの観点に立てばどちらの場合も厳格な審査
を行い，違憲判断に積極的であることが論理的に一貫している。

　こうした事案について，裁判官はいかに判断すべきであろうか。ただ裁判
官の「こだわり」（好み）に憲法判断の根拠を求めるのではあまりに恣意的
に映る。そこで，一定の違憲審査基準を設けて，それに従って判断をしてい
くことが重要であろう。もちろん違憲審査基準を設けたとしても結論が裁判
官によって変わりうることはある。しかし，裁判所の判断過程に一定の規則
性を与え，原告・政府側それぞれがそれに則った議論を展開できることに基
準のメリットがある。こうした基準がなかったり，基準の認識が一致してい
なかったりするとどうなるか。たとえば，法令の目的と手段の合理性を審査
する「目的・手段」審査を想定して双方が議論を展開したのに，裁判所がそ

139

◆ 第3章 「法の下の平等」と最高裁

れとまったく異なる審査手法で判決を出したのなら，どちらにも「腑に落ち
ない」感覚が残るだろう。

　また，この間述べてきたように，審査基準のあり方は，司法と政治の線引
きに関係する。たとえばアメリカで違憲立法審査を正当化する理由の一つと
して挙げられてきたのは，ある集団に対する偏見が存在する場合など，政治
過程に委ねたのでは公正な結果が得られないと目される場合である。その淵
源を辿れば，大恐慌を受けての1930年代のニューディール期（連邦政府が積
極的な経済介入を行う方針を打ち出し，そのために権限の拡大に乗り出した時期）
に，こうした立法に対して「契約の自由」に違反する，あるいは合衆国憲法
の定める連邦政府の権限を越えるという理由で違憲判断を下していた連邦最
高裁が姿勢を転換したことに遡る。連邦最高裁は以後，社会経済立法に関し
ては立法府の広い裁量を認めることとなるが，裁判所の役割として，政治過
程の信頼性に疑義がある際のチェックという機能を留保したのである。

　このように，審査基準は，いかなる場合にどの程度，司法が立法府の判断
に介入し，積極的な違憲審査・違憲判断を行うかという線引きの問題でもあ
る。

　そこで憲法の定める「法の下の平等」に法令が違反するかどうかが争われ
る場合に，どのような違憲審査基準が用いられてきたか，また用いられるべ
きか，改めて検討してみたい。

2　国籍法違憲判決と審査基準 —— 「厳格な審査」の分かれ目を巡って

　国籍法違憲判決では，最高裁は比較的厳しい違憲審査を行った。判決は
「憲法適合性について」の冒頭部分で，国籍が「我が国の構成員としての資
格」であり「基本的人権の保障，公的資格の付与，公的給付等を受ける上で
意味を持つ重要な法的地位」であることを述べる。また，婚外子という身分
について「子にとっては自らの意思や努力によっては変えることのできな
い」事柄であるとする。そしてこのような場合に国籍取得の要件に区別を生
じさせることに「合理的な理由があるか否かについては，慎重に検討するこ

140

◆Ⅳ◆　憲法訴訟と最高裁

とが必要である」として，審査に入るのである。

　このことから，最高裁は事案の性質（「重要な法的地位」に関わること），及び区別の態様（婚外子であることをもって区別をしていること）の双方から問題意識を高め，審査を厳しくする姿勢を打ち出していることがわかる[17]。これは，基本的権利に関わる場合，あるいは人種など差別や偏見の介在する可能性が高い理由による区別が行われている場合に，「法の下の平等」の観点から厳格審査を行うアメリカ司法の考え方に近い。

　ただ，これを「厳格審査」と呼ぶかどうかについては，異論もある。判決ではまず一般論として，憲法14条1項違反になる場合として「立法府に与えられた上記裁量権を考慮しても，なおそのような区別をすることの立法目的に合理的な根拠が認められない場合，又はその具体的な区別と上記の立法目的との間に合理的関連性が認められない場合」を挙げた後，段落を改めて今回の事案に関しては「…慎重な検討を要する」と述べているのである。

　最高裁は，在外邦人選挙権訴訟では，明示的に厳格審査の基準を打ち出した。選挙権の行使を可能にする措置を執る責務が政府にはあり，「そのような措置を執ることが事実上不能ないし著しく困難である場合」（下線筆者）に限ってその制限が認められるとしたのである。それに比べれば，「合理性について慎重な検討を要する」とした国籍法違憲判決の審査基準は若干緩やかなものにも感じられる。

　国籍法違憲判決において中心的な役割を果たしたと目される千葉勝美氏も後の回想で次のように述べている（千葉 2017：101）：

　　これは，「合理的な関連性」の有無とは別の判断基準をさらに付加して用いて判断したのではなく，その判断の際に，事柄の重要性に鑑み通常よりもシビアーに見ていくべきところ，「準正」を国籍取得要件にするのは余りにも過大な要求であって，合理的関連性が認められないという判断の理由の過程で言及したものであり，学説でいう厳格な基準等の三

(17)　憲法制定以来，国籍法違憲判決に至る「法の下の平等」に関わる審査基準の変遷について，安西（2012）が示唆に富む。

141

◆ 第3章 「法の下の平等」と最高裁

　　段階基準を前提としたものと解することはできない…

　このように，国籍法違憲判決では最高裁は従来の「合理的関連性」の審査
によって違憲審査を行ったとの見方であるが，果たしてそれが立法裁量を広
く認める「合理性」の基準に留まっているのかについては，精査する必要が
あると考える。千葉氏自身の言葉でも「通常よりもシビアーに見ていくべき
ところ」，とより厳しい審査を行ったことが述べられている。

　そもそも審査基準に学説（またアメリカ司法の実務）が段階を設けるのは，
政治と司法の役割分担を明確化する意図があることは先に述べた。立法裁量
を広く認める（つまり立法府の判断を尊重する）場合には「合理性の基準」が
採用され，権利の性質や区別の態様ゆえにより厳しい審査を行う（立法府の
判断を疑ってみる）場合には「厳格審査」が行われるのである。

　国籍法違憲判決の違憲審査基準がわかりにくいところは，説明の前段で一
般論として，立法裁量を広く認め，目的と手段の合理性を審査すると述べた
後，後段では国籍という法的地位の重要性，また婚外子であることを理由と
した区別が行われているゆえに，「慎重な検討を要する」として，厳格審査
（と言えるもの）に基準を引き上げる論理を展開しているところである。従っ
て，前段に着目すれば従来の審査基準がベースにあると言えるし，後段に着
目すれば審査基準を引き上げたとも言えるのである。

　このように，憲法適合性の審査基準について，判決文の説明は曖昧でどち
らとも取れるものであるが，その審査の実際を見ても，やはりこれは「厳格
審査」を行ったものと言わざるを得ない。「合理性の基準」による審査は，
合憲性の推定が働くものである。すなわち，一応の目的とそれに対応した手
段を立法府が説明できていれば，司法としてはそれ以上介入しない姿勢であ
る。他方，「厳格審査」の場合は，違憲性の推定が働くものである。重要
（不可欠）な立法目的の存在と，その達成のために当該手段が適切であり，
かつ他により適切な（権利制限的でない）手段がないことの立証を政府側が
しなければいけない。

　こうして見た場合に「我が国社会との密接な結び付き」が国籍の取得に際

142

◆Ⅳ◆　憲法訴訟と最高裁

して求められ，一般的に，日本人の親（この場合は父親[18]）との「生活の一体化」を通じてこうした結び付きが得られること，そして一般的に，両親が結婚していれば日本人の父親との家族生活があるだろうと推認し，両親が婚姻関係にある場合には自動的に国籍の取得を認め，これ以外の場合には他の手段による取得を求めることに，文面上の合理性がないと言えるだろうか。一般論としては，この分析（日本人父と外国人母が婚姻関係にない場合，子どもは外国人母のもとで育ち，日本人父との接点が少ない場合が多く，従って日本との結び付きは自明でないと考えること）には一定の合理性（異論・議論はあるとしても，合理的という見方も可能な範囲）はあるのではないだろうか。

　ただ，これは一般論であり，実際は両親が結婚をしていなくとも「我が国との結び付き」がある子どももいるだろう。また，両親が結婚していてもこの結び付きが乏しい子どももいるだろう。（なお「我が国との結び付き」の確保を立法目的とすること自体，異論があり得，地裁判決はこの立法目的にも疑問を投げかけたが，最高裁は立法目的については肯定的であり，専ら手段を問題としている）。婚外子といっても家族生活や文化的結び付きに関する実際の状況は様々であり，一律に区別をすべきでない，まして国籍という重要な法的地位に関わることである。一般論をもって，その論理に該当しない子どもの権利まで否定すべきでない。このように，個人の権利を一般論より優越させた結果が国籍法違憲判決であり，これは立法府の裁量を広く認める「合理性の基準」よりも立法府に対して厳しいものと思われる。

　国籍法違憲判決を「従来の合理的関連性の基準を少し厳しくしたもの」として，これを「合理性の基準」の枠内とすることは，司法と政治の役割分担を曖昧にして，裁判所に対する不要の批判や警戒心も招きかねない。「日ごろは国会の判断を最大限尊重します。しかしこれは個人の基本的な権利に関わり，また偏見が介在しやすい事案なので，こういう場合は，裁判所はより厳しい審査を行います」と説明した方が，裁判所の役割への理解が深まるの

---

(18)　日本人の母親から生まれた子どもは両親が婚姻関係になくとも日本国籍を取得する。母親が日本人であることが自明であるからである。従ってここで問題となるのは父親が日本人，母親が外国人である場合に限られる。

143

◆ 第3章　「法の下の平等」と最高裁

ではないだろうか[19]。

3　最高裁と違憲審査の進め方

違憲審査のあり方について，憲法論の観点からの一貫した論理が裁判官の行動を規定しているとは限らないことを裁判官経験者は指摘している。

たとえば泉徳治・元判事は最高裁の違憲審査基準について，アメリカ連邦最高裁が行ってきたような精緻化が行われていないことを指摘する。同氏は回顧録の中で「サラリーマン税金訴訟の調査の過程で，芦部教授の著書等により，米連邦最高裁がカロリーヌ判決後も違憲審査の基準を精緻化させていることを知った」と述べた上で，三段階の違憲審査基準を改めて紹介している（泉 2013:156-166）。

同氏は別の回想の中でも，日本の最高裁の違憲立法審査が「個人の権利」の性質を吟味することなく，初めから法律上の制度の必要性・合理性の審査を行いがちであることを批判している。そして「国籍法違憲訴訟では，憲法上の『個人の権利』をまず審査するということが行われたと思います」と評価しつつ，その後はそうした審査手法（権利の性質に応じて審査基準を引き上げること）が承継されておらず，「他の事件だとまた元に戻ってしまいます」と述べている（泉・渡辺・山元・新村 2017:203-207）。

同氏の指摘するところでは，最高裁の合議では，審査基準の議論があってから結論が出されるのではなく，むしろ「合議でまず結論が先に決まり…（中略）結論が違憲ということになると，判決は違憲の結論を導きやすいような手順で書かれ（る）」とのことである（同上）。

この場合，裁判所は原理的に厳格審査を採用して違憲判断に至るのではな

---

(19)　なお千葉氏自身，「今後は，憲法一四条違反の合憲性審査においては，合理的関連性のテストのみで判断できない事案も増えてくることが予想される」として，「どのような審査基準により立法裁量の逸脱濫用を司法部がチェックすべきか」を課題として認識している（千葉 2017:109）。戸松秀典氏は，近年の最高裁による違憲判決の特徴を概観し「最高裁判所が司法審査の基準ないし手法について意識し，その構築に配慮していることを読み取ることができる」と指摘する（戸松 2012:12）。

144

◆Ⅳ◆　憲法訴訟と最高裁

く，違憲という裁判官の志向があってアドホックに厳格審査（のようなもの）
が持ち出されることになる。そして同種事案であっても，裁判官がまず合憲
という志向を持っていたなら，審査基準もこの結論を導くように緩められて
しまうことになる。

　「法の下の平等」を定め，法による差別を禁ずるのが憲法14条1項である
が，それが実際に差別されているマイノリティの救済に用いられることは
2008年の国籍法違憲判決までは稀だった。憲法学者からもこれは裁判所が
14条1項について法に「合理的根拠」を求める運用をする中で，「差別抑
制」という肝心の要請が見落とされていたことを指摘する声がある（木村
2008）。立法目的とその達成手段の合理性という，政府が唱える理由に焦点
を当てる枠組みの中で，その法の持つ「差別的メッセージ」などの問題が見
逃されてきた。もし「差別抑制」を14条1項の運用の要に据えるならば，
法がその要請に抵触するかどうかという判断も変わってくるかもしれない。

　このように，学説や一部裁判官の間からも，憲法訴訟における違憲審査基
準について，人権保護の立場から精緻化を図るべきとの声がある。

　ただ，最高裁（判事）の思考パターンについて，藤田宙靖・元判事は憲法
学説と関係付けて以下のように回想している（藤田2016:54）：

　　　裁判官にとって最も重要なのは，「目の前に存在している具体的な紛争
　　　について最も適正な解決」を行うことなのであって，諸学説に甲乙を付
　　　け，そのいずれに従うべきかを決めることではありません。

同氏は，「一定程度一般化されたケースを前提として，普遍的に妥当する
ルールを示そうとする」のが学説であるのに対して，現実の具体的紛争がこ
うして想定されたケースのいずれかに該当する保証はなく，従って，ある事
件に対する最高裁の判決をもって，最高裁はどの学説に拠ったのか，という
問いを立てることは，「最高裁がその判決で何を判断したのかについて正確
な理解をするために余り意味のあることとは言えず，時にはむしろ危険なこ
とですらあり得る」と指摘する（同上）。

145

◆第3章 「法の下の平等」と最高裁

　実際，国籍法違憲判決について，同氏は「これは正に個別的ケースでの個別的判断」と振り返っている。同氏はこの判決で結果的に多数意見に同調したが，実際は「国籍法の規範構造については，どうしてもこれは反対意見の見方のほうが正しい」と思ったとのことである。しかし「この事件の原告は，そもそもそれ自体としてはそれなりに理由のある何本もの線引きの谷間に落っこちてしまっている人」であり，この場合に「何も救済がないということでよいのだろうか」と考えた結果，法を解釈し直して，原告のような非準正子も3条1項のもとで準正子同様の扱いをすべきとの結論に達したとのことである（藤田 2016：280-284）[20]。

　藤田氏は泉氏と異なり，違憲審査基準という原則論から入って違憲判断を導いたのではなく，この特定のケースについては原告の救済が必要と考え，結果的に違憲判決に同調したものである。この場合，今回のケースが非嫡出子を巡るものであったからと言って，非嫡出子を巡る訴訟すべてにおいて厳格審査を適用して政府側に厳しく望むとは限らない。

　差別の性質に基づいて審査基準を引き上げる，というアメリカ司法の影響を受けた学説の流れと，日本の裁判実務には乖離のあることが明らかであると言えよう。

4　国籍法違憲判決以降の展開：婚外子・女性への差別を巡って

　国籍法違憲判決以降，「法の下の平等」を巡る重要な最高裁判決が相次いだ。2013 年には，明治時代の旧民法の流れを汲み，長年その妥当性，また違憲性が争われてきた婚外子（非嫡出子）の相続分差別について，最高裁大法廷がついに違憲判決を下した[21]。また 2015 年には，同じく民法が定める

---

(20)　多数意見は3条1項が婚姻を要件としていることを「過剰」とする違憲論だが，藤田の場合は，3条1項が国籍法の構造上そのような形で置かれたことには肯定的であり，ただそれが非準正子をカバーしていないことが「不足」に当たるとする。そして，その「不足」を裁判所が補うことは立法者意思に反しないとの立場である。

(21)　最大決平成 25・9・4 民集第 67 巻 6 号 1320 頁，平成 24(ク)984

◆Ⅳ◆　憲法訴訟と最高裁

離婚後の女性の再婚禁止期間について，100日を超えての禁止を違憲とする判決が下された[22]。他方でこれと同じ日に下された判決で，婚姻後の夫婦の姓は同じでなければならないとする規定については，合憲との判断が下った[23]。以下，このうち違憲判断がなされた前二者について，違憲審査のあり方の観点から若干の検討を加えたい。

（1）婚外子の相続分差別

婚外子（判決文では「嫡出でない子」という言葉を用いている）の相続分については，民法900条4項において，嫡出子の2分の1と規定されてきた。その理由としては法律婚の尊重が挙げられ，見方によっては（法律婚を最重視するのであれば）婚外子についてはゼロであるべきという意見もあり得るところ，婚外子についても2分の1の相続を認めることで，それぞれの利益のバランスを図ったというのがこれまでの政府の説明であり，その合理性を最高裁も認めてきた（前述の平成7年大法廷決定）。

さらに前述の通り，平成7（1995）年の大法廷決定以降もこの問題が最高裁内部を分断し，小法廷でも僅差の判決が続いていたところ，平成20（2008）年に国籍法違憲判決が下ったのである。子どもの権利を重視する観点から，親の婚姻関係の有無のみで国籍の取得資格を区別することは合理的でなくなっているとの判断は，事案の性質は異なるとしても，婚外子への差別について最高裁の姿勢の変化を示すものであった。

そしてその流れに違わず，5年後の平成25（2013）年に，最高裁は従来の姿勢を覆して，相続分差別についても違憲と判断したのである。違憲判決は裁判官全員一致のものであった。そしてその思考方法は，国籍法違憲判決のそれと類似しており，かつては合理的だった規定も，社会情勢の変化等により，今日もはや合理的でなくなっており，ある時点より違憲性を帯びるに至ったというものである。

判決は具体的に次のような変化を挙げている[24]。「婚姻や家族の実態が変

（22）　最大判平成27・12・16民集第69巻8号2427頁，平成25（オ）1079
（23）　最大判平成27・12・16民集第69巻8号2586頁，平成26（オ）1023

147

◆ 第3章 「法の下の平等」と最高裁

化し，その在り方に対する国民の意識の変化も指摘されている」こと。「現
在，我が国以外で嫡出子と嫡出でない子の相続分に差を設けている国は，欧
米諸国にはなく，世界的にも限られた状況にある」こと。日本が批准した
「市民的及び政治的権利に関する国際規約」や「児童の権利に関する条約」
が出生による差別を禁止しており，「平成5年に自由権規約委員会が，包括
的に嫡出でない子に対する差別的規定の削除」を日本政府に勧告し，その後
もこうした勧告が繰り返されていること。また，こうした中で国内でも法制
等に変化があり，住民票や戸籍における記載の区別が撤廃されてきたこと。
昭和54年，次いで平成6年にも，法制審議会から相続分を平等とする試案
が出されてきたこと。平成7年の大法廷決定以降も，小法廷判決や小法廷決
定で，合理性が失われつつあるとの個別意見が度々表明されてきたこと，な
どである。

　こうした変化を総括して，判決は，「家族という共同体の中における個人
の尊重がより明確に認識されてきたことは明らか」とし，こうした「認識の
変化に伴い…子にとっては自ら選択ないし修正する余地のない事柄を理由と
してその子に不利益を及ぼすことは許されず，子を個人として尊重し，その
権利を保障すべきであるという考えが確立されてきている」として，当該規
定が遅くとも平成13年7月当時において憲法14条1項に違反していたと結
論付けた。

　このように「社会の変化」を受けた「認識の変化」により，法令が現在で
は合理性を失い，違憲性を帯びるに至ったとの判断である。

（2）女性の再婚禁止期間

　女性の再婚禁止期間については，民法733条1項が，離婚後6ヶ月間，再
婚を認めないと規定していた。原告の訴えではこれは「道徳的な理由に基づ
いて寡婦に対し一定の服喪を強制するという不当な趣旨を含む」ということ
も指摘されていたが，判決で専ら取り上げられた立法目的は，嫡出推定の重

---

(24)　以下判決文の「3　本件規定の憲法14条1項適合性について」内の(3)参照。

148

◆Ⅳ◆　憲法訴訟と最高裁

複を防止することである。すなわち，民法では，離婚後300日以内に生まれた子どもは前夫の子どもと推定する一方で，結婚後200日以降に生まれた子どもは現在の夫の子と推定する規定がある。もし離婚と同時に再婚できることになると，法律上の父親の推定が重複する部分が出てくる。このため一定の再婚禁止期間を設けて，この推定の重複を防ぐことにしたものである（とされた）。

　判決はこのように立法目的を特定した上で，この目的を達成する上では100日の再婚禁止期間については合理性が認められるとした。残る問題はこれを超えての再婚禁止期間である。

　そもそも法律上の嫡出推定を回避するためには判決も指摘するとおり100日で十分であるが，ではなぜ立法者は半年の再婚禁止期間を設けたのであろうか。これについて判決は「（立法）当時は，専門家でも懐胎後6箇月程度経たないと懐胎の有無を確定することが困難であり，父子関係を確定するための医療や科学技術も未発達であった状況の下において，再婚後に前夫の子が生まれる可能性をできるだけ少なくして家庭の不和を避けるという観点」などから「再婚禁止期間を厳密に父性の推定が重複することを回避するための期間に限定せず，一定の期間の幅を設けようとした」と説明している。

　そのうえで，「医療や科学技術の発達」「婚姻及び家族の実態が変化し…再婚をすることについての制約をできる限り少なくするという要請が高まっている事情」「かつては再婚禁止期間を定めていた諸外国が徐々にこれを廃止する立法をする傾向」など情勢の変化を挙げたうえで，憲法24条1項の規定の趣旨に照らして「婚姻をするについての自由」が「十分尊重されるべきもの」であることを指摘し，「100日超過部分は合理性を欠いた過剰な制約」であると断じた。そして，この部分について，憲法14条1項（法の下の平等）また24条2項（両性の本質的平等に立脚した立法要請）に違反するとしたのである。

　この判決には多くの補足意見が付されており，裁判所内での議論の様子が伺われる。このうち，櫻井龍子や千葉勝美ら6裁判官による共同補足意見は，「100日の期間内であっても，女性が再婚をすることが禁止されない場合を

149

◆ 第3章　「法の下の平等」と最高裁

認める余地が少なくないのではないか」と指摘するものである。もし，父性の推定の重複が再婚禁止規定の立法目的であるなら，こうした重複が生じ得ない場合には，再婚は認められてもよいことになる。共同補足意見はその例として「女性に子が生まれないことが生物学上確実である」場合や，「離婚した前配偶者と再婚するなど父性の推定が重複しても差し支えない場合」「女性がいわゆる不妊手術を受けている場合」などを挙げている。そしてこうした場合には，離婚後100日以内であっても，再婚禁止規定の適用除外の事由に当たるとの見解を示している。千葉勝美氏の補足意見は違憲審査基準に関するもので本節の関心事であり，別途取り上げる。鬼丸かおる氏の意見は，再婚禁止期間に関する規定全部（100日以内を含めて）が無効であるとする。その理由として「父性の推定の重複回避のために再婚禁止期間を設ける必要のある場合は極めて例外的であるのに，文理上は前婚の解消等をした全ての女性」の再婚を禁止しているように読める規定が残ることによって，不要に女性の再婚を制約しかねないからである。さらには，父性の推定が重複する例外的な場合であっても「子の利益や福祉が損なわれるような社会的な状況はない」とも指摘している。山浦善樹氏の反対意見は，この規定の歴史的社会的背景から，立法目的は単に「父性推定の重複回避」にあらず，それは「血統の混乱防止という古色蒼然とした目的では制度を維持しえなくなっていることから，立法目的を差し替えたもののように思える」と指摘する。つまるところ，旧憲法下の家制度の価値観を残す性差別的，時代錯誤的な規定であり，全部を無効とすべきとの意見である。

（3）違憲審査基準の展開

このように，婚外子の相続分差別，女性の再婚禁止期間のいずれについても，最高裁は社会情勢等の変化を理由に，従来の認識を変更し，今日もはや合理的でなくなったとして違憲（あるいは部分違憲）判断に至っている。

では，上記2判決において，最高裁は「法の下の平等」に関してどのような違憲審査の基準を採用したのであろうか。これについて，婚外子の相続分差別については冒頭で「法定相続分に関する区別が，合理的理由のない差別

◆Ⅳ◆ 憲法訴訟と最高裁

的取扱いに当たるか否かということであり…そのような区別をすることに合理的な根拠が認められない場合には、当該区別は、憲法14条1項に違反するものと解する」としている。一方、女性の再婚禁止期間に関する判決では「本件規定が再婚をする際の要件に関し男女の区別をしていることにつき、そのような区別をすることの立法目的に合理的な根拠があり、かつ、その区別の具体的内容が上記の立法目的との関連において合理性を有するものであるかどうかという観点から憲法適合性の審査を行うのが相当である」としている。

　一見、前者は「区別に合理的な根拠が認められるかどうか」という包括的な言い方、後者は「立法目的に合理的な根拠があるか、また区別の内容がこの目的との関連で合理性を有するか」という二段構えのより精緻な審査基準を提示しているかのように見える。両事件に関わった千葉勝美氏は後の回想で、まず従来の最高裁の合憲性審査基準として「事柄の性質に即応した合理的な根拠に基づくものといえるか否かを検討して決すべきものとしている」としたうえで、具体的には、立法目的の正当性・合理性、またその手段としての区別と立法目的との間に合理的関連があるかという「合理的関連性のテスト」が用いられてきたとする（千葉2017：88-89）。そのうえで、嫡出子の相続分差別の違憲判決がこのテストを「明示的に用いなかった」点については次のように説明し、最高裁が違憲審査基準を変えたわけではないとする（千葉2017：102）：

　　（当該規定の）立法目的に合理的な面があることは先例（平成7年の大法廷決定）が認めてきているところであるので、その後の事情変更があったとしても、「合理的関連性のテスト」を使って説明し直すことは適当ではないので…基本的な判断の枠組みである「区別が事柄の性質に即応した合理的な根拠に基づくものといえるか否か」を検討するという観点から審査することにし（た）…

　同氏はまた、再婚禁止期間の部分違憲判決では違憲審査の基準として再び

◆ 第3章 「法の下の平等」と最高裁

合理的関連性のテストを採用していることを指摘する。最高裁の違憲審査の基準は「区別が事柄の性質に即応した合理的な根拠に基づくものといえるか否か」で一貫しており，事案によってその判断の仕方として「合理的関連性のテスト」が展開されることもあるということである。

　ところで同氏自身は，法の下の平等に関する最高裁の違憲審査のあり方について，もう少し踏み込んだ姿勢を求めている面もある。すなわち，再婚禁止期間の部分違憲判決において，同氏は「合憲性審査についての考え方」に焦点を当てた補足意見を執筆し，再婚禁止期間はたとえそれが100日であっても「女性にとってその間は再婚ができないという意味で，憲法上の保護に値する婚姻をするについての自由に関する利益を損なうことになり」，再婚禁止という手段について，父性推定の重複を回避するという立法目的と「形式的に…合理的な関連性さえ肯定できれば足りるとしてよいかは問題であろう」と指摘する。そのうえで，「手段それ自体が実質的に不相当でないかどうか」を検討する必要があると述べる。さらに同氏は後日この判決を回想する中でさらに具体的にこの「手段の相当性」の審査について述べている（千葉 2017:107-108）。それによれば，

　　方法・手段について他に採り得る代替手段の有無を検討した上，区別を生じさせた方法・手段がもたらす利益・不利益や，これを用いない制度を採用することによる利益・不利益等を考慮し，後者の制度が前者の制度を凌駕するほどの合理性があるといえる場合には，当該方法・手段の採用は立法裁量権の逸脱濫用となり，結局，当該方法・手段による区別には合理的根拠を認めることはできず，憲法一四条一項違反となる…

但し，100日までの再婚禁止期間に関して言えば，再婚禁止期間を設けた場合とそうでない場合ではいずれも「利害得失」があり，どちらがより合理的であるともいえないので，国会の立法裁量の範囲内であり，このテストを用いたとしても違憲であるとは評価できないとのことである。また，同氏の意見ではどのような場合に「手段の相当性」に踏み込み，利害得失の比較検討

を裁判所が行うことになるのかについては，必ずしも明確でない。同氏の違憲審査基準の説明では，基本的に「区別の合理的根拠の有無」がベースにあり，事案に応じてそれが「（目的と手段の間の）合理的関連性のテスト」や「手段の相当性」の審査に展開するのであるが，ではどのような場合にこうした展開がなされるのかについては不明な点が多いと感じる。

　なお，再婚禁止期間の部分違憲判決に対して，全部を違憲としたうえに国会の立法不作為についても違法性を認め国家賠償を認めるべきとする反対意見を執筆した山浦氏（弁護士出身）は，違憲審査基準について「婚姻の自由が…婚姻制度を利用し，そこから得られる様々な効果を享受することができる憲法上の重要な権利ないし利益になっている」としたうえで，「女性にのみ婚姻の制約を課す本件規定の憲法適合性を判断するに当たっては，国会の立法裁量の幅は相応の限定を加えたものとして捉えるべきであり…立法の目的を正確に見定め，制定後1世紀以上を経過した現代においてもその目的に合理性があるか否かを検討するとともに，これを達成するための手段として必要性・相当性があるか否かをも検討し，他により影響の少ない方法がある場合には，本件規定は違憲の評価を帯びることになると解するのが相当である」としている。

　山浦氏の見解は，区別が人種などに基づく場合（suspect classification），あるいは基本的人権（fundamental rights）の剥奪に用いられる場合には，裁判所は当該区別の合憲性をより厳格に審査する（strict scrutiny）という，アメリカ連邦最高裁において発展してきた考え方を彷彿とさせる。すなわち，「婚姻の自由」という「憲法上の重要な権利ないし利益」が関わるゆえに，目的・手段をより厳密に審査する姿勢である。

5　小　括

　憲法訴訟における司法審査のあり方については，民主主義を原則とする政治体制である以上，立法府との関係を念頭にした議論が必要である。つまり，政治過程の観点から司法の役割を論じることである。その観点に立つと，政

◆ 第3章 「法の下の平等」と最高裁

治過程が正常に機能している場合は，民主主義の原則から司法府は立法府の判断を尊重すべきである。しかし，政治過程に委ねたのでは十分な権利保障が見込めないマイノリティの権利に関わる場合，あるいは「一票の格差」問題や選挙権の有無など政治過程の公正さそのものを問うような訴訟では，司法の積極的な役割が期待されることになる。

　この枠組みを採用した場合，本来国籍を持つべき者が恣意的に国籍を否定されている，あるいは選挙権のある者が恣意的に選挙権行使を妨げられている，という訴訟が提起された場合，いずれの場合も積極的な司法審査を行って，違憲判断をも躊躇すべきでないということになる。また，再婚禁止期間についても，婚姻の自由という「重要な権利」に関わるものであり，こうした権利は性質上，多数決民主主義による剥奪にはなじまないという理由付けから，司法がより積極的に介入する余地のあるものである。

　しかし国籍法違憲判決に至る裁判官の判決行動は，未だこうした理論的枠組みでは説明できない場合も多いことが本章の検討でわかった。裁判実務の世界ではこうした理論に基づく審査基準の精緻化は重視されてこなかったということもあるだろう。学者と異なり，裁判官は，目の前の事件の効果的な解決が大事なのであり，一般的・抽象的な理論を先に持ってくるものではないという考え方もあろう。ただ，国籍法違憲判決以降も，「法の下の平等」を巡って注目を呼ぶ判決（婚外子の相続分差別，女性の再婚禁止期間等）が続く中で，裁判所はいかなる基準と思考過程を経て結論に至るのかについて，社会的な関心は増していると言えよう。裁判官の間でも，個別意見や近年公刊が相次ぐ回想録に示されるように，司法の役割が増す中で違憲審査基準（すなわち司法と政治の関係）はいかにあるべきか，模索が深まってきているようである。

　その中で，侵害されている権利の性質等によってより踏み込んだ審査を行っていくという方向性も最高裁判決，また個々の裁判官の間で見えてきている。ただ，いかなる場合にどの基準を採用するかについての共通認識は，まだ形成途上であり，「事案に応じた合理的な根拠の有無」という広い括りの中で，緩い審査から踏み込んだ審査までが行われている状況となっている。

◆Ⅴ◆ 結　論

　このように，審査基準の確立等，理論的一貫性には課題もあるものの，日本の最高裁判所が，特に「法の下の平等」を巡る領域で，違憲立法審査権を積極的に行使するに至っていることは明らかである。在外邦人の選挙権，国籍法における婚外子に対する区別，婚外子の法定相続分規定，女性の再婚禁止期間などを巡って，政治的・社会的なインパクトのある違憲判断が，近年，相次いで下されている。

　これらは急激な変化あるいは偶然の産物ではない。本章で明らかにしたとおり，裁判所の内部で，あるいは裁判官の間で，長年に渡る討議と判決の積み重ね，それらを通じた「駆け引き」とも言える立場の強化・展開を経て方向性が確立してきたものである。

　果たしてこうした積極姿勢はどのような影響を社会に及ぼすのであろうか。裁判は合憲・違憲の判断をすれば終わるが，これを受けた政治の対応，法改正のあり方はその事案に留まらない広範な影響を及ぼす。

　中でも国籍法違憲判決は「日本国籍の取得資格」という重要な政治課題について，憲法論の観点から一定の方向性を与える結果となった。では，「国籍」のあり方という観点でこの問題を捉え直した場合，今回の判決がもたらした影響はどのように評価できるだろうか。

　次の章ではこの実質的問題について，国籍法違憲判決のもたらした課題を検討したい。

〔文　献〕

芦部信喜（1997）『憲法（新版）』岩波書店

安西文雄（2012）「『法の下の平等』に関わる判例理論 —— 区別事由の意義をめぐって」戸松秀典=野坂泰司編『憲法訴訟の現状分析』有斐閣

泉徳治（2013）『私の最高裁判所論 —— 憲法の求める司法の役割』日本評論社

泉徳治・渡辺康行・山元一・新村とわ（2017）『一歩前へ出る司法 —— 泉徳治元最高裁判事に聞く』日本評論社

◆ 第 3 章 「法の下の平等」と最高裁

大沢秀介（2012）「司法積極主義と司法消極主義」戸松秀典=野坂泰司編『憲法訴訟の現状分析』有斐閣

木村草太（2008）『平等なき平等条項論 —— equal protection 条項と憲法 14 条 1 項』東京大学出版会

佐々木雅寿（2013）『対話的違憲審査の理論』三省堂

高井裕之（2013）「嫡出性の有無による法定相続分差別」『憲法判例百選 I （第 6 版）』有斐閣

滝井繁男（2009）『最高裁判所は変わったか —— 一裁判官の自己検証』岩波書店

千葉勝美（2017）『違憲審査 —— その焦点の定め方』有斐閣

辻村みよ子（2008）『憲法（第 3 版）』日本評論社

戸松秀典（2012）「憲法訴訟の現状分析 序論」戸松秀典=野坂泰司編『憲法訴訟の現状分析』有斐閣

藤田宙靖（2016）『裁判と法律学 ——「最高裁回想録」補遺』有斐閣

山口進・宮地ゆう（2011）『最高裁の暗闘 —— 少数意見が時代を切り開く』朝日新聞出版

Ely, John Hart (1980) *Democracy and Distrust: A Theory of Judicial Review*.

〔判 例〕

最大判平成 7 ・ 7 ・ 5 民集第 49 巻 7 号 1789 頁，平成 3 （ク）143

東京地判平成 11・10・28，平成 8（行ウ）266

最一小判平成 12・ 1 ・27 集民第 196 号 251 頁，平成 11（オ）1453

東京高判平成 12・11・ 8，平成 11（行コ）253

最二小判平成 15・ 3 ・28 集民第 209 号 347 頁，平成 14（オ）1630

最一小判平成 15・ 3 ・31 集民第 209 号 397 頁，平成 14（オ）1963

最一小判平成 16・10・14 集民第 215 号 253 頁，平成 16（オ）992

最大判平成 17・ 9 ・14 民集第 59 巻 7 号 2087 頁，平成 13（行ツ）82

最大判平成 18・10・ 4 民集第 60 巻 8 号 2696 頁，平成 17（行ツ）247

最大判平成 19・ 6 ・13 民集第 61 巻 4 号 1617 頁，平成 18（行ツ）176

最大判平成 20・ 6 ・ 4 民集第 62 巻 6 号 1367 頁，平成 18（行ツ）135

最大判平成 20・ 6 ・ 4 集民第 228 号 101 頁，平成 19（行ツ）164

最大決平成 25・ 9 ・ 4 民集第 67 巻 6 号 1320 頁，平成 24（ク）984

最大判平成 27・12・16 民集第 69 巻 8 号 2427 頁，平成 25（オ）1079

最大判平成 27・12・16 民集第 69 巻 8 号 2586 頁，平成 26（オ）1023

◆ 第4章

国籍法違憲判決と血統主義

Ⅰ　は じ め に
Ⅱ　国籍法改正と JFC
Ⅲ　血統主義の混迷
Ⅳ　血統主義の今後
Ⅴ　結びに：国籍法違憲判決と法，社会

◆Ⅰ◆　は じ め に

2008 年 6 月 4 日，最高裁判所は，婚姻関係にないフィリピン人女性と日本人男性との間に生まれた子どもについて，生来の日本国籍の取得を認めない国籍法 3 条の規定を違憲とし，その日本国籍を認める判決を下した[1]。翌日の新聞各紙の一面を大きく飾ったこの判決は，裁判所による違憲立法審査権の積極的な行使のほか，事案が国籍という重大な政策課題にも関わるものであったこと，平等権を巡る審査のあり方が，その 5 年後に出される非嫡出子相続差別違憲判決を予感させたことなど，様々な点で画期的な判決と評価できる。

他方でこの判決は，国の重要政策課題でもある国籍に関するものであったにも関わらず，その論理が政治や社会の場において十分に精査をされてこなかったこと，またその後，国籍を取得した JFC が日本社会で生活をする準備のないままに来日し，事実上移民受け入れに等しい課題が生じたこと，そして国籍に関わる他の政策との整合性が未解決のままであることなど，多くの課題も残している。

---

(1)　最大判平 20・6・4 民集第 62 巻 6 号 1367 頁，平成 18(行ツ)135，並びに最大判平 20・6・4 集民第 228 号 101 頁，平成 19(行ツ)164

◆第4章　国籍法違憲判決と血統主義

　本章は，国籍法違憲判決について，これら政策的課題や社会のあり方との
関わりで考察するものである。その際，判決がある意味で「単純化」された
血統主義に依拠していることから，血統主義の意味やあり方を考察の中心に
据えて論じたい。

1　国籍法違憲判決とは

　国籍法違憲判決は，JFC（ジャパニーズ・フィリピーノ・チルドレン）を巡
る長年の権利擁護運動に端を発する[2]。1980年代以降，多くのフィリピン
人女性が興行（エンターテイナー）ビザにより来日し，各地でダンサーやシ
ンガーとして働いてきた。そこで日本人男性と知り合い親密になるが，女性
が妊娠すると男性が姿を消し，認知を拒む例が相次いだ。また，日本人男性
がビジネスなどでフィリピンを訪ね，現地でフィリピン人女性と知り合った
場合も同様である。こうした母子を支援するNGOが，父親探しや認知・養
育費の支払いを求める訴訟の支援をしてきた中で，表面化したのが国籍法の
規定である（本書第1章）。

　日本は，生来の国籍の取得について，血統主義を採用している。1984年
の国籍法改正以降は，父母両系血統主義を採用し，父親か母親が日本国籍を
有する場合にその子どもは出生により日本国籍を取得する。但し，これは父
母の婚姻を前提としており，父母が婚姻関係にない場合は，出生前に日本人
の父親が認知すること（胎児認知），あるいは出生後でも日本人の父が子ど
もを認知し，父母が結婚すること（準正）を要した。ところが，問題となっ
たJFC母子の場合，そもそも父親の多くが結婚も認知も拒んでおり，仮に
認知をしたとしても，訴訟等を経て，子どもが生まれた後であった。そのた
めに国籍法の規定を満たさず，子どもは日本国籍を取得できなかったもので
ある。このように両親が結婚しているかどうか，もしくは認知が出生の前で

---

(2)　松崎(1999)は，今回の訴訟に先立つ初期の権利要求運動について紹介し，国籍法
　　における婚外子差別の訴えが当初は裁判所に受け入れられなかったことを紹介して
　　いる。

◆Ｉ◆　はじめに

あったかどうかで，子どもの日本国籍取得が左右されることが憲法 14 条の
定める「法の下の平等」に違反しないかが問われた。

　最高裁判決の多数意見は，当該国籍法の規定について，家族関係，特に日
本人の父親を通じて子どもが「我が国との結び付き」を形成することが期待
されているなか，父母が婚姻関係にない場合にはこうした「結び付き」が必
ずしも認められないであろうことから，一律に生来の日本国籍を認めること
をしなかった，との政府側の説明について，一定の理解を示した。しかし，
社会情勢等の変化により，父母の婚姻の事実のみをもって「我が国との結び
付き」を断じることは難しくなったとして，これだけを理由に国籍の取得を
認めないことは今日合理的でなく，法の下の平等に違反するとしたのであ
る[3]。そのうえで，原告の子どもたちは日本国籍を有することを確認した。

2　国籍法違憲判決と国籍法改正

　この判決は，まずは原告の子どもたちの国籍を認めた点で画期的であった
が，その効果をさらに拡大したのが，その後の法改正のあり方である。それ
は，「国会での議論百出」を避けるために，一見地味な改正により，実のと
ころは幅広く，論争を呼びうる範囲に，日本国籍の取得資格を拡大したもの
であった。

　最終的に採用された改正案は，国籍法 3 条で「父母の婚姻及びその認知に
より嫡出子たる身分を取得した子」に日本国籍の取得を認めていたものを
「父または母が認知した子」に認める規定に改正するものであった。婚姻の
要件を外し，日本人の父または母が認知すれば子どもは日本国籍を取得でき
る，としたものである。ある意味では明快であり，日本人から生まれた子ど
もは日本人，と説明されればそれで納得する人も多いだろう。

　しかし，JFC を巡る訴訟とその判決によりこの改正がなされたことを踏

---

(3)　但し，憲法判断の変更の根拠となっている社会情勢の変化について，十分な説明
　　や立証が行われていないとの指摘もあり，憲法訴訟のあり方に課題を残している
　　（秋葉 2014:265-267，渡辺 2010:1815-1822）。

159

◆ 第4章　国籍法違憲判決と血統主義

まえ，改正の経緯を考察すると，この改正の裏にあり得た議論が見えてくる。判決は，父母の婚姻の有無をもって子どもの国籍を断じるのは不合理である，という判断が要にある。しかし，判決の趣旨に違反しない範囲で，新たな要件を設けることは国会の判断である，と指摘する補足意見もあった。

　法務省内では，一度新たな要件についての議論に深入りすると，国会でも「議論百出」して改正案がまとまらない，との懸念もあって，新たな要件を付加しない形での改正案が提案されるに至った[4]。対象を絞ろうとするとその要件を巡って議論を呼ぶことから，対象を絞らないことにしたのである。改正案を通す上では効果的な方法だったと思うが，妥当性については議論の余地がある。というのも，「我が国との結び付き」を国籍取得の前提として認めつつ，婚姻関係の有無だけでこれを断じるのは合理的でないとした判決に対し，改正案は，「結び付き」についての議論を避けて，日本人の父または母の認知＝日本国籍の取得，と簡単に結論付けるものとなったからである。

　改正法は，日本人の父親か母親がいれば（その「血」をもっていれば）子どもも日本国籍，というある意味で単純な「血統主義」を採用した。しかし，この「血」とはなんだろうか。そもそも誰が日本人の「血」を持つものかは一義的に判断し得ない。日本人とフィリピン人の間に子どもが生まれたとしてその「血」には日本人とフィリピン人双方のものが流れていると考えるのは，観念的なことである。実際に血の色や成分が違うわけではあるまい。その想像上の「血」から日本国籍という，当事者にとっても国家にとっても重大なステータスを導き出すことができるのだろうか。本来，この「血」には文化的な意味合いも含まれていたのではないだろうか。こうした問いから，以下あらためて「血統主義」について考えてみたい。

---

(4)　報告事項として扱った法制審議会の様子，および国会審議の過程について，本書第1章参照。なお法務省の担当課長は，出生地や居住要件など新たな要件の付加は，それまでそのような要件を必要としなかった準正子による国籍取得にも同様の要件を付加しなければならなくなることから，「相当でない」としたと説明している（秋山 2009: 5）。

◆Ⅱ◆ 国籍法改正と JFC

　国籍法違憲判決を受けた国籍法改正により，新たに国籍を取得することとなったのは，どのような人たちであろうか。国籍法改正は，母親をフィリピン人に限ったわけではないので，婚姻関係にない外国人の母と日本人の父から生まれたあらゆる子どもが対象になりうるが，先に述べた，興行ビザによる女性の来日の経緯などから，JFC による取得が大半であろう。このことと，他の国籍の母親から生まれた子どもについてのデータが存在しないことから，以下，JFC について検討する。

1　JFC による国籍の取得

　国籍法改正により新たに国籍を取得する対象となった子どもの数はどれくらいだろうか。裁判所の調査官からは 4 - 5 万人という推計も出されたようであるが（山口・宮地 2011：179），特にフィリピンで生まれ，日本人の父親の認知もなく，日本大使館で出生届けが出されていない子どもについては，正確な数字の把握のしようがない。

　日本でこのような判決が出され，国籍法が改正されたということについて，特にフィリピンに在住する母子には，情報を行き渡らせることは難しい。訴訟と前後して，現地の NGO の中には JFC 母子について独自の「登録」事業を始め，母子の状況や，国籍を取得しうる可能性について把握を進めているところもある（Nuqui 2008：496）。子どもが日本国籍を取得できると知って，こうした NGO に相談をしてくる母や，JFC という自覚を持ち始める子もいて，JFC は日々「発見・発掘」されている状況といってよい。

　国籍法改正に当たっては，衆参両院の附帯決議で，新たな条項による国籍の取得状況を半年に一度国会に報告することが求められた。所管する法務省では，この情報をホームページで公開しているが，現在公開されている情報は，過去 5 年間のものに限られ，かつ父母が婚姻している子と婚姻していな

◆第4章 国籍法違憲判決と血統主義

い子を分けていないため，訴訟の結果初めて国籍を取得できるようになった子がどれくらい国籍を取得しているかは判別しにくい。逆に，当初は上記を分けて数字が公表され，国籍法が施行された2009年1月1日から2013年6月30日まででは，合計2280名の「父母が婚姻していない子」が，国籍法3条により（父の認知を受けて）国籍の取得を認められている。

　数千名単位で，それまで日本国籍の取得を認められていなかった子どもたちが日本国籍を取得したことは，その一人ひとりの権利の重さを考えれば小さな数字ではない。それとともに，大多数のJFCは判決や法改正のことを知らないか，知っていても国籍取得には至っていないということも言える。

2　JFCとアイデンティティ

　では，日本国籍を取得したJFCは，国籍と「我が国との結び付き」についてどういう状況にあるのだろうか。これについては，網羅的な調査はないが，研究者やジャーナリストによる報告や分析が少しずつ積み重ねられてきている。そうした個々のデータから見えてくるのは，日本人の父，フィリピン人の母，という「血」による区分が，アイデンティティや文化を論じるうえでいかに頼りにならないか，ということである。「血」の上ではひとまずこのグループに入れられる子どもたちの間でも，たとえば以下の3つの類型では状況が大きく異なる。

（1）父母が婚姻関係にないグループのうち，日本で生まれ育ったグループ

　国籍法違憲判決をもたらした訴訟の原告団は，弁護団によって意識的にこのグループから選定された（本書第1章）。母親はフィリピン人であり，多くの場合興行ビザにより来日。日本人の父親との連絡は断たれている場合が多い。子どもは日本で生まれ育ち，日本の学校に通い，「普通の」日本人同様の振る舞いができる。最高裁判決後，母親たちとともに記者会見に臨み，翌朝の全国紙を大きく飾ったのもこうしたJFCたちで，「日本人と変わらな

い」というイメージを社会に与え得た。なお，母親は日本で長く暮らしており，日本語を話す場合が多いが，その能力には幅がある。従って，家庭内ではタガログ語でやり取りをしている場合もある。

（2）父母が婚姻関係にないグループのうち，フィリピンで生まれ育ったグループ

法的には(1)のグループと同じ地位であるが，訴訟の過程では表に出なかったグループ。母親はフィリピン人で，興行ビザで来日したものの子どもの出産前後にフィリピンに帰国，あるいは現地で日本人男性と出会い子どもを授かった。こうした経緯から，子どもはフィリピンで生まれ育ち，現地の学校に通ってきた。多くの場合，日本人父とのコミュニケーションは断絶していて，一度も会ったことがない。日本語はほとんどできない場合が多い。父の不在が心の傷となり，父親と連絡を取りたい，あるいは会いたいといった願望を強く抱き，いつか父親に会うために日本へ，と考えている子もいる(Ishikawa 2014)。

2008年の国籍法改正により，国籍を取得できることになり，取得後は，父親探しや就労を目的として来日。その際，母親も一緒に来日することがある。母子ともに日本語ができない状況では，日本社会への適応に苦労し，非熟練労働に従事することになる（JFCネットワーク 2014:21-22, Suzuki 2010: 46-49）。「新日系フィリピン人[5]」として，マスメディアにも社会問題として取り上げられることがある。日本人というよりは，外国人の扱いを受け，自分が日本人であるのかどうか，悩むことがある。

（3）父母が出生前から婚姻関係にあり，日本で生まれ育ったグループ

上記各グループと異なり，結婚している日本人の父とフィリピン人の母か

---

(5) 「日系フィリピン人」という場合に，第2次世界大戦以前にフィリピンに渡った日本人の子孫（2世や3世）のコミュニティを指すことがある。これと区別して，1980年代以降の日本の経済発展に伴う人的交流から生じたJFCなどを「新日系フィリピン人」と呼ぶ。

◆ 第4章　国籍法違憲判決と血統主義

ら生まれ，日本で生まれ育ったグループ。もともと日本国籍の取得資格があり，今回の法改正とは無縁のグループであるが，「血」の上では，上記各グループと同じく「日本人」と「フィリピン人」の血を持っている。しかし，多くの場合「完全に」日本人として育ち，本人も周囲も自身をフィリピン人あるいはハーフとしてすら，認識していないことが多い。日本人として育てられ，「母親がフィリピン人であること」を事実として認めることはあっても「自分は日本人」という姿勢であり，文化的な帰属に疑いを持つことは少ない（Jabar 2013, Almonte-Acosta 2008）[6]。

なお，フィリピン在住の JFC についての研究では，上記と同じく親が婚姻関係にあったとしてもそのアイデンティティは二つの文化に跨って多様であることが指摘されている（Ubalde 2013）。親の婚姻関係そのものよりも，どちらの国に居住しているかで違いのあることがわかる。

各グループの中でも，様々な状況やアイデンティティが生じうるが，これまでの調査で描かれた類型を見てみても，「血」が文化的帰属を確定するうえでいかに不安定な要素であるかがわかる。上記(1)(2)の類型は法的には区別されないものの，その状況・来歴やアイデンティティは大きく異なり，「我が国との結び付き」が相当ある者からほとんどない者まで含まれていると言えよう。他方(3)は，先の2つの類型と「血」の上では同じであるが，法的には扱いが異なり，当然に日本国籍の取得が認められ，自他共に「日本人」として生活してきた。JFC について，「血」だけをもって一律に論じることができないことは明らかである。

では，日本の国籍法を巡る論議でなおも原則として掲げられる「血統主義」とは，どういうものなのか。以下，日本の法制度の歴史，および国際的

---

(6)　Jabar（2013）は，このカテゴリーの子どもたちについて，本人のみならず，父親や学校の教師にインタビューを行い，父親も教師も子どもたちを日本人として扱っていて，子どもたちはバイカルチュラル（2つの文化）アイデンティティを持ち合わせず，むしろ日本のみに帰属しているようだと結論付けた。Almonte-Acosta（2008）は，日本人の父とフィリピン人の母を持つ子ども30人にインタビューを行い，大半が自分は日本人であることを強調したと報告する。父母の婚姻関係を問うていないが，文脈からそのほとんどが日本で生まれ育った子どもたちである。

◆Ⅲ◆　血統主義の混迷

な比較から，考察を続ける。

◆Ⅲ◆　血統主義の混迷[7]

1　明治国籍法と血統主義

　日本の国籍付与に際して，血統主義が採用されたのは，明治維新以降の国民統合の過程においてである。封建制度を廃止し，中央政府の法と支配の下に国民が直接置かれるに際して，国民の範囲の確定と，国民の一人ひとりの存在の正確な把握が必要となった。そのために戸籍制度が整備され，この戸籍への記載をもって，日本国民であることが確定したのである。戸籍＝国籍という仕組みは現在も変わらず，我々は外国から帰化したのでなければ，直接国籍を確認することがない。「先祖代々」戸籍に載っていて，その戸籍があることで国籍の存在が推認され，たとえばパスポートの申請などもできるのである。

　明治時代，この戸籍は「家」を単位として整備されていた。そこには一家の監督権を法律上も有する「戸主」があり，その地位は通常父から長男へと引き継がれた。この「戸主」のもとに，一家の構成員があり，一家は「戸籍」をもって管理された。一家の男子が妻を娶る場合，妻がその家の「籍を出て」，夫の家の「籍に入る」のである。当時は，戸主の権限のうちに入籍（法的な結婚）を認めることや，構成員を一家の籍から追いやることが含まれていた。「戸籍に載るか載らないか」は家庭の秩序を維持する道具となったのである。

　ここで明治新政府の下での，外国人の居住制限の緩和が問題となってきた。それまで，外国人の居住は外国人居住地に制限されてきたが，不平等条約の

---

[7]　筆者は学部生時代の卒業論文で明治国籍法と「日本人」の定義に関する論文を書いており（秋葉 1999），その時代以来の研究や思索をこの項に反映しているが，近年の研究である遠藤（2013），遠藤（2015）と視点を共有するところも多く，都度脚注で区別することが難しいので，ここにその旨注記しておきたい。

◆第4章　国籍法違憲判決と血統主義

解消を欧米列強に求める中で，外国人の国内の往来，居住の自由も課題となった。「内地雑居論争」と呼ばれるものである。もし内地雑居が進めば，日本人との交流も盛んになり，結婚を望むに至る例も増えてくることが予想された。その場合の国籍の扱いについて明確化する必要もあって，内地雑居の実施（1899年）とともに，初めて法律という形で国籍法が制定されたのである（秋葉 1999:16-17，遠藤 2015: 7 - 8 ）[8]。日本人同士（すでに戸籍に載っている者同士）の結婚であれば，女性が男性の「籍に入る」ことで済んだが，片方が戸籍に載っていない外国人である場合には，どのような扱いとなるであろうか。

　ここで採用されたのが「夫婦同一国籍主義」「父系血統優先主義」である。つまり，夫婦の国籍は同一でなければならないとし，夫婦で国籍が異なる場合には，夫の国籍を優先させる考え方であった。この考え方に則り，日本人女性が外国人男性と結婚した場合には日本国籍を喪失することとなったのである。他方で外国人女性が日本人男性と結婚した場合には，日本人女性同様に夫の「籍に入る」こととなり，それによって日本国籍を自動的に取得したのである。今日，男女の国籍が婚姻により自動的に変化することはないが，当時は夫婦同一国籍が「当然」という考え方の下に，本人の意思に関わらず女性の国籍が変わったのである（結婚すること自体が，国籍が変わってもよいという意思表示であるとみなす論調もあった[9]）。

　女性が男性の国籍に合わせるという規定には例外もあった。それは日本人の女性が一家で唯一の跡継ぎだったなどの理由で，「女戸主」となった場合である。この場合には，男性が女性の家の籍に入る「入夫」婚が認められた。それが外国人の男性であった場合には，同じく「入夫」婚をすることで，女性の家の籍に入り，そのことにより日本国籍を取得したのである（明治国籍法第5条の2）。こうしてみると，日本の家族制度は，「家」の維持が最優先

---

(8)　明治32年法律第66号（以下「明治国籍法」）。なおこれ以前に太政官布告として「外国人民ト婚姻差許条規」（1873年）がある（遠藤 2013:85）。

(9)　法典調査会国籍法案審議（1898年）における梅謙次郎委員の発言（遠藤 2015: 8 ）。

の価値観としてあり，その装置として「戸籍」が存在し，「戸籍」に依拠するステータスとして「国籍」があるという構造であったことがわかる[10]。そして，「家督」（戸主の地位）が父から子へと先祖代々引き継がれるものである以上，国籍も同じ思想に立って血統主義を採用することになる（佐々木2006:157）。日本人の「家」に属さぬ外国人の父から，いきなり日本人が生まれることになる出生地主義は，その思想と相容れなかったのである。

　明治国籍法における「血統主義」は，原則として親から子へと国籍が引き継がれるという意味では「血統」主義であったが，必ずしも国籍＝日本人の血ではなかった。日本人の女性であっても外国人男性と結婚すれば日本国籍を喪失したし，外国人の女性が日本人の男性と結婚，あるいは外国人男性が日本人女性の家に「入夫」婚をした場合には自動的に日本国籍となったのである。そこでは日本人の血を持つかどうかということよりも，戸主とその構成員を中心とした日本の「家」制度との整合性を維持することこそが最優先の基準であった。「血」は家制度の都合で入れ替わりうるものであった。

2　血統主義の展開：植民地政策と日本人の「血」

　「家」制度の下の国民統合が最優先目的で，そのためには「血」は柔軟に観念され得るものであることは，その後，日本政府が植民地政策を取るようになってから，一層明らかになった。植民地で追求されたのは，その住民も「日本人」として同化させる政策であった。教育文化政策の面でもそうであったが，問題となるのは身分である。彼らを日本の戸籍・国籍の制度の下にどう位置付けるか。

　それまで結婚や帰化の際に個別に認められていた外国人の日本国籍取得に，植民地獲得に伴う国籍の一斉付与という新たな方法が加わった。もともと明治国籍法は，家族同一国籍の原則の下，親子（父子）の間で国籍が継承されるものとしたほか，外国籍の者が一家の養子に入った場合にも，国籍を取得

---

(10)　これが今に至るまで，日本人と外国人が結婚をした場合，外国籍の配偶者は戸籍に載らない問題として引き継がれている。

◆ 第4章 国籍法違憲判決と血統主義

することとしていたのである（明治国籍法第5条の4）。そのことにより、異なる「血」を持つ者であっても日本人の「血」に同化されたのである。植民地となった台湾や朝鮮出身の住民であっても、このような擬制（養子に入り、同化する）のうえに日本の国籍に編入することはできた。

　但し、植民地出身の住民に対する区別がまったくなくなったわけではなかった。戸籍に載ることが国籍を持つことの証であったが、植民地には日本（本土）の戸籍法は施行されず、植民地ごとに、似たような仕組みが別途整備された（あるいは既存の制度が活用された）のである。こうした植民地ごとの制度は「外地籍」と呼ばれ、植民地（外地）の住民は「内地」の住民と分けて管理されることとなった（遠藤 2013：161-230）

　植民地政策における「養子」の擬制による「血」の同化は脆いものだったらしく、戦後、植民地が独立し、日本の一部でなくなるとともに、旧植民地出身者は一転して日本国籍を剥奪されることとなった。これを可能にしたのが「外地」籍の存在であり、「外地」籍にある者から一斉に国籍を奪うことができたのである。一時期「養子」として日本人の「血」に連なっていた者は、再びその「血」を失うこととなった[11]。また、かつて「内地」の籍にあった者でも、結婚によって「外地」の籍に入っていた場合は、「外地」人として日本国籍を失った。

　このように「血」とは国策によって定義され、変更されうる、柔軟な観念であって、生物学的に確定されたものではなかったのである。

3　国際結婚と血統主義

　日本人の「血」とは何なのか。国籍と家族、「血」をどう考えるのか。上述したように、その議論は日本という国が国際情勢の変化と人々の国際的な移動・交流に直面するたびに大きな変動に直面してきた。その最新のフェーズが、経済の発展とグローバル化に伴う人々の交流の一層の活発化である。

---

(11)　昭和27年4月19日付民事甲第438号各法務局長、地方法務局長宛（法務府）民事局長通達。

◆Ⅲ◆　血統主義の混迷

このフェーズの特徴は，従来にも増して人々の移動が容易であること，それに伴い，文化的な帰属性や個人の所属意識などを包摂した「アイデンティティ」が錯綜し，かつ流動的であるということだろう。かつては日本人の「血」（親子関係）をもって，文化的同一性を推定することができていたとしても，今日，この「血」から何かを推定することは困難になってきている。それにも関わらず，この不確定な「血」に国籍という重大なステータスを依拠させている状況が問われていると言えよう。

　まず，以前の制度と大きく異なるのが，1984年の国籍法改正の際に採用された「父母両系血統主義」である。戦後の国籍法改正により，婚姻関係によって国籍は変動しないようになっていた。そのため国際結婚の夫婦の国籍は異なることになった。そこで子どもの国籍はどうか，という場面で，父系血統主義に基づき男性の優位が維持されていたのである。日本人女性が外国人男性と結婚した場合に，その子どもには日本国籍が承継されない。これが男女差別に当たるという議論が広まり，日本は女子差別撤廃条約の批准に合わせて，1984年に国籍法を改正し，日本人母からも国籍の承継を認めたのである[12]。

　このことは，副次的効果として，二重国籍問題の広がりをもたらした。それまでも，出生地主義と血統主義が交錯した場合（たとえば，出生地主義を採るアメリカで，血統主義を採る日本人の親から生まれた場合）子どもが両方の国籍を取得し二重国籍となることはあった。ところが，父母両系血統主義の広がりによって，父，母ともにこれを採用する国の出身である場合，子どもは父の国籍と母の国籍を取得するという二重国籍も生じることとなった。原理的には，これが出生地主義と交錯すれば三重国籍にもなる。このため重国籍にどう対処するかが国会で議論となり，成人後2年以内に国籍の選択を求める「国籍選択制度」が創設されたのである。その後，先進国においては次第に重国籍の黙認から容認へと思潮が変わりつつあるが，日本ではなお，重国籍に否定的な見解が強い。

---

(12)　「国籍法および戸籍法の一部を改正する法律」（昭和59年5月25日法律第45号）。

◆ 第4章　国籍法違憲判決と血統主義

　このように，国際結婚の増加と，男女平等の考えの広がり，それに伴う父母両系血統主義の採用によって，子どもの「国籍」はより複合的，流動的なものとなっている。国籍法違憲判決によって，新たに日本国籍を取得することとなったJFCにもこれは当てはまる。フィリピンは父母両系血統主義を採用しているため，JFCは従来フィリピン人母からフィリピン国籍を承継していた。今回の法改正により，JFCは日本人父の認知により日本国籍も取得し，二重国籍となるのである。JFCやその支援団体の中には，日本，フィリピンともにJFCの国であり，アイデンティティの源であるとして，二重国籍の容認を求める声も見られる。

　ここで，「血」に立ち戻って考えてみると，それによって人々の国家への帰属＝国籍を決定できるのか，不確定要素が多くなる。両親ともに日本人で，日本で生まれ育ったならば，この「血」と自身の帰属について疑うことはほとんどない。しかし，親が日本人ではない場合，あるいは外国で生まれ育った場合，「血」と帰属の関係は流動的になる。父母両系血統主義により，子どもは日本人の父とフィリピン人の母双方から国籍を継承する。その前提となっているのは，最高裁の多数意見によれば「我が国との結び付き」である。血はどこまでそれを証明するのだろうか。また，その血がさらに「薄まった」場合，たとえば日本人とフィリピン人と韓国人とアメリカ人の祖父母を持つ子どもの場合，「血」はどの国と結びついていると言えるのだろうか。どこの国とも深く結びついていないこともあれば，2つ以上の国と結びついていることもあるだろう。もし「血」と「結び付き」から国籍を導こうとすれば，子どもの国籍は容易に確定し難いし，場合によっては重国籍も認めるべき，という議論にもなりうる(13)。

　JFCの問題をきっかけとして国籍法の改正は，さらに別の問題も生んでいる。それは，ある種の子どもたちには（JFCなど）国籍取得の機会を広げた一方で，「血」や「結び付き」という点では同等の地位にあってもおかし

───────────────

(13)　但し，個人の文化的アイデンティティや帰属意識という主観的観点とともに，徴兵や徴税等の政策的観点もあり，その双方相まって，従来重国籍が問題視されてきた。

170

くない子どもたちにはその機会を認めず，不公平感を呼んでいる点である。これが「国籍の喪失」の問題である（国籍法12条）。結婚している日本人の親から外国で生まれた子どもは，そのことで外国の国籍を取得する場合，親が3ヶ月以内に日本大使館を通じて「国籍の留保」を届け出ないと，子どもは日本国籍を喪失する。フィリピンに在住するJFCの中には，親がこの届出について知らなかったり，怠ったり，間に合わなかったりなどの理由で，日本国籍を喪失してしまった子もいる。親が婚姻関係にないJFCの場合，父親が20歳までに認知をすれば日本国籍を取得できるのに，婚姻関係にある両親から生まれたJFCは親が出生後3ヶ月以内に届けなければならない。親の婚姻関係を「日本との結び付き」の証左として重視するこれまでの議論からすれば「逆転」した現象であるが，最高裁はこの違いを憲法違反とする訴えを退けている[14]。この扱いの違いは「血」や「結び付き」の有無では説明できない[15]。

　以上のように，日本における「血統主義」の運用は，社会の実情との間で，様々な矛盾や問題を提起している[16]。そこで最後に，比較法的な観点も交え，今後のあり方について検討したい。

◆Ⅳ◆　血統主義の今後

1　意図の再確認と精緻化

まず，日本が国籍の取得を「血」と結び付けている理由を再確認する必要

---

(14)　最三小判平27・3・10民集第69巻2号265頁，平成25(行ツ)230

(15)　ルポではあるが，この立場に置かれたJFCの心象や法のギャップを描いたものとして，野口（2015）96-107頁。

(16)　佐々木（2006）は，「コリア系日本人」のアイデンティティと国籍に関する研究において「（帰化）制度の背景に設定される『日本人』イメージと，現実に国籍を取得している人の間にあるズレ」を指摘し，「アイデンティティの錯綜性」への対応を求める（その一つが「コリア系日本人」という言い方である）。血統と帰属性を同一視しないという点で，本稿と視点を共有する。

◆ 第4章　国籍法違憲判決と血統主義

があるのではないだろうか。JFC の国籍を巡る訴訟でも表出した政府の考え方には，「血」が「日本との結び付き」を推認させるという見方が根底にある。日本人の父と外国人の母が結婚して生活を営んでいる場合には，日本人の父との家族生活を通じて「日本との結び付き」が形成される一方，両親が婚姻関係にない場合には，その結び付きがより薄い場合が多く，この場合には国籍を自動的に付与することは妥当でないと考えた，というのが旧国籍法の説明であった。つまり，日本人の「父」（血）との関係の強さ（生活の一体性）をもって，日本との結び付きと日本国籍の取得を決していたのである。

　しかし，人の移動と交流が多様化するなかで，「血」と「結び付き」の関係はより流動的となっている。片方の親が日本人どころか，両方の親が日本人であっても，外国で生まれ育ち，日本との関係が希薄で，日本語を話せない子どももいる。他方で，「在日朝鮮人」3世などは，祖父母以来3世代（あるいはそれ以上）に渡って日本に居住し，ほとんど日本人と変わらない生活をしているにも関わらず，自発的に帰化をしない限り日本国籍の外に置かれ続けている。

　「在日朝鮮人」のように数世代に渡って日本に住まう人に限らず，1980年代末より多く来日した日系ブラジル人の子どもも，日本で生まれ育ち日本人の子どもと変わらない場合もある[17]。それにも関わらず，彼らも（親が日本人の「血」を引いているにもかかわらず，ブラジルで出生した際に親が日本国籍を留保しなかったなどの制度上の問題で）日本国籍を持たない。日本人の父がいるがフィリピンで生まれ育ち日本を知らない JFC と，「日本人の血を持たない」[18]が事実上日本人として生活している在日朝鮮人の3世と，日本で生まれ育ったものの国籍を持たない日系ブラジル人2世を並べたときに，血と「日本との結び付き」の推認がいかに不正確であるかがわかる。

---

(17)　親とともに移住した子どもが学校に溶け込めずに不登校となるなどの「未就学児童」問題が深刻化した時期もあるが，これは子どもが親に連れられて日本に移住した際の年齢（と語学能力）にも左右される。近年は日系ブラジル人の定住が進み，日本で生まれ育ち，はじめから日本の学校に通い日本語で教育を受ける子どもが増えていると思われる。

172

◆Ⅳ◆　血統主義の今後

　そこで「国籍」を何に根拠付けているか，問いにあらためて立ち戻った場合，「血」ではなく「日本との結び付き」が中心にあったと考え直すことはできないだろうか。その場合，国籍取得を巡る法制の機軸になるべきは「日本との結び付き」であって，従来のように「血」をもってそれを間接的に推認させる考え方を見直すことも視野に入ってくる。

2　出生地主義の検討

　もし「日本との結び付き」を軸に国籍の付与を考える場合，「血」ではなく「土地」をベースにすることも検討の対象としなければならない。従来，出生による国籍の取得については，日本のように血統主義を採用する国と，アメリカのように出生地主義を採用する国に二分されてきた。前者は民族的な一体性を重視する国が多いとされ，後者はより広く移民に開かれた国が多いとされる。

　出生地主義は，親の出自に関係なく，その国の領土・管轄下で生まれたすべての子どもに自動的に国籍を付与する考え方である。出自による不利益を子ども世代にまで継承しない，そのことにより国民の統合を図るものともいえる。たとえば，アメリカではかつてアジア系移民が排斥され，アジア系移民１世は「帰化不能外国人」として帰化によってもアメリカ国籍を取得できない時代があった。それにも関わらず，その子どもたち（２世）は自動的にアメリカ国民となったのである。それですぐに社会的差別が解消されたわけではなかったが，少なくとも「国民」として同等の権利を求める地位に置かれ，「国民」としての社会的な認知を獲得し得たのである。今日，出生地主義の恩恵を受けている新たな集団は，メキシコ系を中心とした不法移民の子

---

(18)　「日本人の血を持たない」といえども，ひとたび帰化すれば在日朝鮮人も「日本人」になり，血統主義のもと「日本人」として子に日本国籍を継いでいくことになる。また彼らは，帰化をすれば「日本人」であり，しなければ「朝鮮人」として扱われる。ここでも「血」や「民族」は生物学的な概念ではなく，人々の意思で変わりうる文化的・社会的な概念であることがわかる。

◆第4章 国籍法違憲判決と血統主義

どもたちであろう。親のステータスに関わらず国籍を付与する出生地主義により，子どもたちはアメリカ国民として生活をしていける。もしこの原則がなく，子どもたちも不法のままであったなら，アメリカでおそらくは一生を過ごしながらも法的には様々な不利益を受ける「二級市民」がアメリカ社会に大量に出現したことになったであろう。社会統合の観点から，出生地主義は一定の効果があると考えられるのである。

但し，出生地主義を採用すれば，「国籍」と「国との結び付き」が血統主義の場合以上に推認できるかというと，必ずしもそうでない。人の国際移動がある限り，この推認は容易に破られるからである。たとえば，アメリカに一時滞在中の外国人が子どもを生み，その後，親子とも親の出身国に帰国した場合，子どもはアメリカ国籍を自動的に取得しているものの，アメリカとの文化的なつながりは希薄であることもある。また，前述の不法移民の子どもに関しても，同じ不法移民の子どもでもアメリカで生まれればアメリカ国籍を自動的に取得するのに対し，たとえば1歳でアメリカに連れてこられた子は，国籍もビザもない不法移民となる。両者が等しくアメリカで生まれ育ち，自身をアメリカ人だと思っていても，前者は国民であり，後者はその対極である不法移民となる。このように，出生のタイミングという偶然で国籍が決まり，そのことと「国との結び付き」に関しては，実態としてギャップが生じ得ることは血統主義も出生地主義も同様の欠陥を有する。

3 諸外国の動向：double jus soli を中心に

このように，血統も出生地も「国籍」という非常に重要なステータスを根拠付けるには恣意的で，不公正な結果をもたらす可能性が存在する中で，どのような対応の方法が考えられるだろうか。そこで，先進諸国の法制を見た場合，近年，血統主義あるいは出生地主義の一方に拘らずに，両方の原則を取り入れて，あるいは一方が他方を補完するようにして，人々の移動と交流により複雑化した「帰属性」の問題に対応しようとする姿勢が顕著である。

たとえばアメリカでは，出生地主義を原則としつつ，血統主義の要素を持

174

◆Ⅳ◆　血統主義の今後

ち込み，国外でアメリカ国籍の親から生まれた子どもたちにアメリカ国籍の取得を認めている。たとえば，両親ともにアメリカ国籍で婚姻関係にある場合には，少なくともどちらかの親が子どもの生まれる前にアメリカに居住していたことがあれば，子どもはアメリカ国外で生まれた場合でもアメリカ国籍を取得する。アメリカ人の夫婦が仕事などで日本に渡ってそこで子どもが生まれた場合も，アメリカ国籍が付与されるのである。これ以外に，片方がアメリカ国籍であった場合，両親が婚姻関係にある場合とない場合などに分けて，国籍付与の要件が規定されている[19]が，いずれも親がアメリカに在住していた期間を主な要件としていて，要するに「土地」とのつながりが，アメリカの外にいる場合にも意味を持ってくるものである。このことから，出生地主義を血統主義により補完した考え方と言える。

　フランスは，血統主義を原則として採用しているものの，これを相当に出生地主義で補っている。まず，親のいずれかがフランス国籍であれば，子どももフランス国籍を取得する。ここまでは日本と同じである。しかしこれに加え，両親がフランス国籍でなくとも，いずれかの親がフランス生まれである場合，フランスで生まれた子どもはフランス国籍となる。つまり，移民3世は出生によりフランス国籍を取得することになり，日本の「在日朝鮮人」3世のようなケースがなくなる。親も子もフランス生まれの場合には出生地主義が適用するこの考え方は「二重出生地主義，加重的生地主義（double jus soli）」と呼ばれる。さらに両親ともに外国出身の（フランス生まれでない）場合でさえも，子どもがフランスで生まれ，学齢期の一定期間フランスに居住している場合，帰化手続きによらずに，届出によって国籍を取得できる。幼少期よりフランスで生活している実態をもってフランス人として認めるものであり，血統に拘らずに，出生や居住に，国籍取得の根拠を見出しているものである[20]。

　ドイツはかつて，「血統」「民族的な一体性」を国民の定義のうえで重視する国家として，日本に近いとされてきた。しかし，そのドイツにおいても，

（19）　出生による国籍の取得については，移民帰化法301条から309条まで細かく規定されている。Immigration and Nationality Act, Sec. 301-309.

◆ 第4章　国籍法違憲判決と血統主義

血統主義を出生地主義的な考え方で補完する動きが強まっている。1980年代以降，世代を超えてドイツに居住する外国ルーツの住民にドイツ国籍を付与する「第三世代出生地主義」や「第二世代出生地主義」が繰り返し連邦議会に提起されるとともに，それにより増加が予想される二重国籍への対応を巡って，これを容認する政党，否定する政党がそれぞれに法案を提出し真っ向からぶつかり合ってきた（佐藤2009，広渡2014）。1999年に成立した国籍法の改正により，外国人の両親から生まれた子どもも，ドイツで生まれ，8年間合法的に滞在していればドイツ国籍を取得できることになった。この時点では二重国籍は否定され，ドイツ国籍取得により二重国籍となる子どもは，成人（18歳）後5年以内の国籍選択が義務付けられた。

しかし，こうした二重国籍の子どもの国籍選択の時期が迫ってきた2014年には，一定期間ドイツの学校に通っていることなどを条件に，二重国籍の保持を認める法改正がなされ，外国人の子どもはドイツ国籍の取得と親の国籍の保持をともに認められるに至っている（国立国会図書館2014）。このように，かつては日本同様に血統主義に依拠し，かつ二重国籍に否定的だったドイツでさえ，出生地主義の要素を加味し，二重国籍も容認するようになり，「移民に対して開かれた」国になりつつある[21]。

このように，アメリカ，フランス，ドイツともに，従来の出生地主義や血統主義の二者択一的な志向に囚われずに，「この国に帰属するのは誰か」という本質的な問いを行いながら，出生による国籍の取得要件に柔軟な変更を

---

(20)　館田（2010）は，血統主義と生地主義を巡るフランスの議論を概括して，そのいずれの場合も「過去または将来の居住」を通じた国家や社会との「絆」に立脚していたと指摘する。そのうえで，日本の血統主義についても，「自然的血統を重視したethnos的理解」以外にも「国民たる親に養育されることによる国家との繋がり」など複合的な性質を持つものであるとする。

(21)　佐藤（2009）によれば，従来ドイツについては民族的出自を重視する「エスノ文化的な」ネーション理解がなされてきたが，1990年代の国籍法改正論議ではリベラル派だけでなく保守派もこのようなネーション理解に立脚した議論はしておらず，出自に関わらず人々の帰属を認める「市民的・国家中心的」なネーション理解を示していたという。これを前提として，移民の社会統合の過程における国籍の位置付けなどについて保革の対立があったとする。

176

加えている。

◆V◆ 結びに：国籍法違憲判決と法，社会

「我が国との結び付き」を親の婚姻の事実のみで決することはできず，これを一律の要件として子どもの国籍を否定することは不合理である，という最高裁の問題提起は，時勢にかなったものであった。しかしこの問題提起について，政治や社会の場で議論が深まることはなく，むしろ議論になることを懸念するかのように「親の一方が日本人であるなら子どもも日本人」という一見わかりやすい法改正に帰着したのが，国籍法違憲判決に伴う国の対応であった。

JFCの権利という観点からは，それは明快な救済策であったかもしれない。ただ，JFCの問題が出てきたのは，人々の国際的な移動と交流に伴い，その国家への帰属が複雑化する中で，従来のような固定観念に縛られた国籍法制が限界に達していたからである。「我が国との結び付き」とそれに伴う国籍の取得を認められるべき人は誰なのか。このことを考察する契機が判決により与えられたにも関わらず，日本社会はこの本質的な議論を避けてきた。そのため，「血」を根拠に日本国籍を取得し，法的に「日本人」となる子どもがいる一方で，その子どもと同等かそれ以上に「日本人」と考えることができる性質を備えているのに国籍は取得できない（極端な場合，不法外国人の扱いを受ける）子どもが多数いるギャップを生じている。

国籍法違憲判決の論理とその後の日本社会の状況，そして日本に先んじて社会の現実に即した法のあり方を模索してきた諸外国の法制を検証し，日本とはどういう国なのか，その国民たる要件はどうあるべきなのか，真っ向から議論すべき時ではないだろうか。

〔文　献〕
秋葉丈志（1999）「明治国籍法の条件と構造――『日本人』創生のための同化と排除」（早稲田大学政治経済学部卒業論文）。http://papers.ssrn.com/sol3/papers.

◆ 第4章　国籍法違憲判決と血統主義

cfm?abstract_id=1796664

── (2014)「国籍法違憲判決と政策形成型訴訟」法社会学 80 号 243-276 頁

秋山実(2009)「国籍法の一部を改正する法律の概要」ジュリスト 1374 号 2-9 頁

Almonte-Acosta Sherlyne (2008) "Ethnic Identity: The Case of Filipino-Japanese Children in Japan, 8:2 Asia-Pacific Social Science Review 17-33.

遠藤正敬(2013)『戸籍と国籍の近現代史 ── 民族・血統・日本人』明石書店

── (2015)「『日本人』の資格と血統主義の採用 ── 国民統合における家・戸籍・国家の連繋」大阪経済法科大学アジア太平洋研究センター年報 12 号 2-9 頁

広渡清吾(2014)「国籍・市民権・民族所属性 ──「人と国家の関係」の法的形象をめぐって」専修法学論集 120 号 103-164 頁

館田晶子(2010)「血統主義の意味・試論 ── 国籍法違憲判決を素材にして」跡見学園女子大学マネジメント学部紀要第 9 号 51-63 頁

Ishikawa, Ken (2014) "Invisible Children Searching for Invisible Men: Japanese Filipino Children and Their Quest for Their Japanese Fathers," 15 Kyoto Review of Southeast Asia (online journal).

Jabar, Melvin A. (2013) "The Identity of Children of Japanese-Filipino Marriages in Oita, Japan," 19 (1) Japan Journal of Multilingualism and Multiculturalism 28-39.

JFC ネットワーク(2014)『改正国籍法施行以後のジャパニーズ・フィリピーノ・チルドレンの来日と就労の課題』(2013 年度パルシステム東京市民活動助成調査報告書(改訂版))

国立国会図書館調査及び立法考査局(2014)「ドイツ ── 国籍法の改正」外国の立法(2014.11)

野口和恵(2015)『日本とフィリピンを生きる子どもたち ── ジャパニーズ・フィリピノ・チルドレン』あけび書房

Nuqui, Carmelita (2008) "International Migration, Citizenship, Identities and Cultures: Japanese-Filipino Children (JFC) in the Philippines," 12 (3) Gender, Technology and Development 483-507.

松崎百合子(1999)「国籍・在住権をめぐる支援運動」城忠彰=堤かなめ編『はざまに生きる子どもたち ── 日比国際児問題の解決にむけて』法律文化社，75-91 頁

佐々木てる(2006)「日本の国籍制度とコリア系日本人」明石書店

佐藤成基(2009)「『血統共同体』からの決別 ── ドイツの国籍法改正と政治的公共圏」社会志林(法政大学社会学部学会)55 巻 4 号 73-111 頁

Suzuki, Nobue (2010) "Outlawed Children: Japanese Filipino Children, Legal Defiance and Ambivalent Citizenships," 83:1 Pacific Affairs 31-50.

Ubalde, Marrianne (2013) "Diverging Narratives: Lives and Identities of Japanese-Filipino Children in the Philippines," 49:2 Asian Studies: Journal of

◆V◆　結びに：国籍法違憲判決と法, 社会

Critical Perspectives on Asia 76-115.

山口進・宮地ゆう(2011)『最高裁の暗闘 —— 少数意見が時代を切り開く』朝日新聞出版

渡辺千原(2010)「法を支える事実 —— 科学的根拠付けに向けての一考察」立命館法学 2010 年 5・6 号 1803-1846 頁

◆ 第5章

国籍法違憲判決と今後の司法のあり方

I 国籍法違憲判決と法改正過程
II 国籍法違憲判決と今後の司法
III 今後の研究課題
IV 結 び に

最後に本書の研究を踏まえて，今後の司法と政治の関係のあり方について考察したい。国籍法違憲判決のように，裁判所が柔軟な憲法解釈を行って，積極的に立法府・行政府に対するチェック機能を果たしていく場合，こうした違憲立法審査と裁判所による憲法判断への立法府（国会）や執行府（内閣）の対応や態勢も変化を迫られると考えられる。

◆ I ◆ 国籍法違憲判決と法改正過程

1 積極的な司法審査と政策形成型訴訟

本書が論じてきたように，国籍法違憲判決は，憲法の求める「法の下の平等」を裁判所が時代に即して柔軟に解釈し，国籍の取得資格という重要な政策的要素を含む事項について，子どもの権利を第一に据えて，権利侵害を認め，さらに直接的にその救済を図ったものである。

この判決は偶然の産物ではなく，こうした柔軟な憲法解釈と積極的な違憲立法審査権の行使を重ねてきた裁判官が下級審でも最高裁でも次第に力を増し，長年争われてきた婚外子差別全般の問題を視野に入れながら，時代の流れに沿った判決を下すに至ったものである（第2章，第3章）。

またこの判決に至った訴訟自体，一原告が突発的に起こしたものではなく，長年 JFC の権利擁護に取り組んできた支援団体である JFC ネットワークが，

◆ 第5章　国籍法違憲判決と今後の司法のあり方

戦略的に原告団を組織し，メディア対応や国会・行政への働き掛けも行いながら提起したものである。JFC ネットワークは法改正の方向性とその施行後の運用にも目を配りながら，JFC による国籍取得の支援を続けている（第1章）。それがこの訴訟を「政策形成型訴訟」と位置付けた所以である。

それと同時に，違憲判決を受けた国籍法の改正は，一面ではこれまで取得できなかった JFC（婚外子，かつ生後認知）に取得資格を与える一方，判決が立法目的として認めた「日本との結び付き」の確保の観点では原告とそう変わらない場合も多い他の JFC（親が婚姻関係にあるものの海外で出生し，その際国籍の留保届の提出を怠ったために国籍を喪失した場合など）は国籍の取得資格から漏れるなどのギャップも生じている（第4章）。

原告の権利救済の観点からは明快で，マイノリティの権利の擁護という裁判所の役割を開拓した判決と位置づけられるが，国籍の取得資格という国の方向性に関わる重要課題について，必ずしも議論を尽くしたとは言えない結果も招来している。それは，以下に述べる司法と政治あるいは社会との間の「対話」の欠如に一因があると思われる。

2　省略された「対話」

国籍法違憲判決を受けての政府・国会の対応については，本書第1章で詳述した。早いペースで法改正が実現し，原告らの権利の速やかな救済にはつながったものの，国籍の取得資格という事案の性質からすればさらに詰めて議論をすべきところもあり（第4章），また実際にそうした議論の芽生えもあったのに，「既定路線」として議論が省略されたことには課題もある。

こうした政府・国会の対応には，憲法制定以来，日本の裁判所がそれほど積極的に違憲立法審査を行ってこなかったゆえに，「稀な」違憲判決に対応する態勢が確立していないことがあるように思う。滅多にない違憲判決であるゆえに，それがクリティカルに検証されることもなく受け入れられてしまう面があるのではないか。国籍法改正の際，法制審議会が，「違憲判決に対応するため」として，なお論争の余地のある法案の審議手続を省略している

182

◆ I ◆　国籍法違憲判決と法改正過程

ことにもこの姿勢が示されている。

　しかし判決が指摘した問題は，何十年も前から学界からも政府の検討過程でも指摘され，かつ意識的に違う方針が採られてきたものである。今回問題とされた規定（国籍法3条1項）は，それが設けられた1984(昭和59)年の国籍法改正の審議段階で，法制審議会の委員から合理性がないという意見が出されながら，その意見は採りいれられなかったという[1]。そのことを巡って数次にわたる訴訟が提起され，最高裁でも2002(平成14)年には合憲判決が下った。そして今回の訴訟でも東京地裁と高裁の間で意見が真っ向から対立し，最高裁内部でも意見が割れ，多数意見に同調した裁判官の中にも国会による対応の選択肢を別に意見として例示するものが複数あった。

　このように最高裁判決の多数意見は絶対的なものではなく，またこれを受けた法改正のあり方も一つに限られたものではなかった。

　違憲判決を受けて，法務省民事局が用意した改正案は，日本人である父の認知があれば，その時期や父母の婚姻の有無に関わらず届出による日本国籍取得を認める，というもっとも条件の低い，素直なものであった。しかし，最高裁の違憲判断の根幹は，等しく日本人の父から生まれ，認知を受けているのに，父母が結婚しているかどうかだけで「国との結び付き」を断じて国籍に区別を付けることには合理性がないという分析である。従って，その対応策には，認知があれば無条件に国籍を付与する，という実際の法改正で採られた方法の他にも，「国との結び付き」を担保する一定の要件を追加するという方法もないわけではなかった。

　無論そうした代替案を法務省が無視したわけではなく，それらを検討したうえで，代替案では新たな問題が生じるとの結論に至ったとのことである（国友2009:18-19）。「国との結び付き」を証明する具体的な要件を付加することについては，従来生まれながらに日本国籍を取得できていた子ども（父または母が日本国籍で両親が婚姻関係にあった，もしくは出生時までに日本人父の認知があった子）にはそういう要件がなかったのに，なぜ親の結婚や認知

---

(1)　1984年の国籍法改正の際，法制審議会国籍法部会などの場で，山田鐐一委員がこの主張を展開したという（国友2009:16)。

183

◆ 第5章　国籍法違憲判決と今後の司法のあり方

が出生後になった子どもにはそれを求められるのか，という新たな問題（違憲訴訟の可能性）を生みかねない。またこれを回避しようとしてこれまでそれを問われなかった子どもにまで同様の要件を付加すれば，判決とその法改正の結果「国籍を取得できない」子どもが新たに生じるという逆説的な結果にもなっただろう。

　従って，実現した法改正は新たな差別につながる恐れの少ない，また新たな不利益を科すことのないまっとうなものだったと言える。しかし，結果としてそう言えるにしても，審議会や国会が様々な選択肢やその影響の検討をせず，国籍という重要な問題について，政策の転換を含む法改正を行ってしまうことには課題もある。

　第1章で指摘したように，国籍法違憲判決と国籍法改正案の提出を受けて，国籍のあり方，憲法解釈のあり方や司法のあり方について，議論の提起を試みる議員もあった。そうした議論を深めたうえで，一定の結論を出すのが，国民を代表する国会の責任であろうし，このような裁判所と立法府・執行府の「対話」を通じて，憲法についての共通理解が深まり，その価値観が実現していくものであろう。

◆ II ◆　国籍法違憲判決と今後の司法

1　司法行動の「政治性」

　もし，裁判所が今後も柔軟な憲法解釈を行い，重要な政策的な要素を含む事案について積極的な違憲審査を行う場合，立法府（国会）や執行府（内閣）も，裁判所とのこうした緊張関係を前提にした，態勢整備を行う必要がある。

　まず，国会でも一層，憲法と司法審査への理解を深め，裁判所の判決への対応を充実させるべきである。本書が国籍法違憲判決を中心に解き明かしてきたように，憲法解釈も司法審査も，裁判官の「個性」や裁判官同士の力学，裁判所という組織の利害や最高裁・高裁・地裁の間での複数の事案や事件を巡る「やり取り」に影響を受けるという「政治性」が内在する。

◆Ⅱ◆　国籍法違憲判決と今後の司法

　このことを前提とした場合，裁判所の判断を，それが合憲であろうと違憲であろうと，唯一無二の結論と神格化すべきでない。様々な見解があり得る中で駆け引きもあり，裁判官の間で一応の結論（時にはそれは合意や妥協に基づき，時には強引な多数決による場合もあろう）に達したのが判決である。裁判官が変われば，あるいは環境や条件，時代が変われば別の結論もあり得る。このように判決を相対化する視点が必要になる。

　これは判決を軽視すべきということではない。三権のうちの一つ，中でも憲法上明示的に違憲立法審査権を付与されている機関の判断として尊重しなければならない。ただその中にあっても，判決あるいは裁判所・裁判官に対する一定の「問題意識」を持ち，三権の間で国の方向性を巡る「対話」を深めることが重要である。その具体的な方策として以下のようなことが考えられる。

2　裁判官の選任

（1）アメリカの場合

　まず裁判官，特に最高裁判事の選任過程について再検討すべきである。裁判官によって関心や志向，憲法解釈の手法が大きく異なり得ることを前提に，最高裁にふさわしい人選をこれまで以上に注意深く行う必要がある。

　アメリカの場合は，合衆国憲法の規定により，連邦裁判所の裁判官は大統領が指名し，連邦議会上院の同意を必要とする。アメリカでは，1970年代に女性の妊娠中絶権を「プライバシー権」の一環として最高裁が合衆国憲法上の権利と認め，州による様々な規制について積極審査を行ってきたことが特に政治的論争を呼んできた。また，人種差別への対応，銃規制への対応なども，憲法解釈が分かれるところである。さらにはテロ対応を名目とした大統領権限の拡大なども論争を呼び，裁判所の判断するところとなっている。

　こうしたことを受けて，特に連邦最高裁判事の任命過程では議会が本人や関係者を公聴会に招くなどして，詳細な審議を行うことが多い[2]。そこでしばしば見られるのは，具体的な案件を挙げてその判事がどう判断をするこ

185

◆ 第5章　国籍法違憲判決と今後の司法のあり方

とになるのか見極めようとする議員と，一定の姿勢は示しつつ事前に判断が決まっているわけではないとして，なんとか反対派の懸念を和らげようとする候補者との間の「駆け引き」である。それ以前に，各候補者のそれまでの判決行動については，指名する大統領，議会の与野党ともよく調べているし，各憲法論争に関心を寄せる人権団体なども入念なリサーチを行い，メディアやウェブサイトを通じて候補者についての評価を発信している。

　長官を含め9人の判事で構成する最高裁の構成は，指名する大統領自身が民主党であったり共和党であったりすることを反映して，ここのところ保革で二分されており，中絶権，あるいは最近では同性愛者の権利などに関わる重要判決が5対4の僅差で下されることも多い。このため，一人の判事の任命への国民的関心は深く，多方面からの検討を経て候補者が指名され，かつ議会の議論と世論の洗礼を受けて任命されるに至る。

（2）日本の場合

　これに対して，日本の最高裁判事の任命過程は「ブラックボックス」に近く，これまで国民の関心も薄かった。司法関係者や学者以外で，個々の最高裁判事がどのような判断をする傾向にあるかを知る国民は少なかったと思われるし，今でも多くの国民は最高裁判事の名前を一人も知らないといったところであろう。さらに言えば，法学の専門家であっても，個々の裁判官に着目している人は少数だったのではないだろうか。憲法の教科書を見ても，学説や主要な判決については述べられていても，どの最高裁判事がどういう意見を書いたか，あるいは判事たちの「票」がどのように割れたかに接することはあまりない。裁判官が様々な力学の中である意味「政治性」を帯びた判決行動を行っているという視点は重視されてこなかったのである。従って，国民一般は無論，法学を学ぶ人間でさえ，「次の裁判官が誰になるのか，そのことで憲法判断がどのように変わるのか」といった考察をすることは少なかったように思う。

---

　(2)　簡易な記事ではあるが以前に連邦最高裁判事の任命過程について紹介したことがある（秋葉 2003）。

◆Ⅱ◆　国籍法違憲判決と今後の司法

　しかし，本書も論じてきたように，いま日本でも最高裁の役割は増し，裁判官の「個性」や様々な力学の中での判決行動に注目する重要性は高まっている。その中で，アメリカの例も参考に，任命過程を透明化し，一定程度国民のインプットを国会や世論を通じて反映するべきではないだろうか。

　ただ，現在の憲法の規定では，最高裁判事は内閣が任命（長官は天皇が任命）することになっていて，国会の関与は規定されていない。また，内閣による任命過程自体，透明性は低く，誰がどのように選ばれているかはわからない。国策を変えるに等しい憲法解釈の変更を含め，政治的社会的にも影響力の高い憲法判断を下していくことになる最高裁判事が，このように秘密裏に選考されていることには問題があろう。憲法改正の機会があれば検討課題の一つにしてもよいところであるが，現行憲法の枠内でも，内閣レベルでの検討をもう少し透明化させるべきであるし，国会も一般質疑等で内閣に対し裁判官の任命基準や，内閣の憲法に対する姿勢を積極的に問うていくべきであろう。

（3）　求められる政治的成熟

　なお，裁判官の任命過程を透明化し，これを国会（すなわち国民）の関心事とする際には，国会議員（そして国民）自身も，憲法と裁判所の役割に対する認識を深める必要がある。司法が三権の一翼として重要な政治的役割を担っており，「裁判官によって国の方向性も変わり得る，特に最高裁は重要である」ことを認識するべきである。そのようにして関心を持って，政治の場でも取り上げつつ，一方では，露骨なまでの政治化も避ける必要がある。それというのも，裁判所が統治機構において与えられた役割の一つは，多数決を基準として動く政治部門に対するチェック機能である。その機能を果たすためには，裁判所は一定程度立法府や世論の意見から距離を置き，かつ憲法の価値基準と，裁判という理性的な手続[3]に則って，冷静な判断をできる環境になければならない。

　裁判官の選任過程が政治化されているアメリカでも，その任命が時の世論と多数決だけで決められない仕組みが確立されている。そもそも，大統領の

187

◆第 5 章　国籍法違憲判決と今後の司法のあり方

指名に対して助言と同意を与える上院自体，中長期的な視点での行動を可能とするために議員の任期や選挙について下院とは大きく異なる仕組みを採っている[4]。また，下院と比較して，多数の横暴を回避する入念な議事手続を重視し，単純多数決を極力回避する仕組みとなっている[5]。このため，原則としては，二大政党を跨いで一定の支持を得ないと，判事の任命には至らないのである。そのことによって，議会の同意を得て任命された個々の判事，また最高裁全体への信頼性が担保されていると言えよう。

　違憲立法審査権の積極的な行使は，このような政治的成熟，つまり政治的問題として認識し議論の遡上に上げつつ，それが政治的多数派の意向だけで決するべきことでないという姿勢を国会議員や国民が持つこと，またその姿勢を裏付ける仕組みや制度を整備することによって，初めて国の統治体制の一翼として確立されたと言えるのではないだろうか。

---

(3)　早くから拡大する裁判所の役割に着目してきた大沢秀介氏は，司法過程と政治過程の違いについて，「司法過程では，理性的な議論を行うための手続」が整備され，またこの手続が結果以上にも重視されているのに対して，政治過程は「具体的にどのような形で利益を分配するか」という結果に焦点が当てられていることを指摘する（大沢 1988:74-75）。

(4)　下院議員が任期 2 年であるのに対して上院議員は任期 6 年である。また下院議員の定数が 435 人で州ごとに人口に比例して議席数が配分されているのに対して，上院議員は人口に関わらず各州から 2 名ずつ，合計 100 名が選ばれる。上院は建国当初は 13 州を代表する 26 名の議員で構成されていたことになり，さながら各国を代表して外交交渉に当たるような雰囲気であったことが想起される。裁判官の任命への助言と同意，あるいは条約の批准への同意は上院のみに与えられた権限であり，熟議の府としての上院の役割を反映している。

(5)　たとえば，上院の場合，議員に時間無制限の発言や修正動議の提出権が認められており，ある法案に徹底して反対する議員が延々と演説を行って議事の進行を妨げる行為（フィリバスター）もしばしば起こる。議事を打ち切って採決に移るためには原則として議員 60 名以上（かつては 67 名以上）の特別多数決による同意を要し，二大政党制のもと長く議席数がほぼ半々に割れている上院の実情では，一定程度超党派の合意がなければ採決へと進めない。こうした議事手続のあり方が議院の性質に応じて重要な役割を果たしていることについて，秋葉（2008）参照。

◆ II ◆　国籍法違憲判決と今後の司法

3　内閣法制局の役割

（1）内閣法制局と憲法適合性の審査

　また，裁判所が司法審査，特に違憲立法審査の役割を強化する場合，内閣法制局の位置づけを検討しなければならない。従来，日本では，最高裁判所よりもむしろ行政府の一部門である内閣法制局が，憲法の解釈を行ってきたと言っても過言ではなかった。内閣が国会に提出する法案はすべて内閣法制局で吟味され，その中で合憲性についても審査が行われてきた。

　内閣法制局の審査を通れば憲法上は問題ないという了解が政府にも国会にもあり，最高裁もあえてそれと異なる判断はしない傾向があったとされる。たとえば，自衛隊や，日米安保条約の下での米軍駐留の合憲性について，下級審で違憲判決が出されたことはあっても，最高裁は「高度の政治的問題」などとして憲法判断を避け，政治部門に憲法解釈を委ねてきたのである。また，近年でも自衛隊の海外派遣や集団的自衛権の行使が憲法に抵触するかどうかは，内閣法制局の出す解釈・判断が権威を帯びてきた。

　内閣法制局の存在は，国籍確認訴訟の審理にも影響したとされる。最高裁で，多数意見に反対し合憲説を唱えた津野修判事は，内閣法制局長官を歴任し，当該国籍法も内閣法制局の審査を経たものであることを強く意識していたという。島田長官や主任の才口判事もこのことを意識し，同事件の評議の際に，津野判事らの抗議を受けて，違憲派に有利とされる調査官作成の資料提出を一旦見送ったとされる（山口・宮地 2011：179-186）。結果的に違憲の流れは維持されたものの，最高裁に加わった内閣法制局の関係者が違憲派にブレーキをかける役割を果たしていたことになる。

（2）内閣法制局と最高裁判所の今後

　内閣法制局がしっかりと憲法適合性の審査をしているから，裁判所はそこまで慎重に審査しなくともよい，という従来の姿勢は2つの方向から変化しつつあると言える。

　一つは，裁判所自身が，司法の役割の重要性を改めて認識し，本書が明ら

◆ 第 5 章　国籍法違憲判決と今後の司法のあり方

かにしているように，「法の下の平等」に関わる問題を中心に，積極的な違憲審査，また違憲判断を行うようになっていることである。

　佐藤岩夫氏のまとめたところでは，最高裁が初めて違憲判決を下した尊属殺重罰規定違憲判決をはじめ，その後の薬事法距離制限規定違憲判決，衆議院議員定数配分規定違憲判決 2 件，森林法共有林分割制限違憲判決に至るまで，違憲判決の対象となった法律はいずれも内閣法制局の審査を経ていない，戦前の法律や，戦後の議員立法による法律や条文改正が対象となったものであった。最高裁が，内閣法制局の審査を経た条文に対し違憲判断を下したのは，21 世紀に入り，2002 年に郵便法賠償責任制限規定違憲判決が初めてである（佐藤 2009：124-125）[6]。日本国憲法施行以後 50 年以上，最高裁は内閣法制局の判断を覆したことがなかったのである。しかしこれ以降は，在外邦人選挙権制限規定違憲判決，国籍法違憲判決など，一度は内閣法制局の審査を経た法律の規定に対する違憲判断が続くようになったのである。

　いま一つは，一過性の現象であるかは今後によるが，内閣法制局の審査自体が「政治化」されていることである。内閣法制局の審査が重みを持ってきたのは，それが内閣の一部門でありながら，政府提出の法案について慎重な審査を行い，憲法との適合性を維持する観点から一定の制約をかけてきたことにあろう。ところが，2015 年，従来内閣法制局が憲法 9 条に違反すると断じてきた集団的自衛権の行使について，政権が容認に転じる際に，内閣法制局長官を政権の見方に近い人物に入れ替えることが行われた。またその際に内閣法制局内から人材を起用する従来の慣行も覆し，政権の考え方に近い外交官出身者を登用した[7]。そして一連の動き（集団的自衛権を容認する解釈変更）について前内閣法制局長官が公然と疑義を唱える展開となった[8]。

---

(6)　但し同氏は，法令の事前審査はドイツやフランスにもあり，それらの国では違憲審査が活発なことから，事前審査の有無が違憲審査の消極性を決定づけるのではなく，日本の最高裁判所（特に「指導的裁判官グループ」）の「司法の役割観」に重要性を見出している（佐藤 2009：128-130）。この「役割観」が近年では変化を遂げつつあるのではないだろうか。

(7)　「法制局長官に小松大使　集団的自衛権解釈見直し派」日本経済新聞 2013 年 8 月 2 日。

◆Ⅱ◆　国籍法違憲判決と今後の司法

このように，裁判所も内閣法制局の判断を無条件に受け入れることはなく
なってきているし，内閣法制局の審査自体も政治化され，どこまで政府提出
法案について厳密な審査が行われているのかわからなくなっている。

今後は，内閣法制局の事前審査を維持・再強化しつつ，最高裁における違
憲立法審査も強化していくべきであろう。同様の審査が二度行われると思わ
れるかもしれないが，そうではない。まず，内閣法制局による法令の事前審
査は法案が成立し法律が施行される前に行われる。そのことにより，問題の
発生をある程度事前に防ぐ機能が期待される。これに対して司法審査は事後
に，かつ具体的事案に即してのみ行われる。少なくとも現行憲法下では，抽
象的な違憲立法審査は認められていないからである。このため，司法審査が
行われるのは，法律が施行され，具体的な権利侵害が起きてしまってからに
なる。

国籍法違憲判決は，遅くとも原告が国籍取得届を提出した平成17年の時
点で法の規定が違憲性を帯びるに至っていたとしたが，判決はそこから3年
を経てのことであるし，そもそも昭和59(1984)年の法改正の時点で違憲性
を主張する意見もあったのであり，長期間に渡って権利侵害が行われてきた
ということができる。このような憲法上の権利侵害を未然に防ぐ役割が内閣
法制局の事前審査には期待される。合わせて，先述したように，内閣法制局
の審査自体が政権の意向に左右される状況となっている中では，裁判所によ
る改めての審査の重要性も増していると言えよう。

なお，こうした観点から，内閣法制局に在職していた者を最高裁判事に任
命する際は留意すべき点があろう。最高裁判所とその裁判官に求められてい
るのは，内閣法制局とは一線を画した，改めての違憲審査であり，法制局の
判断や利害関係に捉われないこと，また自身が法制局で担当した法律の合憲
性が争われる場合は，審理への参加を辞退するなどの公平性確保の仕組みが

---

(8) 「山本新判事，解釈変更『難しい』　集団的自衛権行使で」日本経済新聞2013年
　8月20日。内閣は内閣法制局長官だった山本庸幸氏を退任させ，集団的自衛権を容
　認する小松一郎氏を長官に起用した。山本氏は最高裁判事に任命され，その就任会
　見の場で解釈変更に疑問を呈した。

◆第5章　国籍法違憲判決と今後の司法のあり方

必要だろう。

4　憲法とマイノリティについての認識

　最後に，政治文化に跨る話になるが，憲法とマイノリティ[9]について，社会的な認識の共有が重要となろう。

　黒人（アフリカ系アメリカ人）やアジア系移民，ヒスパニック系移民，ムスリム系移民，女性，同性愛者，アーミッシュなど，様々なマイノリティが合衆国憲法を駆使して権利主張を展開し，連邦裁判所もこれらを憲法問題として認め，積極的に審理したうえでしばしば違憲判決も下してきたアメリカ[10]に比べ，日本では，憲法がマイノリティを守るもの，またその際に裁判所あるいは個々の裁判官が重要な役割を果たすという国民的認識がこれまで乏しかったように思う。

---

(9)　筆者はこれまでアメリカ合衆国憲法とマイノリティについて，研究を行ってきた。大学院時代にアメリカにおける外国人の権利と司法審査を論じたものとして秋葉（2005），人種分離と人種格差について法と社会の両面から検討したものとして秋葉（2012），また同性結婚を巡る近年の合衆国最高裁判所の判決を紹介したものとして秋葉（2014）（2016）がある。

(10)　黒人については，人種分離を巡る訴訟 *Brown v. Board of Education,* 347 U.S. 483（1954），アジア系については日系人の強制収容を巡る訴訟 *Korematsu v. United States,* 323 U.S. 214（1944）（原告敗訴に終わったが顕著な反対意見が付いたほか，多数意見も人種による区別ついて厳格審査を打ち出した），ヒスパニック系については滞在資格のない子どもの教育権を巡る訴訟 *Plyler v. Doe,* 457 U.S. 202（1982）や同様の住民を攻撃する州民投票による排外的立法を巡る訴訟（カリフォルニア州のProposition 187 を連邦地裁が違憲とし州が控訴を断念した事例），ムスリム系については 9・11 テロ後の通常の司法手続外での拘束 *Hamdi v. Rumsfeld,* 542 U.S. 507（2004）や，トランプ政権下の入国禁止措置を巡る訴訟（現在連邦最高裁で審理中），女性については成人年齢と養育費における性差を巡る訴訟 *Stanton v. Stanton,* 421 U.S. 7（1975）や軍事学校への入学資格を巡る訴訟 *U.S. v. Virginia,* 518 U.S. 515（1996），同性愛者については同性愛行為に対する刑事罰 *Lawrence v. Texas,* 539 U.S. 558（2003）や同性結婚を巡る訴訟 *Obergefell v. Hodges,* 135 S.Ct. 2584（2015），アーミッシュ（近代化やそれを裏付ける義務教育等の諸制度を教義上拒絶する教派）については学校教育を巡る訴訟 *Wisconsin v. Yoder,* 406 U.S. 205（1972）などが有名である。

◆Ⅱ◆　国籍法違憲判決と今後の司法

　政治的多数派の意見は国会や内閣といった政治部門により代弁されるのに
対して，定義上政治的少数派の意見は代弁されず，かつそこに偏見等に基づ
く不当な権利侵害が入り込む余地があるのは日本でもアメリカでも同じであ
る。そこで憲法が法律の上に置かれるのは，政治的多数派の意見を基調とし
て制定される法律によっても，侵害されてはならない「個人の権利」が存在
し，これを侵害する法律は憲法の規定に則って無効とされるべきだからであ
る。

　また同様に，憲法の改正が国会の単純多数決によるものではなく，両院の
発議と国民投票という特別の手続と通常以上に厳格な多数要件(11)を求めら
れるのは，多数派・少数派に渡る合意を得ようとする過程で，少数派にも十
分配慮した内容に至ることを期してである。

　このように，「憲法はマジョリティによる統治のあり方を規定し，その際
にマイノリティの権利をも守るもの」という立憲主義の思想が改めて国民に
広く共有されるべきである。

　そしてこれを裏付けるため，近年の積極的な違憲審査の流れを引き継ぎ，
さらに充実させる方策を採るべきであろう。グローバル化と人の移動により
社会が多様化し，国内的にも文化やメディアの発展により多様な価値観が広
まる中で，マイノリティへの政治的・社会的偏見や差別を回避し，個人の尊
厳を重視した「公正な社会」を実現する一助となる役割が司法に求められて
いる。

　国籍法違憲判決が先鞭をつけ，近年相次ぐ「法の下の平等」に基づく積極
的な違憲審査・違憲判断（第3章）の社会的な意義はこうした点にあろう。

────────────

(11)　日本の場合，衆参各議員の総議員の3分の2以上の賛成による特別多数決によ
　り改正が発議される（憲法96条）。またアメリカでは各州で批准（ratify）されるこ
　とを要し，条文改正の成立要件は4分の3以上の州による批准である（4分の1の
　州に拒否権があるのと同じことである）。従って，人口が集中する州の州民の意見だ
　けで合衆国憲法を改正することはできず，人口の少ない諸州の同意を取り付けるこ
　とが重要となる。

193

◆ 第5章　国籍法違憲判決と今後の司法のあり方

◆ Ⅲ ◆　今後の研究課題

　本書の研究や考察を踏まえて，今後どのような研究がされるべきであろうか。3つほど挙げたい。

1　政策形成型訴訟

　まず，政策形成型訴訟について，さらに体系だった研究を進めるべきだろう。本書は，国籍法違憲判決が政策形成的な要素を持つ重要な判決であるとの考えのもと，その訴訟過程を丹念に調べ，原告や弁護士，支援団体の役割（第1章），先進的な判決を導いた裁判官の役割，またこれを可能とした司法全体の流れと裁判官の間の力学の変化（第2章），そして「法の下の平等」を巡る最高裁の姿勢の変化（第3章）を論じてきた。また合わせて，政策形成の対象となった「国籍」のあり方について，判決の影響や課題も論じた（第4章）。

　このように，国籍法違憲判決をケーススタディとして入念な検討を行ったつもりであるが，今後は同様に政策形成的要素を持つ近年の他の訴訟（たとえば「一票の格差」を巡る訴訟や，夫婦別姓と家族のあり方を巡る訴訟等）についても，同様の視点で詳細な研究を行うべきであろう。

　また，それらのケーススタディをデータとして，政策形成型訴訟を巡る日本特有の課題，また各国共有の課題について，国際的な比較研究を行うことも有意義である。そのことにより，民主政のもとでの国家統治のあり方，その際の司法の役割あるいは裁判と社会の関係について，考察を深めることができると考えるからである。

2　裁判官や調査官の思考・判断過程

　次に，政策形成型訴訟という特有の裁判形態のもとでの裁判官，あるいは

◆Ⅲ◆　今後の研究課題

日本の場合最高裁調査官（アメリカの場合はロー・クラーク）の役割をさらに実証的に研究すべきであろう。アメリカと違い，日本の場合現職の裁判官がその任命過程あるいは在任中に，憲法を巡る自身の見解を詳らかにすることは稀である。また，研究者やメディアも裁判官個人に注目することは少なかった[12]。

しかし，本書も論じたように，個々の裁判官があっての判決であり，判決は裁判官の「個性」を反映し，同時に裁判官同士の駆け引き（力学）のもとでの妥協あるいは合意により導かれる側面がある。どのような裁判官が，どのような考えのもとに判決を下しているのかを知ることは，憲法の実際の運用と今後のあり方を考察するうえで，不可欠の要素だと思う。

またこれに加えて，最高裁判事を支え，判決のもととなるデータや先例・見解をまとめ，あるいは判決の素案までを準備すると言われている最高裁調査官の役割についても，個々の事件に関する動きを含めさらに研究が必要であろう[13]。

実際，最高裁の役割強化を反映してか，ここのところ，最高裁判事経験者による回想録等の出版が盛んであり，本書の研究でも重点的に参照させていただいた（特に第3章）。また，憲法の教材や研究書の中にも，下級審段階からの訴訟と判決の動きを追ったり（樋口・山内・辻村・蟻川2011），個別の最高裁判事に着目して判断の傾向や憲法に対する姿勢を論じたりするもの（渡辺・木下・尾形2017）が現れるなど，裁判官の個性に着目し，裁判の「政治性」への認識も深め，司法の判断を相対化させる視点が広がりつつある。最

---

(12)　この点につき，アメリカで盛んな「裁判官の行動分析」の諸モデルを整理した大沢氏の論稿（大沢2011：89-127）が裁判官の研究を様々なアプローチを活用しながら行うための材料を提供している。

(13)　本書第2章で述べたように，国籍法違憲判決の土台となる一審・東京地裁判決を下した菅野博之判事はそれ以前に最高裁の調査官を務めていた。また，最高裁の違憲判決には千葉勝美氏が調査官として関わり，同氏はその後最高裁判事に昇任している。さらには千葉氏の退任後，その後を継ぎ最高裁判事となったのは菅野氏である。このように，日本の司法部内の「エリートコース」として，人事上も最高裁調査官，最高裁判事に一体性が見られる。こうした事情に鑑みれば，最高裁判事のみならず最高裁調査官に焦点を当てた分析は一層重要であろう。

195

◆第5章 国籍法違憲判決と今後の司法のあり方

高裁判事を中心として，裁判官は匿名の存在から，顔の見える表立った存在になりつつあると感じる。

　今後も，この新たな傾向を深め，最高裁判決というものがいつ，どこで誰によるどのような審理過程を経て出されるのか，できるだけ詳細な事例研究を積み重ね，司法のあり方についての考察を深めていくべきであろう。

3　JFC と日本国籍のその後

　最後に，政策形成的要素を持つ主要な判決について，その実質的な政策課題となったところについて，追跡調査と検証を行うことも重要と考える。

　国籍法違憲判決について言えば，その実質的な政策課題とは「JFC」を巡る諸問題，つまり日本人男性とフィリピン人女性との間に多くの婚外子が誕生し，その法的地位が問題となってきたこと，その一環として国籍を付与すべきかどうかが問題となってきたことである。判決とこれを受けた法改正の結果，多くの JFC が国籍の取得資格を得る一方，判決の射程から漏れて，国籍の取得資格を得られなかった JFC も多数存在する。その双方について，継続した調査と検討が欠かせない。

　国籍の取得資格を得た JFC は実際に国籍を取得しているのか。どのような考えのもと，どういう過程を経て取得したのか。取得していない JFC はなぜ取得していない（あるいはできない）のか。さらに，国籍を取得した JFC はその後どのように行動し，どのような変化を経験したか。国籍取得以前の「日本との結び付き」はどのようなものであり，取得によってそれがさらに深まったのか。

　また，判決から漏れて国籍の取得資格を得られなかった JFC の実態はどうであろうか。法改正により国籍の取得資格を得た（あるいはそれにより実際に国籍を取得した）JFC と，生活実態や「日本との結び付き」に相違はあるのだろうか。

　これらはいずれも判決が原告のような子どもたちにも(は)国籍の取得資格が認められるべき，としたことと密接に関わる。

196

このようにして，憲法判断の影響と課題を具体的に検討することは，翻って憲法判断のあり方について考察を深める一助となる。「日本との結び付き」を前提に，原告のような子どもたちにも国籍を付与すべきとした判決と，その後の法改正のあり方は，結果として正しかったのであろうか。もし結果に課題が生じているとすれば，司法判断の過程，あるいは内閣・国会による法改正過程のどこかで異なる対応の余地はあっただろうか。それとも司法判断や法改正自体は適切であったが，法改正を受けての政治や社会，あるいは当事者の対応に課題があったのだろうか。こうした不断の検討が重要である。

そしてこうした検討のためには，憲法学の視点，司法過程を中心とした政治学の視点，そして政策課題そのものについての専門的視点（国籍法違憲判決の場合は国際私法や国際社会学）を総動員する必要があろう。憲法訴訟，そして積極的な違憲立法審査が政治や社会に広範な影響を与えうる以上，憲法学にも学際的な視点を導入する重要性が高まっている。

◆Ⅳ◆ 結 び に

国籍法違憲判決は，日本国憲法下で初めて，最高裁がマイノリティの権利擁護の観点から「法の下の平等」を積極的に解釈し，違憲判断を下した憲法史に残る判決である。

1984年の国籍法改正により親の結婚と認知を国籍取得の条件とする国籍法3条1項が設けられて以来，数多くのJFC（ジャパニーズ・フィリピーノ・チルドレン）が，その枠外に置かれ日本国籍の取得を拒まれてきた。あらゆる権利，また個人のアイデンティティの土台の一つと言っていい「国籍」は，個人にとって重要な法的地位でもあるとともに，国・社会にとってもその構成員たる資格を決する重要な政策課題である。

このような重要な政策課題であっても，個人の権利（この場合は子どもがその出自により不当な差別を受けない権利）を中心に据え，憲法の求める「平等」の価値を実現すべきことを最高裁判所は明確に打ち出した。

この判決は，国際化，多様化といった社会の変化を受けたものであるとと

◆第5章　国籍法違憲判決と今後の司法のあり方

もに，判決自体が新たな法規範を創造し，「平等（equality）」や「個人の尊厳（dignity）の尊重」といった憲法的価値を社会に浸透させる役割を担うものである。

　このように憲法は社会の中にあって生きるものであり，国籍法違憲判決をはじめ，あらゆる憲法訴訟の過程や効果，今後のあるべき姿は，法と社会双方の視点から考察を深めていくことが重要であると考える。

〔文　献〕

秋葉丈志（2003）「最高裁判事の選ばれ方 ── アメリカ：議会での厳しい審査が条件」Causa（カウサ）6号，日本評論社

── （2005）「アメリカ合衆国憲法における外国人の権利と司法審査」『社学研論集』（早稲田大学大学院社会科学研究科）5号 223-236頁

── （2008）「（解説）ジェファソンの『手引』と今日の連邦議会」後藤光男・北原仁監訳『トマス・ジェファソンと議会法』成文堂

── （2012）「アメリカの人種マイノリティを巡る憲法論と社会実態 ── カリフォルニア州サンフランシスコ・ベイエリアを一例として」法社会学77号 35-64頁

── （2014）「婚姻防衛法違憲判決：州の主権と人権拡張の新展開 ── United States v. Windsor, 133 S. Ct. 2675（2013）」比較法学48巻2号 85-95頁

── （2016）「自由と平等から導かれる同性結婚の権利 ── Obergefell v. Hodges, 135 S. Ct. 2584（2015）」比較法学49巻3号 252-261頁

大沢秀介（1988）『現代型訴訟の日米比較』弘文堂

── （2011）『司法による憲法価値の体現』有斐閣

国友明彦（2009）「国籍法の改正 ── 国際私法的観点から」ジュリスト1374号 15-21頁

佐藤岩夫（2009）「内閣法制局と最高裁判所 ── 2つの違憲審査機関の制度配置と政治システム変動」棚瀬孝雄編『司法の国民的基盤：日米の司法政治と司法理論』日本評論社

樋口陽一・山内敏弘・辻村みよ子・蟻川恒正（2011）『新版　憲法判例を読みなおす ── 下級審判決からのアプローチ』日本評論社

山口進・宮地ゆう（2011）『最高裁の暗闘 ── 少数意見が時代を切り開く』朝日新聞出版

渡辺康行＝木下智史＝尾形健編（2017）『憲法学からみた最高裁判所裁判官 ── 70年の軌跡』日本評論社

―――――――――――――〈資料〉―――――――――――――

〈資料 1 〉 特定非営利法人・JFC ネットワーク〔概要及び活動年表〕

事務局：東京都新宿区，フィリピン現地事務所：フィリピン・ケソン市

理事長：張学錬（ちゃん はんにょん），事務局長：伊藤里枝子

1993 年 4 月　JFC 弁護団結成

1994 年 5 月　NGO・JFC を支えるネットワークが結成（代表：松井やより，事務局長：阿蘇敏文）

1998 年 1 月 17 日　フィリピン・マニラ現地事務所，マリガヤハウスを開所

1998 年　マリガヤハウス設立記念，『日本のお父さんに会いたい ―― 日比混血児は今』（松井やより著，岩波ブックレット，1998 年）出版

2002 年 12 月 27 日　代表・松井やより逝去（後任共同代表：阿蘇敏文，山野繁子）

2004 年　JFC ネットワーク設立 10 周年記念，『パパからの初めての手紙』（JFC ネットワーク編，遊学社，2005 年）出版

2005 年 4 月 12 日　国籍確認訴訟（国籍法 3 条）の提起，原告団を支援

2006 年　ダバオの RGS-COW との連携を持ちケース相談を受け始める

2006 年 3 月 29 日　国籍確認訴訟（3 条）第一審（東京地裁）勝訴（違憲判決）

2006 年 4 月　NPO 法人・JFC ネットワークとなる（初代理事長：阿蘇敏文，事務局長：伊藤里枝子）

2007 年 2 月 27 日　国籍確認訴訟（3 条）第二審（東京高裁）敗訴

2008 年 6 月 4 日　国籍確認訴訟最高裁判決（違憲判決）

2008 年 12 月 12 日　国籍法改正（2009 年 1 月 1 日施行）

2010 年 2 月 2 日　第一陣の国籍確認訴訟（国籍法 12 条）を東京地方裁判所に提訴

2010 年 7 月 21 日　第二陣が国籍確認訴訟（12 条）を東京地方裁判所に提訴

2010 年 7 月 31 日　理事長・阿蘇敏文逝去（後任理事長・張学錬）

2012 年 3 月 23 日　国籍確認訴訟（12 条）第一審敗訴

2013 年 1 月 22 日　同・第二審請求棄却

2014 年　JFC ネットワーク設立 20 周年記念，『日本とフィリピンを生きる子ども
　　たち』（野口和恵著，あけび書房，2015 年）出版

2015 年 3 月 10 日　国籍確認訴訟（12 条）最高裁で上告棄却

2017 年 6 月 28 日　国籍留保・喪失制度（12 条）について日弁連が法務大臣等へ
　　意見書を提出

　本資料は，本書第 1 章で取り上げた「JFC ネットワーク」の設立経緯や
幹部人員，同団体が関与した主な裁判の経緯等を年表にまとめたものである。
資料を作成・提供いただいた JFC ネットワーク事務局長の伊藤里枝子氏に
謝意を申し上げる。

〈資料２〉JFC エッセイコンテスト（JFC ネットワーク主催）入賞作品

【解説】

　本資料は，JFC ネットワークがその設立 20 周年に際して，「Japanese-Filipino Child（JFC）として生きる私の人生」をテーマにエッセイコンテストを実施した際の入賞作である。31 点の応募があり，このうち下記 4 作品が入賞した。入賞者及び入賞作は，2014 年 10 月 13 日に東京都新宿区で開かれた「JFC ネットワーク設立 20 周年記念イベント ―― JFC としての私の人生」で発表された。

　法や制度の分析を中心とした本書では取り上げきれない実際の JFC の生活感覚や思考，またその多様性の一端を示すため，JFC ネットワークおよび各入賞者の了承を得て掲載するものである。また，今日の JFC 自身の「生の声」として，記録的価値も高いものである。

　JFC といっても，その生い立ちや法的地位，両親との関係のあり方は様々である。従って，執筆者のすべてが，国籍確認訴訟の原告のように，以前は日本国籍がなく，かつ判決とその後の法改正の結果，国籍が取得できるようになったとは限らない。そこに JFC と一つに括ることの難しさがあるが（この点について，本書第 4 章も参照），その中にあって，法が国籍の取得資格を（一律に）規定する際に生じるギャップがそこから浮かび上がると思う。

　なお，いずれのエッセイも原文は英語であり，JFC ネットワークのボランティアが日本語に翻訳した訳文に，秋葉が原文を参照しながら若干の修正を行ったものを掲載している。訳者による言い回しの選択や，特に詩的表現に関しては解釈の結果として，原作と若干のズレが生じる可能性があることに留意されたい。また一部の用語等について，秋葉が脚注を付したほか，読みやすさの観点から改行をこちらの判断で行った。

　エッセイによっては独自のタイトルが付されていたものもあるが，なかったものについてはコンテストのテーマ「JFC として生きる私の人生」を括弧書きで付している。

最後に，このエッセイコンテストに際し，秋葉は審査員の一人であったことを付記したい。

＊入賞作の原文及び当初の訳文は，JFC ネットワークのホームページに掲載されている（2017 年 9 月 1 日現在）。掲載の了解をいただいた JFC ネットワーク並びに各執筆者に改めて謝意を表したい。

My Life as a Japanese Filipino Child: Best of Both Worlds
JFC として生きる：2 つの世界の良さを生かして

Saki Tanaka

　私の名前はタナカサキです。日本人としてフィリピン人としてのこれまで 26 年間の人生は，エキサイティングな旅のようでした。ですので，私は，日本にいるほかのジャパニーズ・フィリピノ・チルドレンと私の経験を分かち合うことによって，よい励ましや教訓を与え，彼らが自分自身と日比の文化を尊重し，愛することができるようになれば，と望んでいます。そして彼らが日本とフィリピンの社会に貢献できるようになればと思います。

　私の文化的ルーツ　　日本とフィリピンのハーフであることで，私は素敵な文化を受け継いでいることになります。すべては，日本人の父シゲトシと，母のジュリエットが愛の華を咲かせたことからはじまります。二人をつないだものは音楽でした。母はクラブやカラオケバーでプロの歌手として働いていました。そして，父は有名なジャズバンドのトランペット奏者でした。

　文化も宗教的な背景もまったくちがう二人なので，さまざまな文化の壁がありました。フィリピンのつつしみ深く，古風な気質を持っていた母は，彼を立てていました。しかし義父母になる者との間で，している仕事と世間のステレオタイプ的なフィリピン人のイメージのため，母は苦労しました。

　彼女がフィリピンに帰ったとき，父は愛を証明するため，母を追いかけていき，母だけでなく家族全体への愛を示しました。あらゆる反対を押し切って，その前に立ちはだかる幾多の苦難を乗り越えさせたのは，二人の永遠の愛でした。そし

〈資料2〉

て，ふたりは結婚しました。

家族との日々　二人は結婚生活の中で，長女の私の他に4人の子どもに恵まれました。そこには私たちの成長にも大きな影響を与えた二人の文化的譲り合いや決め事がありました。私の母は，すでに日本の文化に適応していました。仏教徒になり，習慣も考えも日本スタイルをとり入れました。

母は，父に話しかけるとき，日本語を使いました。しかし私たち子どもに話しかけるときは，タガログ語と日本語でした。日本では，父はできるだけ日本語を使いました。私たちが日本で幸せな生活を送ることができるように，正しい日本語を学ばせたかったからです。父は，家で日本の料理をつくってくれました。私はそのおかげで日本食好きになりました。父はいいました。

「料理は勝負なんだよ。温かくて新鮮なうちに出さないと，もとの味が失われてしまうからね。でも，いちばん大切なのは，心を込めることだ。それが一番の秘伝のレシピだよ」

料理が上手な上，彼はサムライのように，規律正しい人でした。例えば，料理への感謝を表して，食事の前には「いただきます」といい，後には「ごちそうさまでした」ということなど，私たちに教えました。

私の母は，典型的なフィリピン人です。彼女にとって，一番の関心事は，家族です。母はほがらかで，話しやすい人です。そして，おおらかな性格です。ときどき母は父に「食事中は，口をあけないように」「ゆっくりのんびりしてないで」と文句をいわれたりもしました。母は，体は小さいけれど力はあるという意味で，「小さくて怖い人」です。その一方で，母は，いつも何かを心配しています。いつも「家についてすぐに顔を洗ってはいけないよ」といいます。母は，そうすると病気になるという迷信を信じているためです。

日本のよいところをあげるなら，規律正しくて，責任感があって，働き者，そしておいしい食べ物です。フィリピンのよいところは，もてなしの心，年上を敬う事，家族を大事にする事，創造力，柔軟性があるところと，そして，男女が平等に扱われる事です。日本では，男子がすぐれているように扱われ，考えを共有することができません。とくに，今，仕事の上では，差別があると感じます。

二つの文化のはざまでの努力　私は，若くして二つの世界で生きる苦労を体

験しました。私は，春の雨を受けて数日でしおれてしまう桜のようでした。けれど，二つの文化をもつ子どもとしての私の経験は，愛によって祝福を受け，辛いときを超えて，私の名前のように，花咲きました。

父は事故によって，指にけがを負い，二度とトランペットを演奏することができなくなりました。音楽を職業とすることをあきらめ，フィリピンで建設会社を興しました。父の新しい仕事にともない，私が3歳のとき，マニラに移りました。

私が小学4年生のとき，事件が起こり，私の人生と父のフィリピンに対する見方は大きくかわりました。その日，私が学校から家に帰ると，警察が私たちの電化製品や，時計，宝石，そのほかの貴重品を運び出していました。何か家に困ったことが起きたとは思いましたが，そのときの状況を完全に理解するにはまだ幼すぎました。父は，数人の不誠実な従業員たちにより，無実の罪を着せられたのです。父は刑務所に送られ，数か月をその中で過ごしました。

私たちの身を案じて，両親は，私と二人のきょうだいを日本に帰国させることにしました。自分たちの事業と従業員の生活，その家族のため，母はフィリピンに残り，末の弟，ムネトシを出産しました。

苦しい別れでした。まだ幼いともいえる12歳の少女が父と父の国で暮らすことになりました。私の人生のなかでもこの時期の経験は，ジャパニーズ・フィリピーノとしての考えに大きな影響を与えました。フィリピンで子ども時代をすごした私は，それから日本の文化，生活習慣に適応していかねばなりませんでした。

日本の中学に通っていたときは，もっとも適応を迫られたときでした。最初，私は学校のなかで注目を集めた人間でした。ほかの生徒にとってなじみのない，別の文化圏から来た存在だったからです。日本語になまりがあることで，リーダー的存在の女子生徒たちからいじめられたことを記憶しています。私は彼女たちを責めることはできません。教師の質問に答えるときも，教科書を読むときもいつでも，私の発音は少し違っていたからです。漢字には，いろんな読み方があったからでした。

私はわざとほかの日本人のようにふるまおうとはせず，英語で話しました。日本の習慣に倣って謝ることもしませんでした。彼らは，私の外見が日本人と同じであっても「ガイジン」（ガイコクジンの短縮形）として，私を扱いました。彼らは，私を不快なあだ名で呼び，私は独りで泣いたり，独りでお弁当を食べたりし

〈資料2〉

ました。父がつくってくれたお弁当は，私をなぐさめてくれました。お弁当は，父の愛情だったからです。お弁当はいつも私の一日の支えで，中学・高校生活を通して，その習慣は続きました。

しかし，ある日，私は，音楽を通して，怖くておびえる気持ちを乗り越えられることに気づきました。私は昼休みの時間，牛乳を飲まないクラスメイトのための歌を考えました。有名なアニメ，「犬夜叉」の主題歌で，韓国の歌手 BOA が歌った曲，「Every Heart みんなの気持ち」をもとに考えたものです。私は自分が考えた替え歌を聞かせました。「メグメグミルクはおいしいよ。飲んだらきっと強くなれるよ」。

私はうれしくなりました。クラスメイトが牛乳を飲めただけでなく，私は歌が上手なことを，ほかのクラスメイトに知ってもらえたからです。

遠足や旅行があると，クラスメイトたちは，いつも私に歌うように言いました。以前は私をいじめていたリーダー的な存在の女の子たちも，親しくなり，グループの輪に入れてくれるようになりました。両親から受け継いだ，歌への強い思いによって，私は学校へ受け入れられるようになりました。

この経験から，私はあらゆることに努力をするようになりました。日本語を集中的に勉強し，さまざまなスピーチやエッセイのコンテストに応募しました。自分の自叙伝を書き，それは小さな本として出版されました。弟，妹たちの勉強のよい先生となり，自身も勉強で成果を収めました。私を励ましてくれたのは父です。父は，私の能力を，いつも厳しく評価していました。だから，私は自分の本当の力を見せ，父は私を誇りに思っていました。

しかし，私はより高いところを目指す私の気持ちを止めることはできませんでした。高校を卒業した後，私は，週末，1日8時間，化粧品会社の工場のラインで働きました。またハンバーガーショップでも働きました。二つの仕事から私は貯金をして，自分でも払える授業料の安い短期大学で勉強しました。そこで英語教師の資格を取り，そして，学生会の会長に選ばれました。私は，日本語を上達させるために一生懸命勉強し，大学の授業でもよい成績を修められるよう努力をしました。

大学を卒業したあと，私は就職しましたが，仕事はおもしろく思えませんでした。なぜなら，私は人にかかわる仕事につきたかったのです。そして，私は，さ

205

らに高い目標のために，フィリピンの大学に入学する試験を受け，合格しました。

　私はもう一度学生生活をすることを決意しました。英語を専攻し，初等教育について学びました。私はフィリピンの文化のなかで育っていたため，また母方の家族もいたので，適応することは難しくありませんでした。

　ところが，大学2年生のとき，経済的な事情で勉強を中断しなくてはならなくなりました。私は日本に戻り，高校の補助教員として働き，その一方でフィリピンの大学のオンライン講座を受講しました。2013年，私は学士号を取ってフィリピンの大学を卒業し，それから仕事のキャリアを積み，家族を助けるために日本へ戻りました。

　JFC の仲間たちへの励ましの言葉　「あなたの故郷は日本とフィリピンのどっちだと思いますか？」と人から聞かれるとき，私は，二つのうちどっちが私の本当の故郷か答えることができません。私にとっては家族がいるところこそが，故郷だと感じます。

　日本は私が生まれ，そして今，働いているところです。しかし，フィリピンもまた私の国です。私はフィリピン人との間に違和感を持つことはありません。大人になった今，私は好きなときに，二つの国を行き来できる環境にあります。二つの国に友達のネットワークもあります。

　私のように文化的なアイデンティティのはざまにいる人たちにとって，大切なのは，二つの世界の一部として自分を受け止めることです。私達の経験は，他の人たちとは違うかもしれませんが，自尊感情や自分の信念を犠牲にする必要はありません。ジャパニーズ・フィリピノ・チルドレンの仲間たちに伝えたいのは，自分自身と文化的なルーツを愛せよ，ということです。なぜなら，ほかのだれも，あなた以上に，あなたのことを的確に評価できる人はいないからです。もし，困難があなたの上におそいかかっても，あきらめることはありません。あなたがもっと自分を磨こうと努力すれば，ほかの人たちはあなたを認めてくれるようになります。

　こんな言葉があります。「世界がこう変わってほしいと思うところをあなた自身が体現しなさい（Be the change that you wish to see in the world）」。二つの世界からそれぞれのよいところを引き継ぐ生き方もその一つだと思います。

〈資料2〉

（JFC として生きる私の人生）

Kenji B. Yutani

「私たちを父と息子たらしめるのは，肉体や血によってではなく心によってだ」
── Johann Schiller

　私の人生は，私の母と父がバケーション先で出会った，フィリピンの片田舎で始まります。私は，カランポン ビラック カタンドゥアネス（Calampong Virac, Catanduanes）で育ちました。祖母，祖父，おば，おじ，そしてほかの親戚の愛情を受けて育ちました。

　私は，ふつうの家と同じように両親に育てられることはありませんでした。一度，私は祖母にたずねました。「パパはどこ？ どうして学校が終わると，ほかのクラスメイトのところには，パパが迎えにくるのに，ぼくのところは，おばあちゃんやおじいちゃんが来るの？」祖母は私に，ママとパパは私によい暮らしをさせるために日本で働いているのだ，彼らがお金を送ってくれるおかげで，お前が学校に行けているのだよ，と答えました。

　私は祖母が言ったことを信じ，二度とたずねることはありませんでした。でも，私が成長するにつれ，私の家族はもう私に事実を隠すことはできなくなりました。母だけがいつも私の誕生日や表彰式や，卒業式のたびに帰ってきてくれたからです。私は，もう一度父のことをたずねました。

　祖父母は，私がフィリピンで生まれ，生後2か月の時，父は私を見捨てたことを話してくれました。正直に言って，そのときの私は，傷つきはしませんでした。母，そしてとりわけ祖母，祖父の愛情で心が満たされていたからです。私の人生から誰かが消えたとは感じないくらいでした。でも，心の底では，自分に命を与えてくれた男性にいつか会いたいと思いました。

　私は成長し，いろいろな点で自分が特別で人と違うことを理解するようになりました。私は公立のビラック ピロット（Virac Pilot）小学校で勉強しました。クラスメイトはいつも私がみんなと違うといい，私は日本人とのハーフなのだと話していました。クラスメイトと先生は，いつも私が恵まれているといいました。そのとき，私はいつも心のなかではこう思っていました。「みんな，自分たちがぼくより恵まれていることを知らないんだ。みんな父親がいるのに，家族がそろっ

ているのに。子どもとして当たり前に愛情を受けているのに」

　私は政府が運営しているカタンドゥアネス州立大学ラボラトリーハイスクール
（Catanduanes State Colleges Laboratory High School）で中等教育を終えました。
そして，私はマニラに移りました。ファーイースタン（Far Eastern）大学に入学
するためです。

　マニラは私の国でもっとも発展した都市ですが，日本人の外見を持っているこ
とは，少しも有利には働きませんでした。私は，誘拐やひったくり，犯罪の被害
に逢いやすい者として，一人でいるときや公共の交通機関を使うときは，とても
注意深くしていなければなりませんでした。

　大学での最初の日を振り返ってみたいと思います。先生と学生が教室の前で自
己紹介をしなければなりませんでした。私が自己紹介をすると，聞かれました。
「どうして目が細いの？」「どうして君の名前はみんなと違うの？」「日本人な
の？」

　私はいつも自分が日本人とのハーフであること，父親から捨てられたことを話
します。私がそんな話をすると一瞬，周囲は沈黙します。

　母が再婚を考えているという話を聞いたとき，私ははじめ，反対しました。そ
れはもちろん，母と父がもう一度一緒になって，ふつうの家族のように，私たち
親子が暮らせたら，と夢みていたからです。でも，再婚は母の幸せのためにする
ものであって，僕のためではありません。2005年，母は義理のお父さんとなる人
と結婚しました。やはり母のことを気にかけてくれる人が必要でした。母が悲し
いのはぼくも嫌です。

　義理のお父さんはぼくのことを他人として扱うだろうと思っていました。でも，
違いました。彼は僕に洋服を送ってくれたり，有名な学校に息子を通わせようと
する母を支援してくれたりしました。何よりも大切にしたいのは，彼が自分と血
や肉を分けた息子のように，僕を愛してくれたことです。私は彼に永遠に感謝し
つづけるでしょう。自分と血縁関係のない者を受け入れ，愛するには，相当な覚
悟が必要だったはずです。私は彼を「ダディ」と呼んでいます。

　大学を卒業するとき私は母校から，マグナ クム ロードという優秀な学生へ送ら
れる賞，つまり，観光専攻の商業学士の中でも学年2番の成績を称える賞を贈ら
れました。私をここまで導いてくれた神とあらゆる形で支えてくれた両親に感謝

〈資料2〉

しました。試験のたびに彼らはベストをつくせと励ましてくれました。

　私は，たとえ家庭に恵まれなかったとしても，成功できないわけではない，むしろ，周囲の励ましや，自らを鼓舞することが大切だと，みんなに証明してみせたのです。

　卒業したあと，私は，観光産業で仕事をするのを楽しみにしていました。しかし，突然，私は「日のいずる国 日本」を見てみたいという自分がいることに気づきました。父に会いたいという気持ちもありました。私は父に会い，抱きしめたかったのです。そのまま良い仕事が見つかるかもしれないチャンスを捨て，フィリピンを離れる決断をするのは簡単なことではありませんでした。母とダディは私の考えに同意し，すぐにビザの手配をしてくれました。幸運なことに，日本政府は，私に3か月滞在可能なビザを出してくれました。3ヶ月のうちに父を見つけたいと思いました。

　初めて日本に着陸したとき，私は，育ってきた国とまったくちがうことにびっくりしました。そこにいた人々はまるで私のように細い目をしています。最初，私は，ここに適応することは簡単なことに思いました。しかし，後でむしろ大変だと気づきました。

　私は，東京の小さなアパートで母とダディといっしょに暮さなければなりませんでした。ダディは日本人男性としての伝統的なふるまい方をしていて，それに慣れるのは大変でした。私はすべてを変えなければなりませんでした。挨拶にはじまり，食べ物の買い方，電車の乗り方，いつ眠って，いつ起きるのか，時間を重んじること。

　いちばん大変だったのは，日本語をまったく話せないことでした。私は日本語の基礎知識を持たずに来ました。電車やスーパーマーケットでの人々の会話，テレビの芸能人の言っていることもわからずにいました。私のように初めての者には，とてもストレスを感じさせるものでした。

　許可された滞在期間が終わりに近づいたころ，私と母はどうしたらいいかわからず，とてもストレスを感じていました。幸いなことに，インターネットで，特定非営利活動法人 JFC ネットワークを発見しました。すぐに私の相談を受理してくれ，私の実の父親さがしを始めてくれました。それは，とてもつらい時期でもありました。なぜなら，私は本当のことを知るために，パパとママの間に起きた

209

あらゆることを思い出さなければならなかったからです。

　父親さがしをしながら JFC ネットワークは，日本人の子のためのビザで，1 年間の在留資格(1)をとれるように手助けしてくれました。私はとても幸せで恵まれていると思いました。少なくとも，日本で権利の一部を得ることができたのです。でも，少し悲しいこともありました。日本人の子である私には日本政府から日本国籍を得るチャンスがあったのですが，それには，私が日本に来るのが遅すぎました。私のようなケースは，「国籍喪失ケース」といいます。

　政府がビザを発給したので，私は，就労することができるようになりました。私は品川区のフィリピン人コミュニティの人たちの助けを借りて，仕事さがしを始めました。幸いなことに，ワイン工場を紹介してもらいました。私はブルーカラーの仕事の経験がまるでなかったので，大変だろうなということはわかっていました。最初の日，私が運ばなければならないワインの箱が山のようにありました。1 箱 21 キロあります。私はそれを素早くコンベアーに置いていかなければなりませんでした。それに，私の上司はあまり私のことをよく扱ってくれませんでした。彼は私のことを名前ではなく「デブ」と呼びました。

　体重のことで，いやがらせ，いじめを受けた，おそろしい経験でした。きつい業務や言葉の壁にめげず，私は気丈に振舞っていました。でも，でも心の中は泣きたくて，投げ出したい気持ちでした。そのとき私は，父が見つかるまでの辛抱だと自分に言い聞かせました。

　不運なことに，私は働き始めて 14 日間で監督から解雇されました。彼が私を解雇したのは，私がただフィリピン人だから，そしてフィリピン人とは働きたくないからという理由でした。差別を受けていると感じました。それからすぐに私は別の仕事を見つけました。今度はクリーニング工場の仕事で，従業員はみんなフィリピン人でした。それもまた，きつい仕事でしたが，少なくとも差別を受けることはありませんでした。

　2013 年の 3 月中旬，JFC ネットワークは電話で私によい知らせを伝えてくれました。父が見つかったというのです。7 か月間待ち，ついに私は彼に会えることになりました。でも悪い知らせも聞きました。父は病気で近い将来，目が見えな

---

(1)　「日本人の配偶者等」という在留資格で，「日本人の子として出生した者」（かつこのエッセイの筆者のように国籍を有しない者）を対象者として含む。

〈資料2〉

くなるかもしれない，だから，少しでも早く私に会いたいのだそうです。そのとき，私は泣きました。私の父親さがしの旅はもうすぐ終わりを迎えることができる。でも，彼が自分の目で僕を見ることができるうちに会わなくては。

　私は神に私たちが会う機会を与えてくれるように祈りました。JFC ネットワークのスタッフに付き添われて，私は新幹線に乗り，父の暮す場所に向かいました。そのときの気持ちをなんと言っていいのかわかりません。どれだけ，興奮し，緊張し，幸せだったことか。私の父親がどんな反応をするのかわかりませんでした。5 時間かけて，私たちはとうとう私の父が待っている駅に着きました。スタッフの名前を確認しながら，こちらに来る一人の男性を見ました。彼はすぐに私たちこそが自分が待っていた人だと確認しました。

　彼はすぐに私を抱きしめ「ごめんね，ごめん，ごめん！」と言いました。

　それは，私の人生のなかでいちばん忘れがたい日でした。私の命を与えてくれた男性から，抱きしめられたことを，私は信じられませんでした。

　私たちはそこで父の 50 歳の誕生日を祝いました。初めて一緒に夕飯をとったとき，私は涙の川ができるくらい泣きました。私は長いときを経て，かつて私の養育を放棄した父が用意した心のこもった夕食を食べることができたのです。十分，彼の愛を感じることができました。私たちはとても良い時間を過ごすことができ，それから初めて銭湯に行きました。

　銭湯の浴槽のなかで，父は私にこれまでのすべてのことを説明しました。彼は私のことを忘れていませんでしたし，私に会いたいと切望していました。しかし，どうやって，何から始めたらいいかわからなかったのです。私は「もういいよ」と言いました。ただこの瞬間を大事にしたかったのです。私は彼に「もう過ぎたことは忘れてほしい」と言いました。そして，彼も私たちの新しい関係をはじめようと言いました。そのとき，私はもう二度とはなればなれにならないようにと願いました。

　私はこう思います。親を選ぶことはできません。私たちの選択肢はひとつだけ，親を愛すること，敬うこと，そして親から学ぶことです。今も私は，ここ日本にいます。私は日本でももっとも有名な英会話スクールで英会話の講師をしています。私は日本にいることを選びました。なぜなら，またいつか父の暮す場所に戻って，少しずつ父と私の間にある溝を埋めていきたいからです。もっとお互い

211

のことを知って，もっと忘れがたい思い出をつくりたいのです。

　私の話が，世界にいるすべてのジャパニーズ・フィリピノ・チルドレンの力になることを願っています。何かを望むのであれば，それをかなえるために，いっしょうけんめいに働き，耐え，ベストを尽くしてほしい。何よりも，私たちの気持ちを憎しみで支配すべきではありません。私たちは許すべきです。なぜなら私たちには，一生のうちで一人の母と一人の父しかいないのですから。

*　　　*　　　*

Constantly Breaking Against the Tide: My Life as a JFC
波に逆らう日々 —— JFC という私の人生

Ken Ishikawa

　最近はあまりきかれることもなくなりましたが，もしきかれたらこう答えます。私の父は三船敏郎だと。

　私は本当に三船敏郎が大好きです。特に，用心棒と三十郎のチャンバラ映画の三船敏郎が。彼の髭を真似たし，彼の寡黙さを真似ました。彼が口を開くのは，酒を飲んだ時か，誰かが助けを求めてきたり，剣の腕前を試したいと言ったりする時くらいです。

　私は幼い頃，黒っぽい着物を着て田舎を旅して景色を見て，もし運が良ければ，出会う人たちの人生を変えたいと夢見ていたものです。世界を織りなすものを切り取り，きれいに修復できる人になりたかったのです。

　今となっては，それらは幻想だったことがわかります。私の身体は糖尿病で弱っているし，私の精神も鍛え方が足りないのです。私は優しい口調で話し，剣の代わりにペンを持ちます。私たちの夢と現実はどれほど違うことか！私たちが持つファンタジーが，いかに現実の人生を教えてくれることか！

　私は修行に邁進しようかとも思いましたが，時として私は，フィリピンにおいては生物学的な「外国人の子ども」としての特権に浸って優しく育てられました。私の母はカトリックの価値観で私を育ててくれました。つまり，人生は大きな十字架のようなもので，神は苦しむ人，それを寡黙のうちに耐える人に見返りを与

212

〈資料2〉

えるのだと。

　私たちはよく，私の実の父親のために手を合わせて祈りました。父がいつも健康で，毎月私たちに生活費を送金してくれますようにと。私たちは，目に見えない神，離れていても常にそこにいる日本人の男性によって扶養されていたのです。

　父が常にそこにいるというのは，母がいつも父のことや，もし父と別れなかったら私たちの生活がいかに楽だったかと話していたからです。父について，こんな話を聞くたびに，彼自身が神なのではと思いました。私たちは，父に電話しては，彼が苦労して稼いだ日本円を送ってくれるよう頼んでいたのですから。

　母と離れ離れになってから6年間もの間，父は毎年クリスマスになると必ず私たちにプレゼントを贈ってくれました。1回か2回，父が電話をかけてきてくれました。母は私に「お父さんにアイラブユーと英語で言いなさい」と言いました。母によると，私の父はよく本を読む人だったといいます。幼い頃，私は父のようになりたかったのです。だから，私は時間があれば本を読んで，将来は彼の会社で社員として働くという夢を持っていました。

　父に会ったのは，私が12歳の時が最初で最後でした。父はフィリピンで会社を経営していたので，よくフィリピンにやってきました。その時，私は父と背丈が並ぶようになっていて，父はかなり頭髪が薄くなっていました。父は私のために学資保険をかけてくれました。父は私に，「隣に座りなさい」と言いました。しかし私は胸がいっぱいで，どうすればよいのかわかりませんでした。恥ずかしさが先に立ち，私は愛する父の隣に座ることができず，また彼にかける言葉もありませんでした。

　母によると，私が父のそばに寄らなかったので，私が父を嫌悪していると父は誤解したそうです。父は二度と私に会うことはありませんでした。

　時が経つと，父からの連絡は途切れがちになりました。私が悪かったのだと後悔しました。ふと手から離した風船が空に飛んでいったように，父は私からどんどん遠ざかっていきました。私は彼がどのような人か知っていたわけではないのですが，その距離といまだ私が知りえていない父の人となりとが，次第に以前にもまして大きくなっていきました。

　父は謎であり，影であり，幽霊でした。私には追い払えない妖怪です。そして私は本やテレビゲームといった娯楽の世界に逃げ込みました。父と会えず，彼を

213

つかまえる夢はかなわず，日本につながる道が父だったことでそこにはたどり着けず，私は自分の無力さを感じました。

　私は父を真似ようとしました。私は父を喜ばせようとして，デラサール大学の経営学部に入学さえしました。私が父のことを大切に思っていると伝えたかったのです。父の会社で社員として働きたかったのです。父の注意を引こうと懸命にもがきながら，私はふと，自分の人生は何だったのだろうと考え始めました。私は父の息子なのに，父はなぜ私などいないかのように扱うのか。私は，自分の人生は偽りだと感じ始めました。自分は嘘の人生を生きていると思いました。

　徐々に辛くなり，それまで大好きだったことにも関心が持てなくなりました。私の毎日に，黒いカーテンが降ろされたようでした。私は授業の単位を落とすようになり，ついには退学に追い込まれました。私は父の会社に電話をかけ，父と会わせてほしいと頼みました。会社のマネージャーが電話をとり，父は私を愛したこともなければ，息子だと思ったこともないと私に言いました。

　父には，実の息子に対して，「父子関係はもう何年も前に終わっている」と告げる勇気がなかったのです。

　その頃は，私の人生で最悪の時期でした。しかし徐々に私は立ち直りました。私は6か月間，中国系の印刷会社で働き，グリーティングカードに印刷するメッセージを書きました。2000年には，母はイスラエルへ出稼ぎに行きました。母は子守や家の掃除をする仕事に就きました。母は私の学費を稼いでくれました。私はジャーナリズムの勉強をして，自分の能力を詩に生かそうとライターズクラブに入りました。

　詩と言葉を学び，私はイマジネーションから新しい自由を得たような気がしました。そして父についての詩を書こうと思いつきました。

父はこんなふうに私の人生を描いた
アスファルトのような黒
いつも彼の幽霊がつきまとう
どの路を行っても果ては輝き
とらえどころがなく遠い

地図の描き方は定まらない
息をするたびさらに隔絶が広がるのがわかるだけ

〈資料２〉

ここにくるまでに
私はあらゆる車とバスに乗ったが
一歩も彼の靴音に近づくことができない

雑踏の中で
彼の姿の断片が通り過ぎた気がすることもあった
車の後ろに乗っている時
彼が歩道を歩いているのが見えたようだが
銀糸のように掴むこともままならず
雑踏の中に見失ってしまうこともあった

バー，ビル，人ごみ，街並みが入り混じる光景の中
コンクリートと鉄枠の景色から溢れるような人波に逆らってみる
どうすればこうした瞬間を克服できるだろう
街はクラクション，野次，削岩機，様々の装置が出す音で溢れかえっている
そして私はどこかの島に座り込む
他に呼びかける先もなく

私よ。
時折聞こえる自分の脈音のために
過ぎ去る車から放たれるエンジンの音が消えるのを待っている
私の身体にある微かな静寂も
街中で失われる
高い代償だ

しかしその犠牲は私の懐を深くした
彼が鞄を詰めて去ったときに
私に放り投げた世界は
私に深く入り込みやがて血脈となり心臓に達した

時々彼の姿に遭遇する
ホテルの中でスリッパを履き，足をテーブルの上に載せて
新聞を読んでいたり
私の頭上を過ぎ去る飛行機の中で
スコッチを飲んでいたり
でも私たちの魂が触れ合えないのはわかっている

こんなにも私に取り付いて離れないとは
なんて良い父なのだろう

芸術を通じて，知らず知らずのうちに，私はまだ父を愛していると気づきました。私の詩の先生によれば，この詩は，得難い愛について語っているといいます。私は自分が作りだした芸術によって，自分自身を癒すことができました。そしてついに，私は意味を見出すために前に進まねばならないと考えました。父，そして自身が属する2つの文化との関係の中での自己について。

　まもなく卒業という時期に，恋人から妊娠を告げられました。彼女は私に，この先結婚して一緒に子どもを育てるか，ここで別れて娘とは会わない人生を選ぶか，という2つの選択肢を突きつけました。かなり前に，私は自分に約束していました。自分に子どもができたら，父親がわからない人生を歩ませない，そして，父親が自分を愛していたと感じてほしいと。25歳になる頃，私は夫となり父となりました。振り返れば，私の妻と子が，この空虚な人生から私を救ってくれました。

　私は幸せだったけれど，自分のアイデンティティと運命についてやはり疑問を持っていました。自分と同じような人生を送ってきた人でなければ，この疑問には答えられないでしょう。私はフィリピン人と日本人の血を引く人たちを訪ね歩きました。私は偶然にも DAWN[2] 主催の第一回マニラ東京 JFC 国際会議へ代表者として派遣されました。その後，BATIS-YOGHI[3] という JFC の青年グループに入りました。

　私が衝撃をうけたのは，私たちのほとんどすべてが，同じ経験をしてきたということです。父に遺棄されたことで，私たちは日本国籍を得る手段を失いました。彼らもまた父親という幽霊から逃れようとし，最悪の状態から這い出そうとしているように見えました。JFC の多くが，恋に落ちると分別もなくはめをはずし，家族を持つにはまだ早いと言って関係を終わらせていました。私たちのなかには悪い習慣を持つ者もいます。女性にだらしない男も多いし，なかには自分たちなりに日本人になろうと考えて，仕事漬けになる者もいます。

　私は同じようなストーリーを持つ人たちに会い，その現象に惹きつけられまし

-----

(2)　Development Action for Women Network. 日比を行き来するフィリピン人女性や JFC を支援する NPO で，マニラに本拠がある。1996 年設立。
(3)　バティス女性センターから派生した若者向けのプログラムで，フィリピン在住の JFC の支援を行っている。マニラ首都圏のケソン市に本拠がある。

〈資料２〉

た。なぜ，このような関係の喪失が起きてきたのか，私はもっと調べたいと思いました。

2011年，私は研究計画書を書き，日本財団の研究フェローシップに応募しました。何かの奇跡が起きて，私は研究フェローに選ばれ，2012年7月から2013年7月までの1年間，日本に行く機会を得ました。

私は大阪を拠点に，東京，名古屋，静岡，仙台へ行き，JFCたちと話をしました。彼らは静かですが，とても勇敢に，固い決意をもって人生を送っていました。フィリピンの家族へ送金するため，ブルーカラーの工場労働をする者もいれば，エンターテイナーとして働く者もいました。学校に通っている子どもたちは，外見が異なり，違う文化をもつという理由でいじめられていました。15歳以上の若者たちはすでに年齢が超過していることを理由に学校教育を受けられないでいました。

私の母や日本のメディアは，私に日本に対する幻想を抱かせていましたが，私は自分の目でありのままの日本を見ました。私は不快な現実に突然気づかされました。調査旅行終了後は，数か月間，落ち込みました。私の故郷は私を拒否したのだと。

本当のことを言えば，私は三船敏郎を父親だと言いながら，いや実は本当の父親はイシカワなのですが，私の本当の父親は日本だと思います。なぜ日本政府は私たちのためにこの問題に介入せず，私たちに日本国籍を失わせるのでしょうか。私たちの実の親が私たちを守れないときは，国家（state）・国民（nation）が介入して子どもを守るべきだと思います。

辛口かもしれないけれど，日本と私の関係はまだ終わっていないと思います。今は「しかたがないな」と思いながら，自分の傷が癒え，強くなるのを待つしかないのです。

結局，私は「浪人」なのです。浪のような人であり，浪は何度も何度も海岸にぶちあたりながらついには陸の形を変えるのです。

日本に，私は帰ります！

（JFC として生きる私の人生）

Ami Hasunuma

　私の人生はまさに月のようです。それはなぜでしょう？ 月は太陽の光を借りて輝きます。私も神様や私の周りの人の力に助けられています。その光は，私を完全に輝かせるかもしれないし，4分の1，もしくは半分くらい輝かせているのかもしれません。月の4分の1か2分の1かもしれませんが，月のように，この光が私を輝かせます。月は，完璧な美しい存在に見えます。しかし近づいてみると，ちがうのです。それはまるで私のようです。

　誰もがそうであるように，私もまったくもって完全な人間ではありません。そして彼（神）が言うようにだれもが完全ではありません。一方で月は，私の夢の象徴です。ニール・アームストロングは月にたどり着いた一人です。夢はとても遠くに感じ，実現不可能に思えるかもしれません。でもアームストロングは教えてくれました。前進を続けている限り，遠すぎる夢はないのだと。

　月は悲しみと暗い夜のシンボルとして使われます。月が夜を照らしてくれるのだと，気づく人はあまりいません。私もいつか，月のように闇の中にいるだれかを照らしてあげたい。希望を与え，他人を助けてあげたいのです。

　私は私立の学校で勉強し，いつの日か医者になることを夢みています。私は，祖父母が所有する，まずまずの家に住んでいます。両親は別れてしまいましたが，私の母は一生懸命に私を育ててくれたと誇りを持って言うことができます。でも，それだけではすまないことがありました。私もたくさんの困難に直面しました。ご存じのように，ジャパニーズ・フィリピノ・チルドレンの多くが，家庭崩壊，養育費の問題に直面し，そして十分に愛され，世話をしてもらうことなどにあこがれています。私達のような子どもにとっては，人生は万華鏡ではないのです。「完全な人生などない」のです。

　1997年の9月19日は，私の母にとって簡単には忘れられない日です。生みの苦しみは大変なのですから。母と父はその年に結婚しました。私が生まれることは，うれしいと彼らはいいました。しかし，そうだったのでしょうか？私が3歳までは父の顔を見ることができたのは十分幸せだったといえます。彼は私を助け，必要なものを与えてくれました。しかし，それが父に会えた最後のチャンスだった

〈資料2〉

とその時には誰がわかるというのでしょうか？たしかに，私は少しの期間だったにしても全員揃った家族を経験できたのですから恵まれていると思います。父親がいる，という気持ちは体験できたと思います。

父が一緒にいてくれたときの記憶は，私にはありません。それは私が幼すぎたためかもしれません。父がいないというのは，一人の人間の存在にとってパズルが欠落したような状態です。でも，私の周りの人々が，私の欠けた部分を心の内側から埋めてくれました。私の関心が「持っていないもの」ではなく，「持っているもの」に目を向けるようにしてくれました。彼らは決して私が孤独な戦いの中にいる，と感じないようにしてくれました。彼らは私に送られた恵みであり，私が欲するよりも多くを私に与えてくれたのです。そのおかげで，私はそれ以上を求めることはありませんでした。クラスメイト，親友，そしてとくに母，祖父母に感謝しています。そこに完全な本物の望ましい幸せがあると感じます。

父は私たちと一緒にいなかったけれども，私に養育費を送ってくれました。そして勉強をはじめることができました。私は，ダバオ・プレシャス・チャイルド・アカデミー（現在は，プレシャス・インターナショナルスクール・オブ・ダバオ）で勉強をはじめました。

私は，小学生のとき，常に最優秀生徒（Principal's List）であり，クラスのトップ3に入っていました。ところが4年生になったとき，突然の嵐のようなできごとが起こりました。私の愛する父が送金をやめてしまったのです。母は，仕事がなく，持っていた宝石のほとんどを質屋に持っていったり，持ち物を売ったり，貯金を切り崩したりして，その学年を修了させてくれました。

インターナショナルスクールの学費は高額です。突然投げ出された私たちは，試練と中傷に耐えなければなりませんでした。母が，売り払ったものをどれだけ大切にしていたか，私は知っていました。しかし，悲しいことに手元に残ったのは，わずか1個か2個でした。

私は家の近くのより学費の安い学校に転校させられました。初めのうち，この学校へ移りたくありませんでした。すべては突然のことで，適応するのは大変なことでしたし，以前にいた学校よりもずっと大きな学校でしたから。5年生になるまで，私がなぜその学校に移らなければならなかったのか，理由をはっきりと知りませんでした。それがはっきりとわかったのは，私の両親が離婚を決意した

219

時でした。

　その後，私は，母が経済的に苦労していることを知りました。母は，私によく説明したうえで，大丈夫かと私にたずねました。そのことを考えながら学校に通い続けることは容易ではありませんでした。しかし，時間が経過するにつれて，私はそれを受け入れなければならないのだと理解しました。他に行く場所はないのですから。私は同級生と仲良くし，その学校で楽しいときを過ごしました。私は，3番目に優秀な生徒としてのメダルを首にかけられて，小学校を卒業しました。

　私は，同じ系列のハイスクールに進み，成績優秀な生徒のためのクラス（first section class）で学び続けました。そのクラスで4年間続けて学べたことには学業上の成功以上の意味がありました。神様からの恵みと思いますが，私はそのクラスにもうひとつの家族を見出しました。その家族がもたらす喜びが，私の心の悲しみを内側から埋めてくれました。

　私は，成長するとともに，より創造的な人間になりました。私は，問題を抱えているからといってたばこや飲酒，ドラッグといった不良行為に走らなかった自分を誇りに思っています。かわりに，私は自分を人道的な活動に向かわせ，ほかの人たちがよい将来を手にできるよう，励ます側に回りました。ボランティア活動もします。活動の範囲は，学校や自分たちのコミュニティだけでなく，市全体へと広がっています。

　私は，現在ダバオ市赤十字青年部のリーダーシップ開発プログラムのインストラクターをつとめています。そのかたわら，私は，公立学校で，公教要理[4]を教えたり，教会や，学生たちのために，奉仕活動を行ったりしました。校内新聞に記事を書いたり，学校で開かれる様々なセミナーに参加したり，近くの学校にも出かけていきました。またハイスクール時代は，国民の軍事訓練へも参加もしました。こうした体験によって，私は自分がより良い人間になることが出来ると感じるようになりました。嵐のような出来事が起こってもです。マハトマ・ガンジーは，こう言っています。「世界がこう変わってほしいと思うところをあなた自身が体現しなさい（Be the change that you wish to see in the world）。」

　（4）　原訳者訳注：カトリック教会が入門者向けに開く教室で，問答集を使ってキリスト教について学んでいく。

〈資料2〉

その一方で，他の人々を支援しつづけることは，実際，簡単ではありません。私がそれを簡単にやってのけてしまうように見ている人もいます。でも，そういった人たちは，私がどんな人生を歩んできたかを知りません。私自身も，自分の人生に悩み苦しんできました。全てを手に入れることは出来ません。私は勉強を続けることを止めようかという瀬戸際まできていました。最善を尽くしても何も報われませんでした。最終学年のプレッシャーに加え，友人や家族との間に問題があったからでした。

ただ朝起きて，学校へ行き，一生懸命に勉強しても，目標に達しない。みんな忙しく友人と一緒に過ごす時間もないまま，なんとなく家に帰る。そして家族が混沌の中にあるため，互いの顔を無言で見つめるしかない，こんな生活を想像してみてください。さらに悪いことには，常に背負っていなければならないその重荷について誰にも打ち明けることが出来ないのです。選択肢はなく，自分の中にそれをしまい込み，忘れようとして，心の中で戦うしかないのです。しかし人生をよく生きるということは，そんな苦闘の後でさえ，善い心を持ち続けることであると考えます。

私は，これからの私自身と私の家族，そして周りの人々を想う夢を持っています。私は，いつもコミュニティを支える仕事がしたいと思ってきました。医者になって，自分の家を持ち，幸せで全員が揃った家族を持つことを夢見てきました。その家族には私が抱えてきたような思いはさせたくないと思います。

とりわけ，私の夢のひとつは，母としてときには父として，すべてを私のために犠牲にしてきた，母に恩返しをすることです。

私の夢の背後には，美しい心を持った母がいるのです。母は，完全ではないかもしれませんが，尊敬に値する人です。率直な性格で，かつとても華やかな人です。この状況で子どもを育てることは確かに困難です。その特別な仕事をしてきた母に私は敬意を抱いています。

何かが足りないからといって，すぐれた人物にはなれないということはありません。私のようなジャパニーズ・フィリピーノには，ただ乗り越えようとする意思と，そして母からの適切な教え，仲間からの励ましが必要なのです。そして，追いつめるような人々は，相手にしないことです。幸福と満足を力に変えること，それが，成功につながる公式です。それに最後まで自分を信じて取り組んでくだ

221

さい。そうすれば，あなたのあるべき姿にたどりつくでしょう。あなたがこうだと思う自分，自身をよくわかっている自分でいられるのです。

　これが，二転三転した私のこれまでの話です。しかし，私は挫けず元気で過ごしています。ジャパニーズ・フィリピーノとして生きることは楽なことではありません。自分の状況を受け入れ，誘惑に打ち勝ち，人生のあらゆる試練を乗り越え，良い人間になるためには，たくさんの勇気が必要です。私は，それがジャパニーズ・フィリピーノとなるために大事なことではないかと思います。

　強くなることが唯一の道という状況に直面して，初めて自分がどれだけ強いのかを知ることができます。神は，私たちをより強い人間にするために試練を与えているのだと信じます。そしてもっとも強い人にはさらなる試練を与えます。私たちが乗り越えてきた試練は，私たちをより強く，よりすぐれた人間にするための神からの密かな祝福だと思いましょう。困難に塞ぎこまず，立ち上がり自分らしく生きましょう！

あ と が き

本書の来歴

　2008年6月4日，最高裁が国籍法違憲判決を下し，翌朝の新聞を大きく
飾ると，私はすぐにこれは自分が当面取り組む話になると思った。「国籍」
は私自身が長くこだわってきた問題だったが，それがいよいよ社会的にも重
要なテーマとして登場してきたからである。

　1975年アメリカに生まれた自分は，当初は日本とアメリカの二重国籍
だった。しかし，二重国籍を認めない日本の国籍法のもとでは，自分にとっ
て大事な両国のいずれかとの法的つながりを「破棄」しなければいけない
（「国籍選択」）。その期限が迫る学部時代，国籍は私にとって切実とした問題
だった。

　そうした関心もあって，学部時代のゼミ論は，明治時代に初めて制定され
た「国籍法」の背景や当時の議論を通じて，「日本人」とは何なのかを考え
てみる試みだった。2000年4月5日，参議院憲法調査会が大学生から意見
を聴取する会を開いた際には参考人として出席し，議員の質問をきっかけに，
国籍を選べというのは，自分にとっては父か母のどちらかを選べと言われて
いるようなこと，と心情を吐露し，多文化社会への対応の一環として国籍選
択についても見直してほしいと訴えた。

　日本人父とフィリピン人母を両親に持つ子どもたちが法の狭間にあって日
本国籍を否定されている，そのことに裁判所が耳を傾け，憲法の「法の下の
平等」に違反するとして救済した国籍法違憲判決は，子どもたちとは違った
形ではあるけれども国籍の問題で悩み，その悩みに対する社会的理解がなか
なか得られないと感じてきた自分にとっては，共鳴しうるものだった。

　国籍法違憲判決の研究に際して，「人」や社会の流れに焦点を当てること
になった自分の志向には，おそらくこうした個人的な背景も大きく影響して
いるだろう。私にとって国籍法は，技術的なテキストではなく，私の人生そ

223

あとがき

のものを左右する存在だった。同様に，国籍法違憲判決の裏には，たくさん
の子どもたちとその人生がある。また，法律を作るのも「人」であれば憲法
を動かすのも「人」である。こういう人々はどういう文脈で何を考え，どん
な選択をしているのだろうか。その関心の下に，原告やその支援団体，個々
の裁判官，そして社会が法とどのように向き合ったのか，一連の研究を展開
してきた。

　判決から9年が経ち，国籍法違憲判決に関わった裁判官による退官後の手
記も相次いで出版され，その考え方もまとまった形で把握できるようになっ
た。この間の研究をまとめる機が熟したと考え，今回の出版に至った。

　自身の生い立ちに深く関わるテーマを初の単著の素材とできたことを幸せ
に感じる。

　お世話になった方々

　今回の出版に至るまでに，日米で数えきれないほど多くの方々にお世話に
なった。ここでは，その中でも特に直接的に指導を受けた先生方に限って紹
介をさせていただくことをご容赦いただきたい。

　本書の研究の淵源となったのは，学部時代にゼミ論で取り組んだ「明治国
籍法」についての研究である（本書第4章にも活用）。このとき指導教員とし
て早稲田大学政治経済学部の梅森直之教授にお世話になった。

　「生ける法」としての憲法，政治的な場としての司法，個性や意思を持っ
た裁判官とその能動的行為により「法」が創られていくという視点は，大学
院時代に留学したカリフォルニア大学バークレー校（Jurisprudence and Social
Policy Program）で培われたといってよい。Ph.D. 論文の主査であった Mal-
colm M. Feeley 教授（元・アメリカ法社会学会会長），また副査かつ，学術面
でも財政面でも多大な支援をしてくださった Harry N. Scheiber 教授（元・
アメリカ法制史学会会長）に心からの謝意を評したい。

　なお，奨学生としてこの留学のきっかけを与えてくれた経団連国際教育交
流財団や，当時私を選んでくださった名も知らない先生方に，この場を借り
てお礼申し上げる。

224

あ と が き

　長い留学生活の前後を通じて，早稲田大学社会科学部の後藤光男教授は，日本にほとんど足場のない私を支え続けてくださり，研究生活の足掛かりを築いてくださった。また，帰国後は，早稲田大学法学部の宮川成雄教授の研究会に加えていただき，アメリカの連邦最高裁，憲法の動向に研究の目を向け続けることができた。本書は，直接的には日本の最高裁判決を研究対象としているが，その分析視角は多分にアメリカ憲法学の影響を受けている。両先生のおかげで，このように日米双方の憲法を一体として考察できるようになった。

　日本法社会学会では多くの方にお世話になっている。特に，バークレー時代にお会いした宮澤節生教授と太田勝造教授には，長年に渡るご助言をいただいた。また，『法社会学』の匿名の査読者には，本書第1章・第2章の初出となった掲載論文の査読に際して，極めて詳細かつ有益なコメントをいただいたことをこの場で改めて感謝申し上げたい。

　信山社の今井守氏は，初の単著で何も分からぬ私に，懇切丁寧なご助言をくださった。タイトな出版スケジュールの中で奔走していただき，ありがたい限りである。

　最後に，誰よりも近いところで私のことを見守り続けてくれている家族に感謝したい。皆のおかげさまで，この本そして今の自分がある。

秋 葉 丈 志

〈初出一覧〉

〈初出一覧〉

本書のうち，一部の章は以下の論文に加筆修正を行ったものである。

[序　章]
"Japan's Nationality Act Case of 2008: Its Social and Political Context"
AIU Global Review, Vol. 3 (2011), p.42-61

[第 1 章]
「国籍法違憲判決と政策形成型訴訟」
法社会学 80 号（2014 年）243-276 頁

[第 2 章]
「裁判官たちのダイアローグ —— 国籍法違憲判決の文脈的分析」
法社会学 78 号（2012 年）259-292 頁

[第 3 章]
書き下ろし

[第 4 章]
「国籍法違憲判決と血統主義」
上石圭一＝大塚　浩＝武蔵勝宏＝平山真理編『現代日本の法過程 宮澤節生先生
古稀記念（下巻）』（信山社，2017 年）473-492 頁

[第 5 章]
書き下ろし

判 例 索 引

◆ 日 本 ◆

◆ 最高裁判所

最大判平成 7・7・5 民集第 49 巻 7 号
1789 頁，平成 3（ク）143 ……………… 120

最一小判平成 12・1・27 集民第 196 号
251 頁，平成 11（オ）1453………………… 122

最二小判平成 15・3・28 集民第 209 号
347 頁，平成 14（オ）1630………………… 123

最一小判平成 15・3・31 集民第 209 号
397 頁，平成 14（オ）1963………………… 124

最一小判平成 16・10・14 集民第 215 号
253 頁，平成 16（オ）992 ………………… 126

最大判平成 17・9・14 民集第 59 巻 7 号
2087 頁，平成 13（行ツ）82 ……………… 131

最大判平成 18・10・4 民集第 60 巻 8 号
2696 頁，平成 17（行ツ）247……………… 135

最大判平成 19・6・13 民集第 61 巻 4 号
1617 頁，平成 18（行ツ）176……………… 137

最大判平成 20・6・4 民集第 228 号 101 頁，
平成 19（行ツ）164 ………………… 4, 73, 157

最大判平成 20・6・4 民集第 62 巻 6 号
1367 頁，平成 18（行ツ）135……………… 4, 157

最大決平成 25・9・4 民集第 67 巻 6 号
1320 頁，平成 24（ク）984………… 22, 146

最三小判平成 27・3・10 民集第 69 巻 2 号
265 頁，平成 25（行ツ）230 ……………… 171

最大判平成 27・12・16 民集第 69 巻 8 号
2427 頁，平成 25（オ）1079 ……………… 147

最大判平成 27・12・16 民集第 69 巻 8 号
2586 頁，平成 26（オ）1023 ……………… 147

◆ 高等裁判所

東京高判平成 12・11・8，平成 11（行コ）253
……………………………………………… 132

東京高判平成 17・4・13，平成 16（行コ）389
………………………………………………… 88

東京高判平成 18・2・28 家月 58 巻 6 号 47
頁，平成 17（行コ）134 ………………… 5, 97

東京高判平成 18・10・26，平成 17（行コ）307
………………………………………………… 98

東京高判平成 19・2・27，平成 18（行コ）124
………………………………………………… 5, 80

東京高判平成 19・2・27，平成 18（行コ）126

………………………………………………… 89

◆ 地方裁判所

東京地判平成 11・10・28，平成 8（行ウ）266
……………………………………………… 133

熊本地判平成 13・5・11 判例時報 1748 号
30 頁………………………………………… 90

東京地判平成 16・11・5，平成 15（行ウ）340
………………………………………………… 87

東京地判平成 17・4・13 判例時報 1890 号
27 頁，平成 15（行ウ）110 ……………… 4, 96

東京地判平成 17・10・25，平成 16（行ウ）370
………………………………………………… 90

東京地判平成 17・10・25，平成 16（行ウ）524
………………………………………………… 90

東京地判平成 17・10・27，平成 13（行ウ）201
………………………………………………… 98

東京地判平成 18・1・25，平成 17（行ク）277
………………………………………………… 91

東京地判平成 18・3・28，平成 17（行ウ）79
………………………………………………… 87

東京地判平成 18・3・29 判例時報 1932 号
51 頁，平成 17（行ウ）157………………… 4

東京地判平 18・10・25，平成 17（行ウ）510
………………………………………………… 91

◆ アメリカ ◆

Brown v. Board of Education of Topeka,
347 U.S. 483（1954）…………… 33, 76, 192

District of Columbia v. Heller, 554 U.S.
570（2008）…………………………………… 77

Gratz v. Bollinger, 539 U.S. 244（2003）……35

Grutter v. Bollinger, 539 U.S. 306（2003）
………………………………………………… 35

Hamdi v. Rumsfeld, 542 U.S. 507（2004）
……………………………………………… 192

Korematsu v. United States, 323 U.S. 214
（1944）………………………………………192

Lawrence v. Texas, 539 U.S. 558（2003）
………………………………………… 77, 85, 192

Obergefell v. Hodges, 135 S.Ct. 2584（2015）
……………………………………………… 192

Plessy v. Ferguson, 163 U.S. 537（1896）…76

Plyler v. Doe, 457 U.S. 202（1982）……… 192

判 例 索 引

Roe v. Wade, 410 U.S. 113 (1973) ······ 37, 77
Stanton v. Stanton, 421 U.S. 7 (1975) ······ 192
United States v. Carolene Products Company,
 304 U.S. 144 (1938) ·················· 29, 124

United States v. Virginia, 518 U.S. 515
 (1996) ······································· 77, 192
Wisconsin v. Yoder, 406 U.S. 205 (1972)
 ··· 192

事項・人名索引

◆ あ 行 ◆

アイデンティティ………10, 162, 164, 169, 170
家制度……………………………………167
違憲審査基準
………116, 139, 140, 142, 144, 150, 151, 154
違憲性の推定……………………………142
違憲立法審査権
………………7, 13, 17, 83, 94, 135, 185, 188
生ける憲法（living constitution）………18, 75
泉徳治………………23, 116, 119, 123, 124,
　　　　　　　126, 129, 136-138, 144
一票の格差………………………129, 135
「エンターテイナー（興行）」ビザ………5
大阪高裁長官……………………………110
奥田安弘…………………………………53, 54
鬼丸かおる……………………………150
女戸主……………………………………166

◆ か 行 ◆

外地籍……………………………………168
拡張解釈…………………………………98
梶谷玄……………………………………107
加重的生地主義…………………………175
家族観……………………………15, 19, 61, 80
合衆国憲法修正 14 条…………………116
菅野博之………………86, 88, 100, 101,
　　　　　　　104, 105, 107, 110, 132
帰　化………………13, 69, 84, 97, 118
生地主義（jus soli）……………………8
帰責性……………………………………88, 89
偽装認知………………………………54, 55, 96
義務付け…………………………………91
行政訴訟法………………………………132
居住要件…………………………………22
倉吉敬…………………………………49, 50, 53
血統主義（jus sanguinis）
………………9, 15, 22, 52, 54, 59, 62, 160,
　　　　　165, 167, 169, 171, 174-176
嫌煙権訴訟………………………………34
厳格審査（strict scrutiny）
………44, 65, 115, 116, 141, 142, 153
原告団…………………………………42, 43

憲法 14 条 1 項後段………………115
憲法解釈………………………………18, 75
憲法的価値（憲法の価値基準）
　　　　　64, 94, 140, 187, 198
権利意識…………………………………34
合憲性の推定…………………………142
公明党……………………………………51
合理性の基準………………65, 142, 143
合理的関連性………18, 117, 141-143, 151, 152
合理的な根拠…………………………151
国際結婚………………………………169, 170
国籍確認訴訟…………………………3, 96, 97
国籍選択（制度）……………………169, 176
国籍の喪失（留保）………41, 68, 171
国籍法
　　3 条 1 項……………………………5
　　1984（昭和 59）年の──…11, 81, 169, 183
国籍法違憲判決…………………4, 27, 79
国籍法改正……………………16, 46, 51, 161
国民意識の変化………………………125
戸　主……………………………………165
個人の権利………93, 121, 143, 144, 148
戸　籍………………………………165, 167
国　会………………122, 125, 134, 187
　　──への報告………………………56
国家の主権……………………………118
国家賠償請求…………………………90, 108
国家賠償法……………………………132
子どもの権利…………………………12, 147
婚姻の自由……………………149, 152-154
婚外子　→非嫡出子
近藤崇晴…………………………………30
近藤博徳………38, 43, 46, 47, 62, 65, 67, 107

◆ さ 行 ◆

在外邦人選挙権訴訟………131, 132, 137, 141
才口千春………………………105, 126, 128
最高裁事務総局……………94, 103-105
最高裁調査官…………………………104, 195
再婚禁止期間……………147, 148, 149, 151-153
在日朝鮮人……………………………172, 175
裁判官の「個性」………………85, 184, 195
裁判官の選任過程………36, 185, 186, 188

229

事項・人名索引

裁判所の判断能力……………………………59
在留特別許可………………………………87, 88
裁量権の逸脱（濫用）………87, 88, 92, 152
櫻井龍子………………………………………149
差別的メッセージ……………………………145
差別抑制………………………………………145
参議院法務委員会…………………47, 51, 53
参考人質疑……………………………………53
JFC ネットワーク ………5, 20, 38-42, 44,
　　　　　　　　　　　　45, 55-58, 66-68,
　　　　　　　161, 162, 164, 170, 171, 196
実質的関連性…………………………………121
児童の権利に関する条約……………………148
司法改革………………………………………17
司法過程…………………………………137, 197
司法行政…………………………95, 103, 105
司法権（司法審査）の限界……17, 118, 124
司法行動（judicial behavior）………………86
司法審査の正統性（legitimacy）……………78
司法制度改革審議会…………………………119
司法積極主義（judicial activism）……76, 77
島田仁郎………………………105, 125-128
自民党………………………………52, 53, 95
社会運動………………………………………67
社会情勢の変化（変動）
　　　　　19, 62, 77, 80, 122, 134, 147
社民党…………………………………………52
衆議院法務委員会…………………46, 52, 82
自由権規約委員会……………………126, 148
重国籍…………………………………………170
手段の相当性…………………………………152
出生地主義……………169, 173, 174-176
準　正…………………………6, 13, 24, 81
小法廷……………………………………127, 128
女子差別撤廃条約……………………………11
人種差別………………………………………33
新日系フィリピン人…………………56, 163
スティグマ（社会的劣等感）………………34
政策形成型訴訟…31, 32, 33, 34, 57, 65, 67, 194
政治過程………62, 63, 64, 129, 130, 137, 154
政治的機会構造………………………………66
政　党…………………………………………47
世　論…………………………………………43
選挙区画定……………………………………138

◆ た 行 ◆

退去強制処分………………………………87, 88
胎児認知………………………………………6
代替手段………………………………………152
滝井繁男………………………107, 119, 136
父親探し………………………………………39
千葉勝美………105, 110, 141, 149, 151
中間派…………………………122, 125, 127
調査官　→最高裁調査官
直接的救済………………………………30, 33
津野修…………………………………………189
DNA 鑑定…………………………………48, 53
テスト・ケース………………………………37
東京地裁行政部………………………………67
東京地裁民事第 38 部…………………101, 102
投票価値…………………………………137, 138
取消訴訟………………………………………87

◆ な 行 ◆

内縁関係………………………………4, 96-98
内　閣…………………………………………187
内閣法制局……………………131, 189-191
内閣法制局長官………………………………190
内地雑居論争…………………………………166
二重国籍…………………………68, 169, 176
二重出生地主義………………………………175
日系ブラジル人…………………………9, 172
入　夫…………………………………………166
ニューディール………………………………124

◆ は 行 ◆

陪席裁判官……………………………………101
ハンセン病訴訟………………………………89
非嫡出子（婚外子）………11, 19, 21, 22, 53,
　　　82-84, 107, 108, 118, 120-123, 147
一人別枠方式…………………………………137
夫婦同一国籍主義……………………………166
フォーラム・セッティング機能……………32
深澤武久………………………………………124
父系血統優先主義……………………………166
藤井正雄………………………………………122
藤田宙靖…………………………………145, 146
附帯決議……………………………………46, 54
父母両系血統主義……………………………169
プライバシー権………………………………185

230

保育園入園拒否訴訟······························91
法制審議会···················49, 50, 51, 126, 148
法制審議会国籍法部会························62
法曹倫理······································37
法廷闘争······································67
法的安定性··································125
法の下の平等···········23, 24, 65, 93, 115,
　　　　　　116, 141, 145, 146, 197
法務省····································47, 48
法務省民事局長··························49, 53
法務大臣·······························47, 51, 53
法律婚····································12, 121
法律上の争訟································132
法令違憲判決··································7

◆ ま 行 ◆

マイノリティ···············7, 24, 29, 64, 65,
　　　　　66, 124, 130, 145, 154, 192, 193
マスメディア··································45
マリガヤ・ハウス·····························38
民主政····································36, 62
民法 900 条 4 項······························147
明治国籍法·······························165, 167

◆ や 行 ◆

山浦善樹··································150, 153
山口元一···············43, 48, 65, 67-69, 107
山田鐐一······································62

横尾和子··································134, 135

◆ ら 行 ◆

立法過程······································35
立法事実····································131
立法者の意思··································98
立法目的··································148-153
リピートプレーヤー·························66, 67
両性の本質的平等····························149

◆ 欧 文 ◆

amicus brief（意見書）·······················35
anti-majoritarian difficulty···················125
attitudinal model·····························86
bureaucratic informalism····················· 7
cause lawyering·····························31
compelling state interest····················116
double jus soli·····························175
immutable characteristics···················133
judge-centered law··························· 7
law clerk···································60
original intent·······························75
racial gerrymandering·······················138
rational choice model························86
suspect classification························153
swing vote···································86
textualism···································75

231

〈著者紹介〉

秋 葉 丈 志（あきば・たけし）

1975年　アメリカ合衆国メリーランド州生まれ
1999年　早稲田大学政治経済学部卒業
2001年　早稲田大学大学院政治学研究科修士課程修了（その後，社会科学研究
　　　　科博士課程に一時在籍）
2010年　カリフォルニア大学バークレー校大学院「法と社会政策」課程
　　　　（Jurisprudence and Social Policy Program）Ph.D.取得

2007年　（公立）国際教養大学講師
2013年　国際教養大学准教授，現在に至る

　専攻：法社会学，日米の憲法

〔主要著作〕
「国籍法違憲判決と政策形成型訴訟」法社会学80号（2014年）（日本法社会学会
　機関誌最優秀論文賞受賞）

学術選書
167
法社会学

❀ ❀ ❀

国籍法違憲判決と日本の司法

2017（平成29）年11月30日　第1版第1刷発行
6767-9：P244　¥6800E 012：030-015

著　者　　秋 葉 丈 志
発行者　　今井 貴・稲葉文子
発行所　　株式会社 信 山 社

〒113-0033　東京都文京区本郷6-2-9-102
Tel 03-3818-1019　Fax 03-3818-0344
info@shinzansha.co.jp
笠間才木支店　〒309-1611　茨城県笠間市笠間 515-3
笠間来栖支店　〒309-1625　茨城県笠間市来栖 2345-1
Tel 0296-71-0215　Fax 0296-72-5410
出版契約 2017-6767-9-01010　Printed in Japan

© 秋葉丈志，2017　印刷・製本／東洋印刷・牧製本
ISBN978-4-7972-6767-9 C3332 b012-030-015
分類321.300-a102 法社会学・憲法

JCOPY　〈（社）出版者著作権管理機構　委託出版物〉
本書の無断複写は著作権法上での例外を除き禁じられています。複写される場合は，
そのつど事前に，（社）出版者著作権管理機構（電話 03-3513-6969，FAX03-3513-6979，
e-mail:info@jcopy.or.jp）の許諾を得てください。

国際人権 1号〜（年刊）　国際人権法学会 編

地球社会の人権論　芹田健太郎

人権条約の解釈と適用　坂元茂樹

市民社会向けハンドブック—国連人権プログラムを活用する
　　　　　　　国連人権高等弁務官事務所 著
　　　　　　　ヒューマンライツ・ナウ 編訳

国際人権を生きる　阿部浩己

国際法の人権化　阿部浩己

人権条約の現代的展開　申　惠丰

国際人権法（第2版）　申　惠丰

国際人権・刑事法概論　尾﨑久仁子

マイノリティの国際法　窪　誠

国際公務員法の研究　黒神直純

国際裁判の動態　李　禎之

先住民族と国際法　小坂田裕子

憲法学の可能性　棟居快行

講座 政治・社会の変動と憲法
フランス憲法からの展望Ⅰ・Ⅱ　辻村みよ子 編集代表

難民勝訴判決20選—行政判断と司法判断の比較分析
　　　　全国難民弁護団連絡会議 監／編集代表 渡邉彰悟・杉本大輔

現代フランス憲法理論　山元 一

ヨーロッパ地域人権法の憲法秩序化　小畑　郁

ヨーロッパ人権裁判所の判例　戸波江二・北村泰三・
　建石真公子・小畑郁・江島晶子 編

信山社

● 判例プラクティスシリーズ ●

判例プラクティス憲法〔増補版〕

憲法判例研究会 編

淺野博宣・尾形健・小島慎司・宍戸常寿・曽我部真裕・中林暁生・山本龍彦

判例プラクティス民法Ⅰ〔総則・物権〕
判例プラクティス民法Ⅱ〔債権〕
判例プラクティス民法Ⅲ〔親族・相続〕

松本恒雄・潮見佳男 編

判例プラクティス刑法Ⅰ〔総論〕

成瀬幸典・安田拓人 編

判例プラクティス刑法Ⅱ〔各論〕

成瀬幸典・安田拓人・島田聡一郎 編

システム複合時代の法

グンター・トイブナー 著　瀬川信久 編・尾﨑一郎、毛利康俊ほか

契約結合としてのネットワーク

ヴァーチャル空間の企業，フランチャイズ，ジャスト・イン・タイムの社会科学的，および，法的研究

グンター・トイブナー 著　藤原正則 訳

信山社

◆**現代日本の法過程**〔宮澤節生先生古稀記念〕上・下巻
　上石圭一・大塚浩・武蔵勝宏・平山真理 編

◆**法と社会研究**　1号〜　太田勝造・佐藤岩夫 責任編集

◆**韓国社会と法**　高 翔龍

◆**ブリッジブック法システム入門**（第3版）
　宮澤節生・武蔵勝宏・上石圭一・大塚浩

◆**民事紛争交渉過程論**　和田仁孝

◆**民事紛争処理論**　和田仁孝

◆**ＡＤＲの基本的視座**　早川吉尚・山田文・濱野亮 編

◆**民事訴訟審理構造論**　山本和彦

◆**ブリッジブック民事訴訟法入門**　山本和彦

◆**ＥＵとは何か**（第2版）中村民雄

◆**東アジア民法学と災害・居住・民族補償**　吉田邦彦

◆**法的支援ネットワーク**—地域滞在型調査による考察　吉岡すずか

◆**親密圏における暴力**　手嶋昭子

◆日本国憲法制定資料全集　芦部信喜・高橋和之・高見勝利・日比野勤 編著

◆行政手続法制定資料〔平成5年〕塩野宏・小早川光郎 編著

◆国家賠償法〔昭和22年〕宇賀克也 編著

◆逐条国会法　1〜7　昭和54年3月衆議院事務局 編

◆逐条国会法　8 補巻〈追録〉平成21年12月衆議院事務局 編

◆（衆議院ノ）議事解説　昭和17年帝国議会衆議院事務局 編（復刻版）

◆議事解説　昭和17年帝国議会衆議院事務局 編／原田一明 解題（翻刻版）

◆国会運営の理論　鈴木隆夫 著／今野或男 解題

◆国会法　白井誠 著／地方自治法改正史　小西敦 著

◆占領政策としての帝国議会改革と国会の成立 1945-1958　梶田秀 著

◆憲法の基底と憲法論 — 思想・制度・運用（高見勝利先生古稀記念）
　岡田信弘・笹田栄司・長谷部恭男 編

◆憲法理論とその展開（浦部法穂先生古稀記念）門田孝・井上典之 編

◆憲法の思想と発展（浦田一郎先生古稀記念）阪口正二郎・江島晶子・只野雅人・今野健一 編

◆憲法改革の理念と展開 上・下（大石眞先生還暦記念）曽我部真裕・赤坂幸一 編

◆議員立法の実証研究　武蔵（谷）勝宏 著

◆現代日本の立法過程 — 一党優位制議会の実証研究　武蔵（谷）勝宏 著

◆二院制論—行政府監視機能と民主主義　木下健 著

◆代表における等質性と多様性　只野雅人 著

信山社